浙江现象·旅游创新系列丛书

本专著为浙江省科技厅重大专项重点项目"乡村旅游（农家乐、渔家乐）特色化关键技术的研究与应用"（项目编号：2006C13102）成果之一

浙江乡村旅游发展与创新

◎王婉飞　著

内容简介

本书以浙江乡村旅游的发展与创新为主线，对乡村旅游的起源、概念界定、特点、功能、发展前景进行了概括，并对国内外乡村旅游的理论研究和实践探索进行了梳理，在对乡村旅游供求双方进行实证分析，得出供求失衡结论的基础上，提出以分时度假作为浙江省乡村旅游创新发展的突破口的理念，并论述了乡村旅游创新发展的保障。本书共分5章，分别是乡村旅游概述、国内外乡村旅游相关理论与实践综述、浙江省乡村旅游发展实证分析、浙江省乡村旅游创新发展的突破口——分时度假、浙江省乡村旅游创新发展的保障。

本书可供乡村旅游研究人员、从业人员和政府相关部门人员使用，也可作为旅游管理专业学生的学习参考书。

图书在版编目（CIP）数据

浙江乡村旅游发展与创新/王婉飞著．—北京：北京大学出版社，2008.5
（浙江现象·旅游创新系列丛书）
ISBN 978-7-301-13881-6

Ⅰ．浙… Ⅱ．王… Ⅲ．乡村—旅游经济—经济发展—研究—浙江省

Ⅳ．F592.755

中国版本图书馆 CIP 数据核字（2008）第 075194 号

书　　　名：	浙江乡村旅游发展与创新
著作责任者：	王婉飞　著
责 任 编 辑：	黄庆生　孙景华
标 准 书 号：	ISBN 978-7-301-13881-6/G · 2377
出　版　者：	北京大学出版社
地　　　址：	北京市海淀区成府路 205 号　100871
电　　　话：	邮购部 62752015　发行部 62750672　编辑部 62765126　出版部 62754962
网　　　址：	http://www.pup.cn
电子信箱：	xxjs@pup.pku.edu.cn，hwy@pup.pku.edu.cn
印　刷　者：	北京宏伟双华印刷有限公司
发　行　者：	北京大学出版社
经　销　者：	新华书店
	787 毫米×980 毫米　16 开本　15.5 印张　245 千字
	2008 年 5 月第 1 版　2008 年 5 月第 1 次印刷
定　　　价：	30.00 元

未经许可，不得以任何方式复制或抄袭本书之部分或全部内容。
版权所有，侵权必究
举报电话：010-62752024；电子信箱：fd@pup.pku.edu.cn

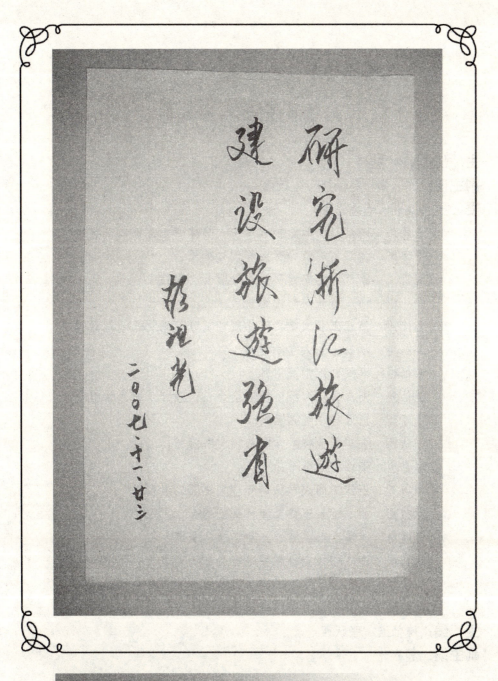

浙江省社会科学界联合会主席,浙江工商大学党委书记、博士生导师胡祖光教授的题字

《浙江现象·旅游创新系列丛书》

编纂委员会委员名单

主　任：赵金勇

副主任：许　澎　陈仙波　张跃西

委　员（以姓氏笔画为序）：

丁萍萍　浙江经贸职业技术学院人文旅游系主任、副教授
王建平　浙江省旅游局行业管理处处长
王婉飞　浙江大学旅游研究所副所长、教授
许　澎　浙江省旅游局副巡视员
孙优萍　浙江工业大学之江学院经贸分院副院长、副教授
沈国斐　浙江工业大学副教授
李松柏　湖州师范学院讲师
陈仙波　浙江省旅游经济研究会会长、浙江工商大学教授
张建国　浙江林学院副教授
张跃西　金华职业技术学院旅游学院院长、教授
赵金勇　浙江省旅游局局长
郭鲁芳　浙江工商大学旅游管理系主任、教授
麻益兵　丽水市景宁县委宣传部副部长
曾毓琳　《横店影视旅游》杂志社总编辑
谢利根　浙江省社会科学界联合会学会处处长
蒋宝华　舟山市普陀山风景名胜区管理委员会党委书记
詹世龙　浙江省旅游协会副秘书长

主　编：陈仙波　张跃西

副主编：郭鲁芳　丁萍萍

序

浙江省旅游局局长　赵金勇

　　改革开放近三十年来，浙江省坚持以人为本，以全民创业为重要实现手段，在体制、机制、市场、产业、科技等诸多领域进行了异常活跃的创新，由于积极营造宽松良好的创新环境，最大限度地发挥人民群众创新的主动性和积极性，大力鼓励和引导民营经济健康发展，使"敢为天下先"的浙江人的艰苦创业取得了丰硕成果。据统计，2006年度全国500强民营企业中，浙江占了203席，总数居全国第一位；全国民营企业自主创新50强中，浙江占了19席。"浙江现象"本质就是浙江人的敢为人先、自强不息、勇于创新，从而创造了一个又一个的奇迹，涌现出了"温州模式"、"义乌经验"以及"浙江精神"，培养了一大批"风云浙商"。浙江也因此成为举世瞩目的经济社会又好又快发展的重要地区之一。"浙江现象"也已经成为社会公认的发展模式，并引发众多学者研究与揭秘的重要课题。从这个意义上说，"浙江现象"不仅是浙江的，也是全国的。

　　旅游产业的发展与创新，也是浙江现象的重要组成部分。旅游产业是创意产业，更需要务实创新。没有思路，就没有出路；没有创新，就没有发展。

　　浙江旅游产业发展，源于创新拓展。近年来，浙江旅游发展取得了显著成就。主要表现在民营资本的投入为区域旅游产业提升提供了强大的发展动力；杭州成为首批中国最佳旅游城市，"世界休闲博览会"的举办，率先启动了中国休闲旅游产业；产业生态旅游理论创新与实践探索，为中国生态旅游产业化提供了宝贵经验；绿色饭店标准制定与实施并在全国推广，推进了酒店业的生态化发展；旅行社管理体制与机制创新，有效地促进了旅游联合体以及区域整合战略的发展；主题旅游以及文化旅游的发展与创新，在弘扬优秀传统文化的同时也极大地推进了文化创新与经济繁荣；横店影视旅游、义乌购物旅游正在成为具有核心竞争力和良好发展势头的新型旅游形式，等等。

　　浙江旅游的创新与发展，面临着一些重要的理论与实践问题迫切需要寻求解决途径。浙江要继续"走在前列"，除了"干在实处"之外，还必须与时俱进，

"谋在新处"、"赢在特处"。为此，必须继承和发扬"求真务实、诚信和谐、开放图强"的与时俱进的浙江精神。

这次，省旅游协会、旅游经济研究会策划组织省内相关院校的旅游专家、教授和一线骨干教师参与撰写的《浙江现象·旅游创新系列丛书》，就是遵照党的"十七大"关于促进国民经济又好又快发展，加快转变经济发展方式等重要精神的一种尝试。该丛书总结了"浙江现象"中旅游理论创新成果与实践发展经验，贯彻科学发展观，注重理论与实践的结合，当前旅游产业发展的前沿理论与热点焦点问题作为论题加以论述；又透过剖析大量经典案例，论证了理论指导实践的重要作用，从而使广大读者能从中获得理论上的熏陶和实践上的启发。希望这套丛书能有助于推进我省旅游专业理论研究，有助于发挥"浙江现象"服务与辐射功能，有助于提高旅游从业人员的专业素养，为加快浙江旅游经济强省建设作出积极贡献。

前　言

随着社会经济快速持续发展与人们生活水平日益提高，出行旅游、休闲娱乐已是人们生活的重要组成部分，旅游业也已发展成为重要的支柱产业。为贯彻落实中央有关会议的精神和部署，更好地发挥旅游业在建设社会主义新农村中的作用，国家旅游局确定2006年我国旅游宣传主题为"2006中国乡村游"，并且制定了"新农村、新旅游、新体验、新风尚"的鲜明口号。作为一个城市化水平相对较低的发展中国家，我国发展乡村旅游具有特殊的意义。随着中国人口城市化速度的加快，市民越来越怀念清新的空气、安静的环境、空旷的田野和绿色环抱的大自然氛围，回归大自然成为一种时尚、一种趋势。

当前，蓬勃发展的乡村旅游作为农业与旅游业、第一产业与第三产业相互渗透与融合所形成的一种新型旅游发展途径，已在统筹城乡发展、解决"三农"问题、加快社会主义新农村建设中发挥了越来越重要的作用，乡村旅游产品也因此深受关注，从旅游的次产品逐渐向国内旅游市场的主产品靠拢。

2007年，浙江省旅游业以加快建设旅游经济强省为目标，以"规划落实年"为重点，以"三带十区"建设为抓手，创新发展思维，转变发展方式，提高发展质量，培育发展后劲，实现了又好又快健康发展。2007年，浙江省接待入境旅游者511.2万人次，同比增长19.8%，实现旅游外汇收入27.1亿美元，同比增长27.2%；接待国内旅游者1.91亿人次，同比增长18.6%，实现国内旅游收入1 820亿元人民币，同比增长19.7%；旅游总收入首次突破2 000亿元大关，达到2 026亿元人民币，同比增长19.9%，相当于全省GDP（18 638.4亿元）的10.9%，相当于全省服务业（7 521.1亿元）的26.9%，旅游经济综合实力跃居全国第四（前三为江苏省、广东省、北京市）。

浙江省乡村旅游资源丰富，拥有长三角地区庞大的消费群体，市场前景广阔，且发展势头非常迅猛。但是，目前浙江省乡村旅游尚存在如下问题：文化底蕴不足，千村一面，缺乏个性特色，无法满足细分市场的需求；缺乏品牌和精品，难以满足休闲度假需求，乡村旅游产品信息不对称，导致供求失衡；粗放经营管理，缺乏培训指导，服务意识淡薄；营销模式陈旧，缺乏信息化技术支撑；资源闲置，淡旺季明显。因此，本书以分时度假作为浙江省乡村旅游创新发展的突破口，提升乡村旅游服务与管理水平，形成乡村旅游服务和管理的创新模式，促进浙江省乡村旅游产业升级，实现跨越式发展和可持续发展，满足当前人们乡村休闲旅游时尚化、特色化、个性化及信息化需求，因而具有十分重要的理论意义和应用价值。

本书共分为5章：第1章为乡村旅游概述。对乡村旅游的起源、概念界定、特点、功能、发展前景进行了概括。第2章主要是国内外乡村旅游相关理论与实践综述。对国内外乡村旅游的理论研究和实践探索进行了梳理，并列举了国内外乡村旅游的案例。第3章对浙江省乡村旅游发展进行实证分析。首先回顾了浙江省乡村旅游发展历程，对浙江省在长三角、全国乡村旅游业中的地位进行分析。通过对浙江省乡村旅游的需求和供给双方的分析，得出供求失衡的结论。第4章提出把分时度假作为浙江省乡村旅游创新发展的突破口。首先对国内外分时度假的研究进行综述，论述了把分时度假应用于乡村旅游的可行性，提出了乡村分时度假旅游的新概念，并对基于网络信息平台的浙江省乡村旅游特色化关键技术进行研究。第5章论述了浙江省乡村旅游创新发展保障体系的相关内容。

《浙江乡村旅游发展与创新》是浙江省科技厅重大专项重点项目"乡村旅游（农家乐、渔家乐）特色化关键技术的研究与应用"（项目编号：2006C13102）成果之一。浙江大学旅游研究所副所长、管理学院旅游管理系教授王婉飞博士主持该课题并负责全书的撰写工作。对参与本书讨论、资料收集整理及协助编撰工作的人员按工作量大小排序分别是徐喆、王敏娴、郭俊俊、单文君、樊玲玲、李凌、彭春萍、许端清、赵磊等。

本书的调研和资料收集工作得到了浙江省科技厅和旅游局有关领导的大力支持和帮助，还得到了省内外乡村旅游有关管理部门领导和村民的鼎力相助，在此深表谢意。

感谢北京大学出版社及编辑胡伟晔老师，她细致严谨、高效务实的工作态度使本书得以顺利出版。

研究浙江乡村旅游的发展与创新，对中国乡村旅游的发展具有开拓意义。本书对从事乡村旅游研究的业内人士及一般读者都有一定的参考价值。但限于学识水平，本书难免有不妥和疏漏之处，敬请广大读者不吝指正并给予宽谅。

作　者
2008年3月

目　录

第1章　乡村旅游概述 ... 1
　1.1　乡村旅游起源 ... 1
　1.2　乡村旅游概念界定 ... 2
　　1.2.1　国外关于乡村旅游的概念界定 ... 2
　　1.2.2　国内关于乡村旅游的概念界定 ... 3
　1.3　乡村旅游的特点及功能 ... 5
　　1.3.1　乡村旅游的特点 ... 5
　　1.3.2　乡村旅游的功能 ... 6
　1.4　乡村旅游的发展前景 ... 7

第2章　国内外乡村旅游相关理论与实践综述 ... 10
　2.1　国外乡村旅游的理论研究与实践发展 ... 10
　　2.1.1　国外乡村旅游的理论研究 ... 10
　　2.1.2　国外乡村旅游的实践发展 ... 12
　　2.1.3　国外乡村旅游案例精选 ... 13
　2.2　我国乡村旅游的理论研究与实践探索 ... 32
　　2.2.1　我国乡村旅游的理论研究 ... 33
　　2.2.2　我国乡村旅游案例精选 ... 41
　2.3　国内外农家乐旅游研究 ... 53
　　2.3.1　国内农家乐旅游研究综述 ... 53
　　2.3.2　国外农家乐旅游研究综述 ... 57

第3章　浙江省乡村旅游发展实证分析 ... 59
　3.1　浙江省乡村旅游现状 ... 59
　　3.1.1　浙江省乡村旅游发展历程 ... 59
　　3.1.2　浙江省在长三角乡村旅游业中的地位分析 ... 63
　　3.1.3　浙江省在全国乡村旅游业中的地位分析 ... 72
　3.2　浙江省乡村旅游示范点现状 ... 77
　　3.2.1　杭州"梅家坞"农家乐旅游发展概况 ... 77

		3.2.2　湖州农家乐旅游发展概况 80
		3.2.3　台州农家乐旅游发展概况 85
	3.3　浙江省乡村旅游供求分析 91
		3.3.1　调研设计 91
		3.3.2　浙江省乡村旅游需求现状和潜在需求分析 93
		3.3.3　供需方一致性分析 108
	3.4　农家休闲茶室顾客满意度研究 110
		3.4.1　研究背景 111
		3.4.2　研究领域 113
		3.4.3　以往研究回顾与总结 115
		3.4.4　研究构思和模型构建 124
		3.4.5　研究问题的提出及研究假设 126
		3.4.6　研究总结 128
		3.4.7　农家休闲茶室顾客满意度改进策略和实施措施 128

第4章　浙江省乡村旅游创新发展的突破口——分时度假 146
	4.1　分时度假研究综述 146
		4.1.1　分时度假的内涵 146
		4.1.2　国外分时度假研究 152
		4.1.3　我国分时度假研究 161
	4.2　分时度假与乡村旅游结合的理论探讨 164
		4.2.1　国内外旅游信息化的发展现状 164
		4.2.2　分时度假产业特点的创新意义 169
		4.2.3　分时度假与乡村旅游相结合 173
	4.3　乡村分时度假旅游概念的提出及其现实意义 174
		4.3.1　乡村分时度假旅游概念的提出 174
		4.3.2　发展乡村分时度假旅游的现实意义 177
	4.4　基于网络信息平台的浙江省乡村旅游特色化关键技术研究 178
		4.4.1　支持乡村旅游特色化的信息综合服务关键技术 178
		4.4.2　基于Web的乡村旅游系统服务平台总体设计及框架实现 182

第5章 浙江省乡村旅游创新发展的保障 ... 183
5.1 旅游行政主管部门的角色定位与调整 ... 183
5.1.1 旅游行政主管部门在乡村旅游创新发展中面临的问题 ... 183
5.1.2 旅游行政主管部门的角色定位与调整 ... 184
5.2 乡村旅游行业协会组织的角色定位与调整 ... 185
5.2.1 旅游行业协会在乡村旅游创新发展中面临的问题 ... 186
5.2.2 旅游行业协会组织的角色定位与调整 ... 187
5.3 法制道德建设 ... 189
5.3.1 乡村旅游创新发展的法制道德问题 ... 189
5.3.2 以分时度假为突破口的乡村旅游创新发展的法制建设 ... 191
5.3.3 乡村旅游创新发展的道德建设 ... 195
5.4 扩大开发、加快区域合作 ... 196
5.4.1 加快浙江省乡村旅游资源整合 ... 197
5.4.2 积极推动长三角旅游区域合作 ... 199
5.5 构建乡村旅游可持续发展的生态环境检测系统 ... 201
5.5.1 加强环境保护，维持生态平衡 ... 201
5.5.2 构建社区参与机制，实现和谐发展 ... 203
5.5.3 建立乡村旅游危机管理体系 ... 206
附录1 浙江省乡村旅游市场需求调查问卷 ... 209
附录2 浙江省乡村旅游市场供给调查问卷 ... 212
参考文献 ... 215

第1章　乡村旅游概述

1.1　乡村旅游起源

乡村旅游最早起源于法国。1855年，一位叫欧贝尔的法国参议员带领一群贵族来到巴黎郊外农村度假，他们品尝野味，乘坐独木舟，学习制作肥鹅肝酱馅饼，伐木种树，清理灌木丛，挖池塘淤泥，欣赏游鱼飞鸟，学习养蜂，与当地农民同吃同住。通过这些活动，使他们重新认识了大自然的价值，加强了城乡居民之间的交往，增强了城乡居民的友谊。[①] 20世纪60年代，西班牙开始发展现代意义上的乡村旅游。随后，乡村旅游在欧美等发达国家农村地区迅速发展，并在20世纪80年代后，已具有相当规模，并且已走上了规范化发展轨道，德国、意大利、荷兰、保加利亚、英国、美国、巴西、日本等国家和地区都开展了丰富多彩的乡村旅游活动，并取得了明显的社会、经济、生态效益。

目前，一些发达国家的乡村旅游已具相当规模。据世界旅游组织统计，欧洲每年旅游总收入中，农业旅游收入占5%～10%。在西班牙，36%的人季节休假是在1 306个乡村旅游点中的房屋里度过的。以农庄度假和民俗节日为主题的乡村旅游，在欧洲、美洲开展的历史达百年以上，在欧美一些发达国家，乡村旅游已具相当规模，并走上了规范发展轨道。以色列把乡村旅游开发作为对农村收入下降的一种有效补充，乡村旅游企业数量逐年增多。新西兰、爱尔兰、法国等国家，政府把乡村旅游作为稳定农村，避免农村人口向城市流动的重要手段，在资金、政策上给予大力支持，从中也得到了丰厚回报。加拿大、澳大利亚、前东欧和太平洋地区在内的许多国家，也都认为乡村旅游业是农村地区经济发展和经济多样化的动力。在开发乡村旅游方面有成功经验的国家，均制定了专门的乡村旅游质量标准，产品、管理和市场开发都比较成熟。

我国乡村旅游起步较晚，萌芽于20世纪50年代。20世纪90年代中后期，

---

① 贺小荣．我国乡村旅游的起源、现状及其发展趋势探讨[J]．北京第二外国语学院学报，2001，(1)：90-94．

国内一些都市区域的旅游市场开始导入乡村旅游模式，并很快形成超速发展的态势。到 1998 年，国家旅游局推出"'98 华夏城乡游"（旨在推动乡村旅游发展），乡村旅游得到了大规模的发展，并出现了多种开发形式的乡村旅游，如森林公园、度假区（村）、野营地、观光购物农园、休闲农场、农业公园、教育农园、农村留学、民俗文化村、乡村俱乐部等。2006 年为"中国乡村旅游年"，乡村旅游蓬勃发展。

1.2 乡村旅游概念界定

1.2.1 国外关于乡村旅游的概念界定

国外学者相当重视对乡村旅游概念的研究，认为这涉及乡村旅游理论体系的构建，但他们对乡村旅游概念的界定和认识也不尽相同，欧洲联盟（EU）和世界经济合作与发展组织（OECD）1994 年的定义，以及 Bernard Lane（1994）、Edward Inskeep（1991）、Opperman（1996）等人给出的定义被频繁引用。

（1）世界经济合作与发展组织对乡村旅游的定义是：在乡村开展的旅游，田园风味是乡村旅游的中心和独特的卖点。

（2）Gilbert 和 Turg（1990）定义：乡村旅游就是农户为旅游者提供食宿等条件，使其在农场、牧场等典型的乡村环境中从事各种休闲活动的一种旅游。该定义把乡村旅游的场所局限于农场、牧场，相当于我们认知上的农场旅游，并且服务内容还仅限于提供初始的食宿供给。

（3）Clock（1992）认为，乡村是一种特殊的居住地，乡村社区是买卖的背景，乡村生活方式等可以被移植，乡村文化的生活画面可以被加工、整体推销和出售。

（4）Bernard Lane（1994）认为乡村旅游的概念不仅是在乡村地区进行的旅游活动，它是一种复杂的、多侧面的旅游活动，而且不同的国家和地区发展乡村旅游的形式不同。

Bernard Lane（1994）界定纯粹形式的乡村旅游是：①位于乡村地区；②旅游活动是乡村的，即旅游活动建立在小规模经营的企业，空间开阔，与自然紧密相连，具有文化传统和传统活动等乡村世界的特点；③规模是乡村的，即无论是建筑群还是居民点都是小规模的；④社会结构和文化具有传统特征，变化较为缓慢，旅游活动常与当地居民家庭相联系，乡村旅游在很大程度上受当地控制；⑤由于乡村自然、经济、历史环境和区位条件的复杂多样，因而乡村旅游具有不同的类型。

（5）芬兰乡村发展委员会（1996）对乡村旅游的定义是：全面开发乡村资源，创造能够出口产品的途径和工具，通过量和质两个方面的积极努力，乡村旅游可以建设成为整个芬兰乡村就业和收入的、基本源泉。

（6）以色列的 Arie Reichel、Oded Lowengart 和美国的 Ady Milman（1999）简明扼要地说：乡村旅游是位于农村区域的旅游，具有农村区域的特性，如旅游企业规模较小、区域开阔和可持续发展等特点。

1.2.2　国内关于乡村旅游的概念界定

粗略统计，自1996年始，国内学者给乡村旅游所下的定义不下30种之多。其中熊凯（1999）、杜江和向萍（1999）、王兵（1999）、郭焕成（2000）等学者给乡村旅游下的定义被广泛引用。何景明、李立华(2002)，应瑞瑶、褚保金(2002)撰文专门对乡村旅游的概念进行了内涵探讨和相关概念辨析。关于乡村旅游的概念，国内学术界目前还没有取得统一的认识。

（1）尹少华、邓德胜、文建林（2002）认为，乡村旅游又称为农业旅游，是以农业和乡村为旅游资源而开发的一种新型旅游产品。它以农业生产活动为基础，依托农村良好的自然生态环境和丰富的人文旅游资源，经过规划设计，将农业与旅游业有机地结合，以发挥农业和农村的旅游休闲功能，并带动农业和农村经济的发展。

（2）乌恩、蔡运龙、金波（2002）认为，乡村旅游是指在传统乡村地区开展的，以乡村自然环境、风景、物产及乡村生活为旅游吸引物的，不过多依赖资本和高度技术，较少使用专用接待服务设施的旅游活动形式。

（3）熊凯（1999）认为，乡村旅游是以乡村社区为活动场所，以乡村独特的生产形态、生活风情和田风光为对象系统的一种旅游类型。

（4）向萍（1999）认为，乡村旅游是以乡野农村的风光和活动为吸引物，以都市居民为目标市场，以满足旅游者娱乐、求知和回归自然等方面需求为目的的一种旅游方式。

该定义主要定位在客源市场上，即一般的都市居民。从都市居民的出游目的和城乡差异来表现乡村旅游，明确了乡村旅游是一种形式。存在的缺陷是客源市场过于明确而局限在一定的范畴。因为乡村旅游有两种类型，一种是城郊型，一种是景郊型，所以到乡村的旅游者不一定都是城市居民。

（5）王兵（1999）认为，所谓"乡村旅游"，即以农业文化景观、农业生态环境、农事生产活动以及传统的民族习俗为资源，融观赏、考察、学习、参与、娱乐、购物、度假于一体的旅游活动。

该定义也是从农村的主业——农业的角度出发，认为"乡村旅游"是以农业为中心而展开的旅游活动，主要强调了农业是构成乡村旅游的主体。这一定义将农村的文化也融于其中，同时也明确了乡村旅游的几种类型和内容。

（6）刘荣栋、毕愚溪（1998）认为，乡村旅游，从广义上说，区别于大城市旅游和工业旅游。从狭义上看，仅指以乡村旅游资源为依托而产生的特殊旅游活动，其核心是观赏乡村独特田园风光和参与体验乡村独特风情。

（7）马波（1996）认为乡村旅游是以乡村社区为活动场所，以乡村独特的生产形态、生活风情和田园风光为对象系统的一种旅游类型。

这两个定义的出发点主要在农村本身固有的农业资源上，强调了乡村旅游的具体活动范畴，偏重于对农业的观光，而缺乏参与性和对客源市场的定位。

（8）郭焕成、刘军萍、王云才（2000）认为，观光农业（或称休闲农业、旅游农业）是以农业活动为基础，农业和旅游业相结合的一种新型的交叉型产业，是以农业生产为依托，与现代旅游业相结合的一种高效农业活动。观光农业的基本属性是：以充分开发具有观光、旅游价值的农业资源和农业产品为前提，把农业生产、科技应用、艺术加工和游客参加农事活动等融为一体，供游客领略在其他风景名胜地欣赏不到的大自然浓厚意趣和现代化的新兴农业艺术的一种农业旅游活动。

（9）何景明等（2002）认为，狭义的乡村旅游，是指在乡村地区，以具有乡村性的自然和人文客体为旅游吸引物的旅游活动。因此，乡村旅游的概念包含了两个方面：一是发生在乡村地区，二是以乡村性作为旅游吸引物，二者缺一不可。

（10）杨雁（2003）认为，乡村旅游是以独特的乡村文化景观、幽美的农业生态环境、参与性强的农事生产活动、传统的民族习俗等为旅游资源，以都市居民为主要的目标市场，融观赏、学习、参与、娱乐、购物、度假于一体，以满足旅游者回归自然、娱乐求知等方面需求为目的的一种旅游方式。

（11）石强、钟林生（2004）认为，乡村旅游是指以乡村田园风光、森林景观、农林生产经营活动、乡村自然生态环境和社会文化风俗为吸引物，吸引旅游者前去观赏、品尝、习作、休闲、体验、健身、科考、绘画、摄影、购物、度假的一种新型旅游形式。

（12）世界旅游组织（WTO）授权中国国家旅游局、计划统计局出版的《旅游业可持续发展——地方旅游规划指南》中文版（1997）中对乡村旅游的定义是："乡村旅游是指旅游者在乡村或其附近（通常是偏远地区的传统乡村）逗留、学习、体验乡村生活模式的活动。该村庄也可作为旅游者探索附近地区的基地。"

不难看出，该定义仅是以旅游者的角度来看问题，指明了旅游者到农村的主要目的，认为该地区是城里人的一个学习基地，而忽略了目的地本身自有的资源，构成乡村旅游的客体。

1.3 乡村旅游的特点及功能

1.3.1 乡村旅游的特点

（1）乡村性。乡村旅游的活动内容有别于城市旅游，它是以浓重的乡村性来吸引广大游客的。现代社会，随着生活节奏的加快，工作压力的增大，人们逐渐怀念起农村的恬静与惬意。无论是美丽的自然风光，还是各具特色的民俗风情，抑或是味道迥然的土家菜肴、风格各异的居民建筑以及充满情趣的传统劳作，都具有城镇所缺乏的优势和特色，为游客提供了返璞归真、重归自然的机会。

（2）参与性。区别于城市旅游等偏向纯观光的旅游方式，乡村旅游具有很强的参与性。游客到达目的地后，除了欣赏农村优美的田园自然风光外，更可以亲自参与到一系列的活动中。在农家乐中，游客可以参与茶农们采茶、炒茶和泡茶的全过程，也能上山下地进行农耕、采摘蔬菜瓜果等；在渔家乐中，游客也可进行垂钓、划船等活动，通过这些活动，游客们能更好地融入乡村旅游的过程中，对农家的生活状态、乡土民情有更深入的了解，而不是作为旁观者纯粹欣赏风景而已。因此，参与性、体验性是乡村旅游的很大特点。

（3）差异性。乡村旅游的差异性着重体现在地域和季节两个方面。在地域方面，由于气候条件、自然资源、习俗传统等的不同，使不同地方的乡村旅游的活动内容体现出很大的差异性。在季节方面，由于农业活动在很大程度上依赖于季节，因此，随着季节的转变，各乡村旅游的内容也体现出明显的季节性。

（4）目标市场是城镇居民。乡村旅游的特点就在于其浓重的乡村气息，因此这种旅游形式对于生活在农村的人并不具有吸引力。但是，对于生活在高度商业化的大都市的居民而言，钢筋水泥的建筑、繁重的工作压力以及浑浊的空气都让他们对于乡村旅游充满了幻想和憧憬。

（5）费用低。乡村旅游的经营主体是农民，旅游资源也是大多依赖于现有的农业资源，不用进行大量的投资就可投入使用而获得经济收益，因此属于投资少又见效快的旅游方式。也正因为成本较低，游客在进行消费时所支出的费用也相对较低，无论是住宿、餐饮还是交通，都比城市旅游的开支低得多。

1.3.2 乡村旅游的功能

（1）审美享受。长期生活在城市之中，看到的都是钢筋水泥，听到的都是汽车喇叭，呼吸的都是浑浊的空气，在这种情况下，人们不禁会追求一种别样的审美愉悦，而乡村旅游正符合了这种需求。这种美是纯自然的，是历史遗留的。无论是宜人的自然风光，还是充满了趣味的田园生活，抑或是清新的空气都让在都市中生活久了的人体验到别样的审美情趣。

（2）缓解压力。之所以选择乡村作为旅游地点，究其原因不是因为优美的风景或别样的生活方式，而是因为人们想要摆脱城市中快节奏的生活方式，卸下沉重的工作压力。乡村中完全不同于城市的生活环境，能让人们暂时逃避现实生活，遗忘所有生活上和工作中的不快。经过一段时间的放松之后，游客能以一种全新的状态进入到现实生活中，重新接受挑战和机遇。

（3）教育体验。国外的乡村旅游，很多家长都愿意带孩子一同去，其中的原因除了娱乐之外主要是能对孩子进行最直接、最现实的教育。通过体验农村生活、品尝乡村野味、参与农业劳动，从小生活在城市中的孩子能够领略到农村中别样的生活方式，体味到农村人的辛苦和勤劳，学习到有关自然的知识，即寓教于乐，是一种很好的教育体验方式。

（4）文化传承。相比于城市，农村中往往保留了更多中国的传统文化。通过乡村旅游，建设民俗文化村，举办民俗文化节，都市人能够更好地了解乡村社会文化和民俗风情，起到传承中国传统文化的作用。

（5）促进农村经济发展。旅游业是一种投资少、见效快、收益多的高度综合的特殊产业，通过初次分配和再分配的循环周转，不仅促进了经济的发展，而且促进了贫困地区产业结构的优化、转变，从而提高了贫困地区人民的生活水平，缩小与发达地区之间的差距，对解决"三农"问题起着举足轻重的作用。同时，发展乡村旅游能使那些拥有丰富旅游资源而经济贫困、交通落后的地区，加快招商引资步伐。在贫困地区，由于土地资源有限，农村剩余劳动力一直存在。因此，通过发展乡村旅游，可以安置过剩劳动力，扩大就业面，极大地维护和促进了当地社会的稳定，提高了社会的整体效益。

（6）更新社会观念。农村地区之所以落后，很大一部分原因是观念的落后，而乡村旅游的发展可以吸引大量城市游客的进入，农民在为游客服务的同时也可以开阔视野，接收到城市中先进的思想和理念，更新陈旧的思想观念。

1.4 乡村旅游的发展前景

乡村旅游具有鲜明的特色和多样的功能，因此可以预见，乡村旅游具有美好的发展前景，主要依据如下。

（1）消费观念的转变。21世纪的来临使人们原有的价值观、消费观产生了巨大的变化。人们开始意识到旅游是一种提高精神层次和优化生活品质的新方式，它是一种对精神和生活品位的追求，而绝非是单纯意义上的工作之后的休息与调整。同时，人们对于旅游的观念也发生了巨大的变化。随着旅游经历的丰富，越来越多的旅游者不再满足于"赶场式"的疲倦旅游方式，旅游的需求开始由"表层游"转向"体验游"，在这种背景下，乡村旅游作为一种健康、前卫和个性的消费模式开始在人们的生活中占据越来越重要的地位。

（2）生活压力的增加。现代社会，人们的经济收入是普遍增加了，但生活质量却也因为日益增加的工作压力而明显降低了。随着国家工业化和城市化的快速推进，人们的生活节奏越来越快，竞争环境越来越激烈，因此，人们越来越渴望摆脱城市的生活走进乡村来舒缓压力，愉悦身心。同时，由于工业化进程的加速，许多现代化大都市都形成了明显的热岛效应和钢筋水泥现象，这更给城市居民带来了巨大的生活压力，随之产生了诸如高楼病、抑郁症、亚健康等现代都市文明病。在这种情况下，乡村旅游成为人们缓解生活压力、调节紧张状态、体验自然环境的最佳选择。

（3）收入水平提高。按国际经验，当人均GDP超过1 000美元时，国家旅游需求进入膨胀期，但这个膨胀主要是观光需求。当人均GDP超过2 000美元时，形成对休闲的多样化需求和多样化选择。而当人均GDP超过3 000美元时，度假旅游便会得到普遍发展。当今社会，许多经济较为发达的国家人均GDP均超过了3 000美元，因此休闲旅游已经成为世界范围内旅游业迅猛发展中的一个热点，越来越成为游客的首要选择。

（4）产业政策和制度法规的推进。在市场经济的条件下，国家宏观调控中所制定的鼓励性政策能对支持乡村旅游的发展起到巨大的推动作用。例如财政补贴、关税减免、提供优惠贷款、信誉担保以及鼓励投资等措施。在法律层面上，制定国民休假制度、社会保障制度等都有利于国民具备足够的时间与金钱以进行休闲消费。此外，通过限制性条款可以规范国家休闲产业的健康发展，约束国民的不良休闲消费习惯，促使休闲产业可持续健康发展。从1993年以来，为了鼓励国民旅游，国家加大了宣传促销的力度，每年都推出各类专题旅游活动，许多专题都与乡村旅游密切相关。在宏观政策的支持下，乡村旅游的快速发展也就显得水到渠成了。

通过以上分析可以看到，乡村旅游有着十分广阔的发展前景。对于未来乡村旅游产品的具体形式与发展趋势，我们可以作如下预见。

（1）依靠生态化建设乡村度假村。乡村旅游开展所依托的资源，不是后人自己创造的,更多的是先前遗留下来,不需要靠恢复、模仿而再现的场景。因此,在对乡村旅游进行开发时,采用自然生态化的开发模式,借助优美的生态环境,构建乡村度假村是一个趋势。在度假过程中,游客可以在欣赏自然景观、亲身参与到农村的真实生活中来摆脱城市中的压力,得到全身心的放松,这在当今社会生活节奏加快、城市环境趋于恶劣的背景下将显得弥足珍贵。

(2)依靠文化建设民俗文化村。文化因素是乡村旅游得以兴起的基础之一。信息社会的来临,在给人类带来丰富的物质享受、充足的社会信息的同时,也使城市中的居民渐渐遗忘了中国传统的文化,遗忘了中国几千年来的瑰宝,更渐渐遗忘了自己国家的民俗风情。因此,乡村旅游在给游客提供视觉上的放松以外,更可通过体验旅游的方式让游客重温农民们的生活方式,体验别具情趣的民情风俗。因此,开展民俗文化村,举办民俗文化节,传播我国浓厚的文化底蕴也将是乡村旅游吸引游客的有利方式之一。

(3)开发模式多样化。目前,很多乡村旅游的内容和形式还处于比较基础的阶段,因此在未来发展过程中,乡村旅游必将采取多样化的开发模式,带动和引导国内市场需求向高层次发展。比如采用休闲农庄庭院开发模式,通常独户经营或由几家农户联合,进行些诸如采摘水果、蔬菜、吃农家饭、干农家活等庭院活动,这种类型的景点是当前乡村旅游的主体;再如,观光农场绿色农产品开发模式,这种形式在国外比较流行,在未来的发展中,农场和牧场业必将逐渐兴起,促进观光农业的盛行。

(4)增加教育意义。从长远角度来讲,乡村旅游要达到可持续发展的目的,加强旅游过程中的教育意义具有重要作用。通过游览过程,为游客提供不同形式和内容的教育,使游客进一步了解当代农业科技知识,真实再现现代农村生活场景,传承中国传统文化内涵,让长期生活在都市的人们增加对农村的认识。

第 2 章 国内外乡村旅游相关理论与实践综述

2.1 国外乡村旅游的理论研究与实践发展

2.1.1 国外乡村旅游的理论研究

1. 乡村旅游对经济发展的影响研究

Anne-Mette Hjalagerl（1996）在《旅游业中农业的多元化经营：以欧洲的社区发展方案为例》中指出，乡村旅游由于本身受各种因素的影响，因此对于经济发展的促进作用相对有限。原因在于，乡村旅游虽然规模小、投资少，绿色主题也对旅游产品的创新具有积极作用，但受传统观念的影响，大多数农民倾向于优先发展传统农业。另外，机器化的农业生产并不能有效地将传统农业向旅游产业发展，这都导致乡村旅游本身发展的受阻。

Fleischer（1996）在《乡村旅游真能从农业中获利》一文中指出，以色列乡村旅游的发展形势以提供住宿和餐饮为主，并对此进行了深入分析，最后得出结论：乡村旅游的规模小，季节性强，受限条件多，所得到的经济效益也比较低，因此，对于当地的经济发展的促进作用也不大。

但是，就目前而言，国外大多数学者还是认为乡村旅游在促进当地经济发展、提升与优化产业结构方面具有相当大的作用。

2. 乡村旅游对文化传播的影响研究

MacDonald Roberta，JolliffeLee（2003）在《文化型乡村旅游：以加拿大为证》一文中指出文化是乡村旅游发展的基础因素之一。通过对加拿大东部阿卡迪亚乡村旅游的发展状况进行分析后还总结出了乡村文化发展的 4 个阶段。

另外，国外有很多学者认为发展文化因素是乡村旅游吸引游客的关键因素之一，同时乡村旅游也是传播国家传统文化的有利方法。但同时，也有一部分学者指出，乡村旅游的发展会对传统文化发生消磨或减弱的影响。因为随着都市人的进入，生活在农村的居民逐渐接触到城市中的思想理念，因此，文化会随之受到巨大的冲击。

3. 乡村旅游的管理研究

Richard Sharpley（2002）在《乡村旅游和旅游经营多元化的挑战：以塞浦路斯为例》一文中指出，旅游业是一个综合化的行业，受到很多其他因素的影响。因此，由于资金的缺乏，交通运输条件的落后，基础设施的不健全以及服务人员缺乏必要的培训等，使得乡村旅游的发展仍然处于低等水平，还须进一步改进。

4. 旅游者行为研究

Ann Murphy，Peter W. Williams（1999）在《吸引日本旅游者进入偏远乡村：对于乡村发展和规划的启示》一文中，根据加拿大旅游协会、美国旅游管理局统计资料，分析了日本旅游者进行乡村旅游的动机和消费行为，最后发现，日本乡村旅游者和非乡村旅游者在消费动机和行为特征上有许多的不同。

Isabelle Frochot（2004）在《乡村地区旅游者的利益划分：以苏格兰为例》一文中，对苏格兰两个地方的乡村旅游者的行为动机和特征进行了研究，研究表明这些游客在文化、行为等方面都显示出了自己的特点，得出了大多数乡村旅游者并不是非常在意活动的乡村性，无论是在风景还是农村的生活方式上都没有非常大的兴趣。

5. 乡村旅游开发途径研究

Graham Busby，Samantha Rendle（2000）在《从在农场的旅游向农场旅游转变》一文中分析发生在农场的旅游和农场旅游的区别，最后指出了农场如何向乡村旅游方向有效转化的途径。

Aliza Fleischer（2000）在《支持乡村旅游业：它会带来什么不同吗？》一

文中对广大旅游者的偏好进行了研究,并对乡村旅游的经济效益进行了分析,最后得出结论:乡村旅游应该以小规模的形式开展。

2.1.2　国外乡村旅游的实践发展

乡村旅游的发展在西方国家可以追溯到19世纪中期,最早起源于法国巴黎的郊外。工业革命到来时,西方的生产方式发生了巨大的变化,城市化进程也逐渐加速。在这种背景下,人们的生活节奏越来越快,生活压力越来越大,浑浊的空气和钢筋水泥的建筑业让人们日渐难以忍受长期的都市生活,因此,越来越多的人开始到乡村放松身心,释放长期以来的工作和生活压力。

乡村旅游的飞跃发展是在20世纪中后期。20世纪60年代,西班牙的居民将路边城堡或大农场改造成乡村旅游社区吸引了大量游客,因此,当地的乡村旅游开始在国际旅游上享有盛名。20世纪70年代以后,法国的乡村农庄也变得越来越流行,给法国当地居民带来了大量的经济收入。同期,日本政府开始把乡村旅游看作是帮助农民脱贫致富的手段之一,国家和地方政府制定了大量有利于乡村旅游发展的政策和法律,在这种条件下,日本的乡村旅游业快速崛起。20世纪80年代以后,欧美学者对乡村旅游进行了大量的研究,并指出了有利于乡村旅游快速发展的建议,使得乡村旅游可以在欧洲各国大规模地迅速开展。

目前,国外的乡村旅游已经进入了多元化、多模式的发展阶段,乡村旅游成为受广大游客,特别是受过高等教育的知识分子的喜爱。比如法国的乡村每年接待的游客中50%是中高级雇员或自由职业者,他们欣赏自然风光,参与农业活动,品尝纯天然的瓜果蔬菜,将对物质享受的追求向精神享受发展。同时,他们选择乡村度假不是为了收费低廉,而是寻找曾经失落的净化空间和尚存的淳厚的传统文化氛围。他们参与农业劳动追求的是精神享受而不是物质享受,在诸如旅行、漂流、登山、骑马、参加农事活动等多种休闲项目普及的同时,乡村旅游开始与生态旅游相结合,使得乡村旅游的产品质量上升,文化内涵、层次和品味进一步提高。总的来说,在国外,乡村旅游已经成为一种时尚、一种高层次的旅游方式。

2.1.3 国外乡村旅游案例精选

案例 1

英国农业旅游发展的基本特征与经验

英国是世界旅游业发展的源地,也是农业旅游发展的先驱国家,分析其农业旅游发展的历史轨迹,总结其发展特征,借鉴其发展经验,对于还处于发展时期的我国农业旅游意义是重大的。

1. 英国农业旅游业的兴起与发展

英国的农业旅游兴起于20世纪六七十年代,到20世纪80年代末90年代初,农业和畜牧业类旅游景点已成为英国当时与手工艺品中心、休闲类景点、主题公园、文化遗产中心、工厂景点齐名的时髦景点。1992年英国官方统计以人造景点为主的旅游景点全英国有5 552个,其中有农场景点186个、葡萄园81个、乡村公园209个,三者合计476个,可见直接和间接属于农业的旅游景点几乎占到了英国人造景点的十分之一。据英格兰旅游委员会统计调查表明,1995年农场景点、主题公园、工业旅游景点是英国最受欢迎的三大类景点,据初步统计全英国有近四分之一的农场直接开展旅游业或与旅游业的发展密切相关,可见英国农业旅游发展普及的形势。综合分析英国农业旅游兴起发展的主要动因有如下几个方面。

(1) 经济持续增长推动了英国农业旅游的发展。

20世纪50年代以来,英国随着经济的快速持续增长,为旅游业的全面发展积蓄了充足的能量。一方面,人们的旅游支付能力不断增大;另一方面,双休日、带薪假期和弹性工作制积累的额外假期等给人们提供旅游时间上的保障;还有,随着交通条件的大大改善,以及私人大量拥有汽车,使旅游目的地的可行性大大增强,并使远距离的旅游成为可能。伴随经济的发展,生活水平和受教育程度的提高,作为高层次需求的旅游逐步走进了人们的生活,这些推动了英国旅游业的全面发展,农业旅游也应运而生并发展起来。

(2) 旅游消费者市场需求走向的变化催生了英国农业旅游。

据英国学者研究表明，20世纪90年代，英国景点市场呈现出如下八大走势：

①游客希望更多地参与；②对动物的保护问题越来越关注，传统的动物园越来越不受欢迎；③对工厂、农场、手工作坊等工作场所兴趣越来越大；④游客的要求越来越高，总是在寻求新颖的东西；⑤希望景点质量标准更高；⑥人们越来越关心健康和饮食；⑦越来越多人希望在景点中学习新的东西；⑧到乡村度假。

这8个走向中：①（参与农业活动）、②（农场的动物）、③（农场）、⑥（农场健康锻炼与特色饮食）、⑦（学习农业知识）、⑧（农场度假）等六项需求都可以在农业旅游中得到满足或部分满足，另外两项需求是对所有的旅游产品共性的需求，农业旅游也不例外，可见农业旅游迎合了这种市场需求。由英国旅游局等编写的英国权威的《休闲咨询》报告在1990年所做的成年人市场变化趋势中也表明英国游客在未来10年会增长50%，而对景点而言，访问人数最多的是农场和工业景点，将增长48%，其次是主题公园、休闲购物、新的文化遗产景点等。这种需求走向是人们消费层次提高和转向的必然。

（3）高度发达的城市化为农业旅游提供庞大的目标市场。

城市人口是农业旅游占有绝对多数份额的目标市场。随着英国工业进程的加快，城市人口不断增多，城市化已经到高度发达的阶段，城市人口已占到全国人口的80%以上。城市人口远离自然，生活在城市建筑的密林当中，加之紧张的工作使人们心理备受压抑，人们到乡村亲近绿色自然、舒缓心理压力、参与户外活动便成为共性的心理需求。英国是世界上工业化起步最早的国家，绝大多数国民长期居住在城市中，已对农村产生了长久分离后渴望了解的感觉，而且许多孩子对农村、农业陌生，在这样的背景环境下，能够给城市居民提供逃避平日定势生活，短时间内突破常规的与城市迥然不同的氛围环境的农村、农场便成为最主要的备选旅游目的地，且在农村农业旅游景点中还可以实现放松心情、身心健康、亲近绿色的目的，正是这样一个市场基础使农业旅游人数持续增加。英国1994年的《休闲咨询》报告统计表明，在1990年访问英国景点总人数的3.45亿中访问农村农业乡村公园的游人数就达4 800万人次，占全国旅游景点年度访问人数的14%，可见市场规模之大。

（4）丰富的农业旅游资源和农业经营者积极开发、政府的大力支持推动了农业旅游的持续发展。

相对于城市而言，乡村地区广大，旅游资源十分丰富。作为农业发展的空间场所，大量农场都布局在广大的乡村地区。农场等农业生产经营部门由于其绿色的自然环境特征和与城市、工业、第三产业等比较特色独具的生产生活方式特征，使其作为旅游资源的属性及价值是极高的。因此在庞大的旅游市场需求推动下，激发了广大农业经营者不断地进行农业旅游开发，英国近四分之一的农场开展农业旅游就是这种开发积极性的具体表现。为了支持农业旅游的发展，英国中央政府农村发展委员会自1991年以来明确提出，向包括景点在内目的明确的私人开发项目提供资金；农业、渔业和粮食部也按计划对一些以农业为基础的景点开发给予财政支持，同时也向通过发展旅游来努力使经营多样化的农场主提供资助，乡村委员会也向改善乡村地区旅游设施的项目提供资助，这些政策对于推进农业旅游业在英国的全面发展起到十分积极的作用。

2. 英国农业旅游业发展的基本特征

20世纪90年代初期英国的农业旅游业已经十分发达，其发展的一些基本特征对世界各国农业旅游来说既具有代表性，又具有借鉴意义。其具体特征概括表现如下。

（1）主要吸引物。为游客提供一个观看农场里动物、体验农场景色氛围的机会，参加户外活动，接触和参与乡村生活生产活动，农场内一般设有一个农业展览馆并配以导游和解说词介绍农业工作情况，备有农场特产的手工艺品，设小型零售店和餐饮、住宿服务，多数景点安排一些儿童娱乐节目。大多数农业旅游景点都能够与农业生产紧密结合，不需投资建设更多形式的旅游吸引物。英国的以农场为主要形式的农业旅游业到20世纪90年代初一般发展时间在15年以内。

（2）经营者主要动机。寓教于乐，开展农业方面知识的普及教育；增加更多的旅游人数、扩大市场、增加收入，以实现利润最大化；促使农场经营的多样化，增加附加收入；在致力于发展农业前提下，依托农业，作为农业发展的多样化发展方向也是其开展旅游的重要动机；另外，也可通过开发旅游来保护农场环境。农业旅游的经营者绝大部分为农场主。

（3）经营规模。经营面积从 20 英亩到 200 英亩不等，范围大小差别极大，但一般来讲，农场的大小规模并不重要，因为游客只是使用其中的一小部分。小型化的经营模式是其农业旅游的主要形式。

（4）游客数量。一个农场景点接待游人不等，大约在 3 000 人到 7 万人之间。但大多数农业景点年接待量在 4 万～5 万人之间。

（5）收费。门票收费成年人一般为 2 英镑，大多设有儿童免票和团体优惠票等，门票价格大致占总收入的 20%～50%，其他收入来自购物、餐饮等服务。

（6）市场。家庭游客占总市场的三分之二，余下部分主要是学校的学生。游客中仅有 5%是外国人，且 90%以上的游客来自本地区。旺季访问游客人数占全年的七成，其中回头客比重较大。

（7）开放时间。多与农业生产的季节相关，通常半年时间，逗留时间较短，多为 1～3 小时，也有个别农场全年开放，每天开放 7 小时。

（8）员工数量。一般聘任 2～4 名全日长期工，3～5 名非全日长期工及一些临时工和志愿者，员工有有限的培训。

（9）营业额。大多在 1 万～22 万英镑之间。利润多为营业额的 10%～40%，大多在 10 万英镑以下。营销预算平均为营业额的 5%，0.5 万～1 万英镑，平均在 0.2 万～1.4 万英镑之间。开发成本平均比较低，平均为 5 万英镑。

（10）营销方式。主要方式依次为传单和宣传小册子、新闻发布和媒体报道、广告、促销和直销。

3. 英国农业旅游发展的经验启示

通过对英国农业旅游业具体特征的分析，我们大体可以归纳出如下经验，虽然英国 20 世纪 90 年代初和我国现代农业旅游发展环境条件已有很大的分别了，但其对我国农业旅游业的发展会有很大启示。

（1）农业主体地位不能动摇。英国的农业旅游大都定位在其是农业开展多种经营的一个方面的层面上，农业旅游紧密依托农业生产经营开展。虽然农业为了开展旅游又进行了有针对性的建设，但农业主体地位并没有被削弱。当然如果削弱了农业主体地位，那农业旅游的发展可能会失去吸引物的基础或减弱对旅游者的吸引力。农业生产本身可能为了方便旅游者参与或观光进行了一些必要的调整，但这种调整并没有改变农业生产，农业生产更不能成为为旅游者服务的纯粹的表演行为。从一定意义上说，虽然可能旅游的收入要大于农业生产本身的收入，但农业旅游仍然是农业的一个副产品，一个多种经营的途径，是对农业的旅游再开发。保证农业的主体性既是农业发展的要求，其实也是农业旅游发展的要求。

（2）小型化的经营是重要取向。以农场为主体的英国农业旅游采取小型化的经营方式是主体取向。一般一个农业旅游景点聘用全日制工作人员 10 名以内，为发展旅游进行投资的规模也大致为 5 万英镑，年接待游客人数为 4 万～5 万人，收入在 22 万英镑以内。这种小型的经营规模是和农业经营规模、市场需求的特点相关的。虽然市场总量很大，可供选择的农业旅游项目也很多，但是市场对于农业旅游项目的具体内容选择性不强，因此市场被分化；农场偏小的规模和游人所需要消费的农业旅游产品又往往集中在某些项目上，这也使其游客容量大大降低；如果游人过多也打破农场的氛围，使旅游产品与旅游者所需求的产品发生错位；另外农业旅游是和农业生产的季节性密切相关的，大多存在"半年闲"现象，这样无论从市场还是产品特征及经营效益上来看，小型化的经营都是必由之路。

（3）私营化的管理是流行趋势。英国农业旅游的主体经营者是农场主，形成原因是私营农场主垄断着农业旅游资源，另外，小型化的经营规模也极有利于私营化的管理，这两点原因致使英国农业旅游以私营化管理为主体，其实这也是世界上大多数国家农业旅游管理的主要模式。

（4）本土化的市场是根本依托。在英国，90%以上的农业旅游者都是本地区居民，外地游人只占 10%，而外国人就更少了。在游人中，又以家庭和学生游客为主。这一目标市场特点告诉我们，在产品生产、市场营销乃至经营管理上都要有针对性地进行，有的放矢。

（5）参与化的活动必不可少。成熟的农业旅游更多的不是观光，而是参与、经历和体验，这就要求农业旅游项目开发中一定要尽可能地让游人参与到农业生产和农村生活中去，体验经历农业生产生活带来的乐趣，旅游者不是旁观者。

（6）生态化的环境是前提保证。到农村去进行农业旅游虽然主题是农业，但人们选择农村时也有避开喧嚣的城市环境到大自然中去的取向，因此游人到农村去进行农业旅游，良好的自然生态环境也是其重要的需求，其是农业旅游发展的前提保证。

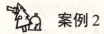 **案例 2**

西班牙乡村旅游的现状与发展分析

西班牙是欧洲除瑞士之外山最多的国家，发展乡村旅游有着良好的自然条件。西班牙的乡村旅游在 1986 年前后开始起步，1992 年以后快速发展，目前增长速度已经超过了海滨旅游，成为西班牙旅游中的重要组成部分之一。除国内游客外，一些来自欧洲其他国家的国际游客也开始逐步到西班牙的乡村享受与大自然亲密接触的乐趣。

西班牙发展乡村旅游，最初源于 20 世纪 90 年代，农村部门为适应全球化的冲击，通过政府支持改造农村的基础设施。在这个过程中，农业部门做出了非常大的贡献。1992 年，西班牙只有 36 家乡村旅馆（而当时法国有多达 36 000 家），现在合法的就有 7 000 多家，还有 15 000～20 000 家非法（即没有经过政府，根据标准认定）的。1992—1998 年，西班牙政府投入了很大精力进行乡村旅馆建设，使乡村旅游设施有了很大的改善。但在 1998 年以后，西班牙乡村旅游实际上增长最多的不是设施，而是乡村旅游的形象，乡村旅游的发展让全社会的人都认识到了有必要更好地利用农村的设施，以促进经济和社会的发展。在最近 12 年中，西班牙乡村旅游的工作重点有所转移，从乡村旅馆的建设转到旅游形象的创立。在乡村旅游发展初期，大家都注重利用房子贪婪地赚钱，后来才逐渐认识到，实际上乡村旅游真正赚钱的不是房子，而是形象。乡村旅游的价值就在于让城里的人了解乡村，到乡村接触自然，享受一种不同于城市的另外一种生活方式。因此，乡村资源是不能无限制地被开发的，过度开发之后，环境被破坏了，子孙就什么都没有了，乡村旅游也就不可能有持续地发展。近 15 年来，由于有了乡村旅游，西班牙的农村发生了相当大的变化，旅游不仅促进了农村经济结构的变化，也使农村的设施和环境得到了很大的改善。目前在西班牙，没有农业问题，只有农民问题，因为农民只占全国总人口的 4%，但农业产值却比任何时候都要高。当然，发展乡村旅游促进农村的变化更主要的是农民头脑的变化。在农村，农民观念的变化基本上是由乡村旅游带来的，比如一个农民在3年内接待了300个客人,他3年后的思想观念和3年前肯定是不一样的。在西班牙,农村直接经营乡村旅游的农户比例很小,据西班牙专家比德罗·希尔在培训班上介绍,在一个有1000人口的村镇,只有3户有乡村旅馆。虽然直接经营乡村旅游的农户不多,但卖农产品、经营手工艺品等并从中受益的农户则不少。因此整个村子都会非常关注这3家的经营情况,尤其是他们接待游客的情况。由于旅馆年入住天数一般不超过120天,所以西班牙乡村旅游业主的收入60%以上都是非旅游收入,其他农户的旅游收入就更少。因此,西班牙乡村旅游直接的经济收益并没有想象中的那样多,但间接的收益却非常大,比如通过开展乡村旅游,农民对城市、经济、政治、生活方式等的看法都会发生变化,农民思想的变化进而带来了社会的变化。

西班牙乡村旅游协会(ASETUR)是一个民间的联合体,它和政府有着良好的合作关系,在推进西班牙乡村旅游发展中起着非常重要的作用。它把很多业主自发地联合在一起,西班牙经营乡村旅游的业主60%多都加入了这个协会。该协会有一个内容非常丰富的网站,网站上有各个会员单位的介绍,游客可以直接在网站上进行预订。协会还把各个会员单位组织起来,通过预订中心、报纸广告和互联网等手段进行统一的营销推广。为保证乡村旅游的质量,协会还自行规定了一些标准,要求会员单位执行。

近年来,西班牙政府对乡村旅游的发展比较重视。在西班牙,每一个地区政府都有乡村旅游方面的立法,从立法上确立乡村旅游的地位;西班牙国家和地方政府还就乡村旅游制定了很多标准,其中有一些是必须执行的强制性标准,从而从标准上确保西班牙乡村旅游的质量。比如,对乡村旅馆,法律规定就必须是具有50年以上历史的老房子,而且最多提供10~15个房间(现在也有一些专门化的划分,如专门接待残疾人的旅馆),开业需要申请,经过政府审核合格,才发给开业许可证。不符合上述标准的将拿不到开业许可证。如只有20年历史或新建的房子经营乡村旅游则是不合法的,因为它是没有营业执照的。政府有督察,查到了不但要关门,而且还要罚款。当然现在西班牙政府也正在着手修改法规,以建立乡村中不同类型旅馆的区分制度,解决那些不合法的旅馆的身份问题。

政府还通过减免税收、补贴、低息投资贷款(有时仅为1%)等,对乡村旅游给予特定的支持和帮助。贷款主要是用于改善乡村旅游的基础接待设施,有10年的长期贷款,也有在2年以后即开始还款的短期贷款。政府的补贴只用于修缮那些具有50年以上历史的老房子,帮助农民把它们改造成乡村旅馆。

另外政府也会在区域上对乡村旅游进行合理的规划,根据市场需求开展有关方面的建设,以免造成过度的竞争。西班牙政府还通过技术上的帮助或培训,来引导和促进乡村旅游的发展。在培训中教育当地的农民要懂得保护自身的文化,认识到保护农村自然环境和生态环境的重要性,如果因为发展乡村旅游,自身的文化和农村的环境被破坏了,那将是一件得不偿失的事情。乡村旅游业不能代替农业,否则就失去乡村旅游的本义。土耳其就有一个极端的例子,游客到当地吃的水果、蔬菜等都不是当地种植的,而是从外地购买的,结果使当地的乡村旅游逐渐走向衰落。另外,还要提高当地农民的觉悟和认识,干净、卫生、友好等对发展乡村旅游非常重要。当然,乡村的很多设施如果搞得非常现代化,如不用木材用钢材,不用地板用瓷砖等,原始的东西没有了,发展乡村旅游就不会有持久性。

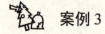 **案例3**

韩国乡村旅游

忠清南道堤川市德东里是韩国的一个偏僻山村,当地农民历来从事农业生产。近几年,德东里村开始发展乡村旅游,开设种花、做豆腐、捉鱼、收玉米等农家乐旅游项目,吸引城里人前往度假观光。这个仅有69户、138口人的小山村今年已接待了约25万名观光客。

德东里村是韩国乡村旅游的一个缩影。韩国的乡村旅游是随着大规模经济开发产生和发展起来的。韩国自20世纪60年代起经济开始腾飞,由农业国逐渐变为中等发达国家,实现了城市化。目前,韩国约4 800万总人口中,90%以上的人住在城市,农渔业人口不足10%。四通八达的交通网为韩国发展乡村旅游提供了便利条件。目前,乡村旅游收入在韩国国内旅游收入中所占比重已达9.4%。

韩国乡村旅游内容十分丰富。海滩、山泉、小溪、人参、瓜果、民俗都成为乡村旅游的主题。韩国各地有约800个与乡村旅游有关的民俗节,如"蝴蝶节"、"泡菜节"、"人参节"、"鱼子酱节"、"拔河节"、"漂流节"、"钓鱼节"等,并且都具有鲜明的乡土特色。

最近，韩国乡村旅游又增加了不少新项目。"主题列车活动"让游客坐车行到哪里、看到哪里、吃到哪里。"韩定食旅行"让游客前往农村品尝颇具特色的韩式套餐。"茶园旅行"让游客到茶园采茶。"周末农场"适应双休日的特点，供城市游客携一家老小去耕作和收获，体验劳动的艰辛和乐趣。韩国农林部正在推广的"绿色农村体验村庄"项目则是将自然生态、旅游、信息化和农业培训结合起来的高端乡村旅游。

城市游客到乡村旅游有了玩的项目，还需要有较为舒适的食宿之所。农民家庭旅馆在韩国被称作"民泊"，意思就是吃住在老百姓家里。家庭旅馆是韩国政府特许农民和渔民开办的，目的是让农民和渔民依靠它赢利。每户农民开办的家庭旅馆的房间最多为7间，获得的收入不用纳税。家庭旅馆的床铺通常是地炕，价格相对低廉。一间房住几个人至十几个人均可，游客可以做饭，还有卫生间，使用方便。韩国政府对农民办家庭旅馆有严格的标准。另外，韩国农民大多讲究卫生，因此家庭旅馆的食宿条件能够满足游客的需要。

作为农民家庭旅馆业的行业组织，韩国民泊协会承担着为开办家庭旅馆的农民服务和协调的作用。目前，韩国民泊协会有1.2万个正式会员和4.5万个非正式会员。该协会办有网站，正式会员和非正式会员的家庭旅馆都在网上注册，游客可上网查询。韩国民泊协会的正式会员每年夏季休假期间最多能挣约1.5亿韩元（约960韩元合1美元），最少也能挣约4000万韩元，超过或相当于全年的农业收入。

乡村旅游的住宿场所除普通农民家庭旅馆外，还有比较高档的别墅式家庭旅馆、原木屋和韩屋型家庭旅馆，可满足高收入的城市人群进行乡村休养、旅游的需要。

提到韩国，很容易联想到泡菜、拌饭、烤肉，时尚的服装、当红的明星和流行的音乐。然而，在避开闹市区重新选择一条悠久的线路走访了韩国部分城市之后，却发现了韩国最传统的一面。

★ 民俗村——城市里的"世外桃源"

水稻青青、炊烟袅袅，一条小溪横穿而过。位于汉城占地73万平方米的韩国民俗村完美而逼真地再现了古代朝鲜王朝的风貌。

在民俗村广场上，可以定时看到每天两次的农乐表演、走绳、Taekkyon武艺、斗鸡、传统婚礼、重要无形文化遗产演出和其他特别活动。游人还可以亲自体验朝鲜时代在一般家庭比较盛行的尤次、投壶、跳板等游戏。韩国传统婚礼是最不可错过的，乐声一起，身着传统服饰的新郎带着浩浩荡荡的迎亲队伍去迎接新娘。新人歇脚时，你还可以和他们合影留念。

★ 安东——品味儒教文化

安东是韩国收藏儒教传统文化最多的地方，它也是影响高丽建国的重要地方，这里现在有很多传统的村庄收藏着珍贵的儒教文化资料。位于安东的著名儒教学校有陶山书院和屏山书院。陶山书院是朝鲜王朝时期由地方儒林建议，为纪念大儒学家退溪李滉的德行而设立，之后一直成为岭南地区儒林的精神象征。

虽然很多对于古建筑有兴趣的人都知道安东的凤停寺，但普通人大都不知道，可是自从1999年英国女皇伊莉莎白来过这里后，凤停寺声名大噪，观光客开始蜂拥而至。

安东也是河回假面舞和船游绳火游戏的故乡，著名的"河回民俗村"即在安东。每年9月都要举办"安东国际假面舞节"，节日期间的主要活动有假面舞表演、世界假面和创作假面展示、木偶剧节和传统民俗表演等，游人可以尽情陶醉于国内外的假面舞的激情之中。这里还有著名的丰山韩纸和安东烧酎，通过参观韩纸和安东烧酎的制作过程，可以领略韩国文化的另一面。

★ 庆州——佛教文化的殿堂

庆州吐含山下有着世界宗教艺术史上最卓越的文化遗产之一——佛国寺。佛国寺为新罗时期的寺庙，建筑格局分为两大区，其中释迦塔和多宝塔堪称佛国寺追求的思想和艺术的精华。在吐含山东边有佛国寺附属庵石窟庵，据传石窟庵和佛国寺一样由金大城所建，尤其石窟庵本尊佛像达到了宗教艺术的最高峰。联合国教科文组织把佛国寺和石窟庵视为东北亚佛教艺术的杰作，1995年将其列为世界文化遗产。

同样被指定为世界文化遗产的庆州历史遗址区，荟萃了新罗时期的历史文化。根据不同的特色，遗址分为五大区，包括佛教美术的宝库南山区，千年王朝的宫殿月城区，新罗王陵所在的古坟群分布区大陵园区等。

★ 济州岛——领略盆栽艺术

济州岛是韩国南部海域最大的岛，在这里，见得最多的是一种石头像，济州人的土语管它叫多尔哈鲁邦,意思是石头爷爷。石头爷爷既是守护神,还可以做地标,在几乎所有的景区都可以买到这种石头像。这里也有济州特色的民俗村。

案例 4

塞内加尔乡村旅游规划

塞内加尔乡村旅游发展计划是将国家旅游发展政策运用到某个特定类型的区域旅游业发展的典范。同时,它也是促进本地居民参与旅游规划的一个榜样,这种做法既可以给当地村镇带来直接的利益,又可以让游客与当地的生活方式有着最亲密的接触。

(1) 背景信息。

塞内加尔是西非的一个国家,位于非洲大陆西部凸出部位最西端。北界毛里塔尼亚,东邻马里,南接几内亚和几内亚比绍,西濒大西洋,海岸线长约500千米。冈比亚楔入塞内加尔西南部。塞内加尔东南部为丘陵区,中东部为半沙漠地带。地势由东向西略作倾斜,河流均注入大西洋。主要河流有塞内加尔河和冈比亚河。塞内加尔有人口700多万,其中90%的人口信奉伊斯兰教,官方语言是法语。首都达喀尔是塞内加尔的重要港口,有居民120万。

塞内加尔为游客提供了丰富多彩的旅游景点——具有国际化氛围的首都达喀尔有高档的酒店和餐厅;沿海地区的海滩和海滨度假区;戈里岛上的奴隶中心历史遗址;东南部有一个大的国家公园,在那里可以观赏野生动物;西北部还有一个重要的鸟类保护区;同时游客还可以欣赏到塞内加尔古老的文化传统。在塞内加尔南部地区的卡萨芒斯还有一个重要的旅游景点,在那里游客可以居住在河边的村庄,体验非洲的传统生活方式。20 世纪 90 年代初,塞内加尔每年迎来游客高达 250 000 人次,居西非国家之首,其中大多数游客来自西欧国家。

(2) 乡村旅游发展规划。

塞内加尔乡村旅游规划始于 20 世纪 70 年代初。它最初只是对政府的各种忧虑做出反馈,同时也是对 60 年代末和 70 年代初的各种问题采取应对的方法。当时,旅游业的发展主要是在海滨度假村和城市旅馆的基础上进行的,有时候安排到乡村进行短途旅行。这种旅游形式不能让游客体会到非洲的传统生活方式，也不能让他们与非洲人民进行自然的接触和交流。而且，很多当地居民认为这是一种社会的退步，他们常常感到一种压力，因为他们潜意识地认为必须要刻意地满足游客的期望。此外，他们还担心游客给年轻一代所产生的示范效应，会导致一些传统价值观的丧失。

另外一个比较关注的问题是要给村子里的年轻人提供各种就业机会，让他们有收入来源。为了改善他们的生活状况，村子里的很多年轻人都移居到城市里。此外，这些村庄也需要资金来发展基础设施和服务，因而，这种乡村旅游项目不单单被视为塞内加尔的最佳旅游发展模式，而且它还是对传统旅游形式的一种补充。

首先要确定乡村旅游发展的模型。这需要一些简单的住宿设施，一般由当地居民进行修建、管理和操作。这些旅馆的设计要体现传统的风格，一般会采用本地的建筑材料。根据这个模型，这些旅馆或者说是宿营地的管理完全由当地村民负责。此外，还可以成立一些合作组织来负责这些宿营地的运行和管理，以及进行利润的分配。饮食方面也要进行规划，采用当地的食物资源和传统的烹饪技术，合作组织还可组织各种旅游活动。旅游促销活动可以围绕乡村的具体情况展开。

其次是选择适当的场地开始工程建设工作。在考察了塞内加尔许多可能的场地之后，最后选择了下卡萨芒斯。下卡萨芒斯位于冈比亚和塞内加尔南部边界之间，包括卡萨芒斯河及其支流。该地区人口稠密，省会有十分舒适的旅馆设施，此外，沿海地区还有一个主要的海滨度假区。现有的这些旅游设施为游客参观和游览该地区提供了基地，游客可以在宿营地过夜。

过去，塞内加尔的旅游工程主要是由国家和地方政府以及旅游办公室来赞助的，现在也是如此。技术支持主要是由那些有相关经验的国际专家来提供的。旅游地区协调员监管旅游发展的运行，参加各种会议，鼓励当地村民参与旅游的规划和管理。它也负责举办短期的旅游培训班，培训本地的管理队伍。一个国际织（加拿大大学海外服务中心）为此提供了一些财政支持：包括工资、各种交通工具以及旅行费用等。只有那些愿意接受该工程的村庄才被邀请加入其中。

在具体实施规划的过程中，要严格遵照上面所描述的乡村旅游发展模型进行。最初开发4个乡村旅游发展项目,然而,不可避免地遇到了一些问题。在发展的第一年,一场严重的干旱导致很多村民背井离乡,随之所产生的是劳动力短缺的问题。留下来的劳动力被眼前的干旱问题困扰着,使他们很难有兴趣投入这个旅游项目建设中,更不必说培训员工了。

另外一个与此有关的问题是要让人们了解这个新的旅游项目,从而获得他们的支持。一些地方管理机构由于已经习惯了大规模的旅游发展形势,因而他们往往会对这样的旅游项目产生怀疑。他们常常指责投资的金额太少,担心村子里会出现什么问题,他们也质疑游客是否愿意在这样的土房里过夜。因而,一些受过高等教育的官员不愿意向游客展示那里传统的生活方式,因为他们觉得这是一种落后的象征。而且,很多官员和当地村民都认为这些旅馆的修建都应使用现代的建筑材料,并且还应安装酒店的各种便利设施。

选择旅店的场所是一个相当棘手的问题,因为各村首领之间有很深的敌意。如果村子的一方首领代表政府的利益,而另一方却是颇有影响力的传统首领,那么问题就更加严重了。这其中的分歧和矛盾要经过多次的会谈和协商才能得到解决。一般来说,这些旅馆场地往往故意被选在一些偏远的地区,距离游客的主要旅行线路很远,这又会产生一些交通的问题,因为这些地方只能够通过渡船或步行的方式到达。一旦选定了场地,就需要打一口井以提供饮用水。这些水井有助于获得当地村民的支持,因为这些水井意味着额外的水资源,这会给村民的生活带来很大的便利。另外一个比较费神的工作就是如何才能在建筑的过程中真实地反映传统的建筑风格,以及安排购买本地的建筑材料。这些问题终于被逐一克服了,到1974年年底的时候,塞内加尔的首家宿营地开业了。1976年年底,最初的4个宿营地也全部完工。

宿营地的管理和经营是经过严格组织的。在村庄首领的领导下,招待游客的工作交给了本村的年轻人。一个管理委员会负责监督3个执行单位的工作情况,这3个执行单位分别负责住宿、餐饮和娱乐。就像工人的工资和合作社的股份一样,游客所需的旅行资费也是通过协商确定的。每一个员工的工资一般是根据游客的人数和服务的种类在旅行之后进行支付。

合作社逐渐积累的利润由董事会进行分配,董事会的成员一般是由村子委派的代表组成。一般来说,这些成员都是各个社区的领导。这些钱主要用于社区设施的建设，如健康医疗中心、妇产医院、青少年活动中心和学校等。另外，这些钱还可以用来投资建设一些新的商业活动，如蔬菜种植、家禽饲养、渔牧业和手工艺产品加工等。这些活动给本地的年轻人提供了更多的就业机会。

塞内加尔的乡村旅游发展计划很快就获得了巨大的成功。一些在海滨度假区休息的游客往往会到卡萨芒斯进行游玩，并在那里的宿营地过夜。其他的游客可能会待更长一段时间。为了促进旅游市场的多样性发展，国家旅游办公室已经鼓励一些旅游机构承办包括卡萨芒斯宿营地在内的旅行业务。那些专门承办青年旅行团体的旅游机构也组织了一些为期3周的旅行活动。

宿营地和村庄的过分拥挤会导致一些社会问题的产生，会弱化游客与当地村民的接触。为了避免产生类似的问题，塞内加尔的旅游规划确定了一些限制标准。宿营地所在村庄至少有居民1 000人，住宿限制在每个宿营地20~30个床位。尽管住宿设施的需求在不断地扩大，但是目前的宿营地将不会再扩大建设。为了满足增长的需求，可以在本地区的其他地方修建新的宿营地。

到20世纪90年代初，卡萨芒斯地区已经修建了大批的宿营地。这些宿营地分别分布在卡萨芒斯河的南岸或北岸的各个地方，其中有两个宿营地位于沿岸上。这些宿营地可以通过预订系统进行提前预订。由于这些宿营地十分受游客的喜爱，因而在每年的7月到8月，或从12月到次年的1月的高峰旅游季节，宿营地往往需要提前预订。宿营地的成功刺激了私营旅游机构的投资。由于这些宿营地的投资少、见效快、修建简单，很多小规模的地方商人也已经开发了一些私人宿营地。这些宿营地在价格上具有很强的竞争性，也同样受到广大游客的欢迎。然而，这些宿营地并不能给村子带来足够的收益，用于满足社区发展的需求。

（3）结论。

卡萨芒斯乡村旅游发展计划体现了一种以社区为中心发展旅游业的战略思想。这种旅游形式不仅可以让当地的村民直接受益，而且还可以加深游客对该地区的文化理解，以及提高他们的游览兴趣。卡萨芒斯乡村旅游发展计划的成功取决于一些因素，这些因素同样可以运用到其他地方旅游发展计划中去。首先要对乡村旅游发展的模型进行严格的规划，尽管这个模型可能会在日后的实际操作中被修改；国家和地方政府强有力的支持也是十分重要的；技术和资金上的支持，以及其他外界官员的热忱参与都具有不可估量的价值。对当地居民和官员的教育和培训也是规划实施的一个重要方面。在具体实现旅游发展计划的目标时需要一定的耐心和恒心。在这样的社会环境下，当地劳动力和资金的组织才能够合理地进行。将旅游收益用于社区工程建设和扩大经济活动可以让整个村镇享受到旅游业发展所带来的效益。

不论在什么村镇，宿营地的发展不宜过大。事实证明，这是一项精明之举。建设开发新的宿营地不但沿袭了旅游发展的最初思想，而且还可以让更多的村镇从中受益。另外，乡村旅游发展计划也实现了另外一个目标，那就是它促进了私人企业对宿营地的投资。这些都有助于强化地区的旅游发展。此外，卡萨芒斯村庄旅游发展项目为塞内加尔引进了一种新的旅游形式，吸引了更多的游客。

尽管塞内加尔的乡村旅游发展计划已经取得了一定的成功，但是也必须对其进行持续的监督和管理。监督能够确保在问题出现的时候得到及时有效的解决。此外，监督还可以促进管理方法的改进，这样积累下来的方法就可以在新的乡村旅游发展项目上得到应用。

卡萨芒斯的乡村旅游发展计划已经引起了世界上其他地区的广泛兴趣，并为其他地区类似的旅游项目提供了示范价值。然而，有一点我们必须清楚：无论是哪一种旅游模式，它必须与该国的政治、社会文化、经济和环境的情形相适应。卡萨芒斯的乡村旅游发展计划成功地促进了一种全新旅游形式的产生，这种旅游形式不仅能够对一定的市场需求做出及时的反应，而且还能给当地居民带来诸多的益处。

案例5

与文化旅游紧密结合的匈牙利乡村旅游

20世纪30年代曾经闻名于世的匈牙利乡村旅游，经过不断的挖掘与完善，近年来得到新的发展。它利用匈牙利风景如画的田园风光，富有民族特色的乡村农舍，丰富的历史古迹，加之村民们的热情好客和周到的服务，招徕国内外的观光游客。

下面我们来分析一下匈牙利乡村旅游成功的主要原因。

（1）拥有秀美的自然风光和独特的文化。匈牙利位于欧洲的中心，在喀尔巴叶盆地中，由喀尔巴叮山脉、阿尔卑斯山脉和迪纳拉山脉包围。由欧洲第二大河——多瑙河贯穿分成两部分。作为一个内陆国家，自然风景秀丽，其地热温泉和葡萄酒酿造非常出名。另外，匈牙利是一个由亚洲的匈奴民族移居欧洲后建立的国家，匈牙利人在东西两大文化的交汇处创造了自己的民族文化。在东西的对撞中，形成了自己的传统。匈牙利又是著名的音乐之都，如奔放的"吉卜赛"音乐和欢快泼辣的匈牙利舞蹈，匈牙利的艺术节、狂欢节也多得数不胜数。

（2）热情好客的居民营造了良好的旅游氛围。源自亚洲游牧民族的匈牙利人民，融合了多民族的文化，不但灵巧而且待人格外热诚，形成了热情好客的性格。在这样的氛围下，游客可以很快地融入当地的环境中去，使旅游体验更加完美。

（3）政府的引导和宏观管理。为恢复和发展乡村旅游活动，匈牙利有关方面做了大量的工作，并为此专门成立了乡村旅游协会，积极开展宣传介绍工作，如印发图文并茂的宣传手册，拿出大量资金在电台和电视台做广告，扩大影响。他们还不断举办各种竞赛，为获胜者提供免费进行乡村旅游的机会，从而提高了人们参加乡村旅游的兴趣。

（4）乡村旅游产品丰富而有地域特色、文化气息浓厚。品尝醇美的葡萄酒和饱览美丽的自然风光、欣赏丰富精美的文化艺术和参加体育盛会是吸引游客来匈牙利旅游的主要内容。

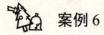 **案例6**

法国的乡村旅游

法国既是欧洲第一农业大国，又是世界旅游强国，这两者的结合为法国的乡村旅游发展提供了坚实的基础。20世纪70年代开始，法国开始发展乡村旅游，这种与乡村紧密结合的新型旅游方式在法国国内被称为"绿色旅游"、"生态旅游"、"可持续性旅游"。成立于1953年的法国农会常设委员会（APCA），于1988年设立了农业及旅游接待服务处，并结合法国农业经营者工会联盟、国家青年农民中心和法国农会与互助联盟等专门农业组织，建立了名为"欢迎莅临农场"的组织网络。在这一网络中，包括了农场客栈、点心农场、农产品农场、骑马农场、教学农村、探索农场、狩猎农场、暂住农场和露营农场九个系列，上述项目可划分为美食品尝、休闲和住宿三大类。法国政府每年组织一次为期两天的"欢迎莅临农场"博览会，为公众提供更多的信息。APCA每年会编制"欢迎莅临农场"手册，在《2002—2003欢迎莅临农场》手册中详细记录了4 000家已经加入该组织的农场。法国政府和APCA加强对乡村旅游开发和管理的措施主要包括：

（1）恢复、发展传统建筑文化遗产，主要是典型的特色的古老村舍，通过政府公共资金补贴、银行贷款等手段鼓励农民修葺房舍，发展乡村旅馆。

（2）加强对乡村旅游业质量的管理，游客住宿、餐饮场所必须取得印有"欢迎莅临农场"标志的资格证书，同时确保具有特色的乡村旅游活动，比如严格规定不得贩卖和采购其他农场的农产品、农场的建筑必须符合当地特色、必须使用当地特色的餐具等。

（3）运用互联网技术建立客房预订中心，对乡村餐饮、旅馆进行营销，以方便游客选择和预订，同时保证业主的经济来源。除此以外，2001年法国成立了乡村旅游常设会议机构来促进乡村旅游的发展，2003年还成立了部际小组，开始在全国规划自行车道和绿色道路，2000—2006年国家共拨款5 300万欧元为乡村旅游景点修筑公路。

案例7

北美地区游客参与乡村旅游的动机及开展的活动项目[①]

（1）游客参与乡村旅游的动机。伊格尔斯和怀特两位学者分别对加拿大及整个北美地区乡村旅游者的旅游动机进行了调查，调查结果如表2-1、表2-2所示。

[①] PAMELA A, Wight. North American Ecotourism Market: Motivations Preferences and Destinaions Journal of Travel Research. Summer. 1996, 3, 9.

表 2-1　加拿大乡村旅游者旅游动机

动机类型	位次
热带雨林	1
原生的未受干扰的大自然	2
了解大自然	3
鸟类	4
湖泊和河流	5
绿树和野花	6
风景和野生生物摄影	7
哺乳动物	8
国家公园和省级公园	9
体育锻炼	10

表 2-2　北美乡村旅游者旅游动机

动机类型	位次
享受风景/大自然	1
新的经历/地方	2
户外活动	3
野生生物观光	4
观看山岳风光	5
体验荒野的经历	6
没有拥挤	7
水上运动	8
文化吸引物	9
学习/研究自然/文化	10

由表 2-1 和表 2-2 中可以看出，乡村旅游者之所以选择乡村旅游，很大部分原因是希望回归大自然，摆脱城市中的生活压力和生存环境。

（2）北美地区乡村旅游开展的活动项目。由于北美地区拥有丰富的自然资源，因而其乡村旅游的类型也是多种多样，如表 2-3 所示。

表 2-3　北美乡村旅游的旅游项目

活动类型	具体活动项目
运动休闲型	徒步旅行、骑马、爬山、打猎、高山自行车运动、垂钓（破冰垂钓）、游泳、潜水、高山滑雪、溜冰、雪上汽车运动项目
品味自然型	观赏特色果园、菜园、茶园、花圃；摘果、赏花、采茶；观鸟、摄影、观赏野生动物、户外写生、自然科普教育
民俗共赏型	观赏并参与当地的民俗、节庆、文化、宗教等

由表 2-3 可以看出，乡村旅游要想把游客吸引过来，光有自然景观是完全不够的，各个乡村旅游点必须根据自身的条件设计出各种独特的旅游项目，使旅游者能够获得别的地方所不曾经历的旅游体验，这样才能保证客源的源源不断。

案例 8

南彭布鲁克的乡村旅游发展中的社区参与

南彭布鲁克位于威尔士西南半岛上，是一个由大约 40 个村庄和城镇组成的农村地区，面积 400 平方千米。

（1）乡村旅游规划背景。1992 年，南彭布鲁克与农村社区联合行动委员会（下称 SPARC）受到欧盟的资助，在整个南彭布鲁克落后的农村地区进行一项旅游规划，目的是通过这个规划来提高当地人的经济和文化生活水平，同时改善当地的环境质量。

（2）旅游发展规划的具体实施。SPARC 规划的核心是鼓励社区最大限度地参与到规划的各个发展阶段，包括规划初始阶段、推进阶段和监督阶段。首先是参加 SPARC 规划的 37 个村子对本村目前遇到的难题和机会进行评估，做出一个基于评估的行动规划。大多数地区的行动规划都把乡村旅游作为潜在的经济增长点。他们希望一种"非侵入式的，基于当地的自然资源、景色、遗产和文化"的旅游开发方式。而获得各种各样"合伙人"的支持——当地教育组织和专家提供有价值的数据和评估指标、社区公众和私人组织提供技术和财力的支持也同样重要。SPARC、社区政府和合伙人共同对乡村旅游开发的定位是"边界上的宝礁"。这个主题不仅对南彭布鲁克地区从历史上进行了解释，而且尊重了社区的文化多样性。随着旅游规划的推进，社区居民、"合伙人"和 SPARC 在诸多方面加强了合作。当地人把具有特殊意义的基础设施作为乡村旅游经历的一部分。村子和城镇里的人在"专家伙伴"的帮助和鼓励下，制作了关于社区遗产信息的小册子。乡村地区建立或者改善了娱乐中心，在社区中心提供停车和解说服务。

SPARC 与私人投资者一起为游客提供过夜住宿，为个人和集团提供相同的商业发展机遇，并且提供小额款项用来训练小的业主。最后，当地人和"边界上的宝礁"组织在旅游协会一起工作。1994 年，SPARC 建立了社区旅游发展规划委员会来组织、提升和经营这一地区。社区旅游规划有许多目的，包括吸引更多的游客到南彭布鲁克；提升人们对威尔士遗产的认识、重修遗迹；改善当地经济，训练当地建筑工人具有遗迹修复技术等。这个委员会也提供为游客寻找住宿地的服务，包括饭店客房、农户、自助小屋、静止的拖车，目的是最大限度地减少经济利益"漏出"南彭布鲁克地区。社区旅游开发规划委员会提供的最后一项服务是关于绿色通道问题，与威尔士农村委员会一起设计开发另外的步行和自行车游线路，以最少的汽车流量保护社区环境。

南彭布鲁克的模式为我国实施乡村旅游社区参与提供了一个很好的思路和范例。一是普遍的民众参与。整个 SPARC 计划让当地几乎所有人卷入了农村旅游业发展的所有方面，从社区的初步评价，到规划过程与实施，直至不断发展中的监测，这使该旅游业计划能反映出称为"共享的社区设想"的东西，从而增加了社区支持和可持续发展的可能性。二是对环境与文化的敏感性。当地社区居民现在已经有了明确的态度，他们不要那种要么会损害他们的环境，要么会对他们的农村生活质量产生负面影响的旅游业发展，他们正在制订一项针对环境和文化敏感性问题的计划。同时，他们的旅游产品是以当地的自然资产和文化遗产为基础的，这些促进了该计划的长远可持续性。

2.2　我国乡村旅游的理论研究与实践探索

我国乡村旅游是在市场需求的促动下，在农业发展急需调整产业结构、寻找新的经济增长点的情况下应运而生的[①]。较之国外乡村旅游理论与实践的发展，我国虽然由于起步较晚，目前处于初级阶段，但发展十分迅速。乡村旅游

---

① 王琼英，冯学钢. 乡村旅游研究综述 [J]. 北京第二外国语学院学报，2006，1：115-120.

在调整农业产业结构、改善农村劳动力剩余状况、维护农村经济持续发展、重塑乡村社会形象发面起到重要作用,其发展也将越来越受到重视。

2.2.1 我国乡村旅游的理论研究

我国乡村旅游的理论研究是伴随着乡村旅游现象的出现和繁荣而逐步受到关注的,其中又以地理学者的介入为先。卢云亭等(1995)系统引入了观光农业的概念,2000年,我国首届"观光农业与乡村旅游发展研讨会"在广东省肇庆市召开,国内学者就乡村旅游的开发形式、概念界定、乡村旅游与农业产业结构调整等问题进行了探讨;2002年,第二届乡村旅游发展研讨会在石家庄市召开,与会者认为:如何实现乡村旅游与农村社会的可持续发展将成为今后这一领域研究的热点。同年9月,"海峡两岸观光休闲与乡村旅游发展研讨会"在北京举行,与会两岸学者对乡村旅游的发展广泛交换了意见,从观光农业与休闲农业、都市农业与现代农业、乡村民俗与文化旅游、生态旅游与景观规划等4个方面对吸纳共存旅游进行了全面的论述。2005年8月,第三届"海相两岸观光休闲农业与乡村旅游发展研讨会"在新疆乌鲁木齐市举行,来自海峡两岸的100多位学者对共同关心的话题进行了讨论。同月,"乡村旅游发展论坛"在昆明市举行,70多篇论文到会交流。2006年初,中共中央提出建设社会主义新农村的宏伟战略,中国国家旅游局把2006年的主题定为"中国乡村游",全面推动了乡村旅游在全国的发展,乡村旅游的研究也出现全面繁荣的景象。

这一时期,国内学者纷纷涉足乡村旅游的研究。借助CNKI数据库的检索引擎,可以大概地反映出近年来学者们对乡村旅游研究的关注程度。我们以"乡村旅游"作为关键词,检索了1994年到2007年的中文期刊数据库,共计文章1 340篇,统计如表2-4所示。

表2-4　1994—2007年国内正式发表乡村旅游相关选题论文数量统计

	1994年	1995年	1996年	1997年	1998年	1999年	2000年	2001年	2002年	2003年	2004年	2005年	2006年	2007年	合计
乡村旅游	4	1	3	9	17	22	30	38	55	64	90	136	442	429	1340

从表 2-4 中可以看出，我国对乡村旅游的研究起步于 1994—1998 年，这一阶段关注乡村旅游的学者还比较少，4 年内只有 17 篇相关文章。随着乡村旅游实践的发展，一方面，学者们开始注意到乡村旅游对调整农村产业结构起到积极的促进作用，另一方面，乡村旅游发展过程中暴露的问题日益增多亟待有关专家提出有效措施加以解决。所以，从 1998 年开始，相关文献急剧增多，仅 1998 年一年的文章就为前 4 年所有文章之和。进入 21 世纪，随着全国乡村旅游热的再度升温以及有关乡村旅游学术会议和活动的举行，乡村旅游研究进入百家争鸣的阶段。2006 年，国家旅游局又提出"中国乡村旅游"的旅游主题以及"新农村、新旅游、新体验、新风尚"的宣传口号，使得全年相关学术文章猛增到 442 篇。

从文献内容上来看，我国乡村旅游的理论研究主要包括以下几个方面：乡村旅游概念及类型、开发意义与开发模式、可持续发展的研究、规划与设计、乡村旅游与社区互动关系、乡村旅游经济性研究、乡村旅游存在的问题与发展策略等。

1. 乡村旅游概念及类型

（1）乡村旅游的概念研究。乡村旅游的概念是乡村旅游研究的基础。由于我国对乡村旅游概念理解的不完整和不准确可能导致乡村旅游理论研究体系存在偏差，从而导致乡村旅游开发模式和经营方式等单一化。因此，为了更好地对乡村旅游进行研究，对其概念的确定和内涵外延的明晰就显得意义重大。

杨旭（1992）将乡村旅游定义为以农业生物资源、农业经济资源、乡村社会资源所构成的立体景观为对象的旅游活动[1]。这一概念可以认为是我国对乡村旅游的最早定义。

马波（1998）认为乡村旅游是以乡村社区为活动场所，以独特的生产形态、生活风情和田园风光为客体的一种旅游类型[2]。这一资源导向型的定义忽视了市场的需求，对乡村旅游资源的定义也过于狭窄。

王兵（1999）认为乡村旅游是以乡野农村的风光和活动为吸引物，以都市居民为目标市场，以满足旅游者娱乐、求知和回归自然等方面需求为目的的一种旅游方式[3]。这个定义虽然概括了乡村旅游的主体、客体和旅游的目的，但

---

[1] 杨旭. 开发"乡村旅游"势在必行 [J]. 旅游学刊, 1992, 7 (2): 38-41.
[2] 马波. 现代旅游文化学 [M]. 青岛: 青岛出版社, 1998.
[3] 王兵. 从中外乡村旅游的现状对比看我国乡村旅游的未来[J]. 旅游学刊, 1999, (5): 38-42.

旅游课题中对文化内涵的阐述过于笼统,另外对目标市场的定位也过于局限,因为从国外乡村旅游有关研究来看,城市居民并非乡村旅游唯一的市场。

何景明和李立华(2002)借鉴国外的乡村旅游的定义,认为狭义的乡村旅游是指在乡村地区,以具有乡村性的自然和人文客体作为旅游吸引物的旅游活动,认为乡村旅游须包含两个方面:其一,乡村旅游活动发生的地点须在乡村地区;其二,乡村旅游须以乡村性作为旅游吸引物,二者缺一不可[①]。这个概念提炼出了体现乡村旅游乡村性的精神灵魂。

周静、卢东、杨宇(2007)在已有观点的基础上,从旅游活动三要素的角度对如何定义乡村旅游进行了阐述,认为乡村旅游是以农民为开发和利益主体,以生活环境有别于农村社区的城市居民为目标市场,以乡村旅游资源为主要吸引物,以"回归自然"为主要目的,与传统旅游相比旅行社等媒体作用被弱化的一种旅游方式[②]。

(2)乡村旅游的分类。乡村旅游概念的不一致和对乡村旅游理解角度的不同,导致了乡村旅游分类差异,如表2-5所示。

表2-5 乡村旅游的分类

划分依据	乡村旅游类型
按资源和市场的依赖程度划分	资源型、市场型、中间型
按地理位置划分	都市郊区型、边远型、景区边沿型[③]
按资源基础划分	农家乐、渔家乐、高科技农业观光园、农业新村、古村落、农业的绝境和胜景
按投资主体划分	农民自己投资、外来投资、联合投资[④]
按景观开发类型划分	田园观光型、乡村科考型、乡村参与型、乡村度假型[⑤]
按游客的旅游动机划分	观光型、休闲型、体验参与型、度假型、游乐型、商务会议型、品尝型、购物型、研究型、综合型[⑥]

---

① 何景明,李立华. 关于"乡村旅游"概念的讨论 [J]. 西南示范大学学报,2002,(9):125-128.
② 周静,卢东,杨宇. 乡村旅游发展的起源及研究综述 [J]. 资源开发与市场,2007,23(8):764-765.
③ 肖佑兴,明庆忠,李松志. 论乡村旅游的概念和类型 [J]. 旅游科学,2001,(3):8-10.
④ 刘娜,胡华. 成都郫县友爱农家乐现状.
⑤ 范春. 论乡村旅游的开发 [J]. 渝州大学学报,2002,(10):20-23.
⑥ 杨建翠. 成都近郊乡村旅游深层次开发研究 [J]. 农村经济,2004,(5):33-34.

2. 乡村旅游开发意义与开发模式

（1）乡村旅游开发意义。

从需求角度看，乡村旅游是城市游客对"乡村生态位"的回归。杜江（1999）等认为乡村旅游满足了旅游者向往田园风光、扩大知识视野、各种类型的旧地重游及复合型的旅游需求[①]。李伟从（2002）文化角度解释了真正使乡村旅游消费心理转化为实际消费的驱动力是城里人寻求展示、张扬的文化特性[②]。田敏（2005）等将乡村旅游目的地的开发价值归纳为观赏价值、体验价值、教育价值、保健价值[③]。彭兆荣（2005）以旅游人类学为理论依据，从旅游者角度阐释了乡村旅游发展的背景[④]。

从供给角度看，乡村旅游是调整农村产业结构、促进农业发展、实现农民增收的有效途径和必然选择。梁明珠（1999）[⑤]、何景明、李立华等（2003）[⑥]分别讨论了乡村旅游发展与合理利用农村资源、扩大劳动就业、缓解城市拥挤、农村扶贫之间的关系。郑群明等（2004）认为，乡村社区全面参与旅游开发的形式，能从根本上解决"三农问题"，有利于乡村小康社会的全面建设，有效减少城乡差别[⑦]。陈志钢、保继刚等（2007）则从正反两个方面来评价乡村旅游开发的意义。认为旅游化使得村民旅游经济收入得以迅速增加；村民就业结构发生较大变化，农村劳动力向单部门经济转移；村民旅游参与意识增强，对旅游经济前景普遍看好；生活环境与质量发生改变，社区问题开始显现；正、负旅游示范效应影响并存，社区社会生态平衡面临挑战[⑧]。

（2）乡村旅游开发模式。

乡村旅游发展模式是研究的热点之一，学者们从不同角度提出了乡村旅游

---

① 杜江，向萍. 关于乡村旅游可持续发展的思考[J]. 旅游学刊，1999，（1）.
② 李伟. 论乡村旅游的文化特性[J]. 思想战线，2002，（6）.
③ 田敏，苗维亚. 乡村旅游目的地发展研究[J]. 西南民族大学学报，2005，（7）.
④ 彭兆荣. 旅游人类学视野下的"乡村旅游"[J]. 广西民族学院学报，2005，（7）.
⑤ 梁明珠. 观光农园旅游开发问题探讨[J]. 暨南大学学报，1999，（6）：113-118.
⑥ 李立华，何景明. 关于"乡村生态旅游"概念的探讨[J]. 西南师范大学学报，2003，（5）：125-128.
⑦ 郑群明，钟林生. 参与式乡村旅游开发模式探讨[J]. 旅游学刊，2004，（4）.
⑧ 陈志钢，保继刚. 城市边缘乡村旅游化效应及其意义[J]. 地域研究与开发，2007，6(26)：65-70.

的发展模式。许晓春（1995）分析了欠发达但资源丰富地区农村旅游业成长的3种模式，即旅游资源主体型——旅游先导模式、旅游资源共建型——旅游伴生模式和旅游资源附属型——旅游后继模式。舒伯阳（1997）将观光农业划分为3个阶段模式，即早期旅游萌芽的自发式、初级经营阶段的自主式、成熟经营阶段的开发式，以及两种地域模式——依托自然型和依托城市型[①]。郑群明（2004）等根据产权组织形式将社区参与乡村旅游开发的模式分为五种："公司+农户"模式，及其衍生模式"公司+社区+农户"；"政府+公司+农村旅游协会+旅行社"模式；股份制模式；"农户+农户"模式，以"示范户"带动其他农户的参与；个体农庄模式，主要运用于规模农业个体户。李德明（2005）将在全国各地涌现的不同类型的乡村旅游发展模式归纳为政府主导发展驱动模式、以乡村旅游业为龙头的旅—农—工—贸联动发展模式、农旅结合模式、以股份合作制为基础的收益分配模式、公司+农户的经营模式和资源环境—社区参与—经济发展—管理监控持续发展模式。邹宏霞（2007）强调了社区参与在乡村旅游开发中的重要作用，通过综合我国目前存在的社区参与乡村旅游开发形式，认为政府主导驱动模式、公司+社区+农户共生模式、股份制合作模式、农户+农户半生模式以及现代农庄帮带模式比较有效[②]。

一些学者就专项乡村旅游发展模式进行了研究。如王云才（2001）研究了田园公园的发展模式[③]。吴文智（2002）以古村落等需要重点保护的旅游地为例，对旅游地发展演进模式进行了分析[④]。金方梅（2003）提出了有旅游者、旅游开发管理者和社区居民共同参与的"三向参与"乡村民族文化保护开发模式[⑤]。

3. 乡村旅游可持续发展的研究

杜江、向萍（1999）从乡村旅游需求和供给、主客互动关系的角度对乡村旅游的可持续发展进行了研究[⑥]。赵晓惠、陈慧泉（2001）以昆明团结乡为例根据

---

① 舒伯阳. 中国观光农业旅游的现状分析与前景展望 [J]. 旅游学刊，1997，(5)：41-43.
② 邹宏霞. 乡村旅游开发管理模式及其意义探讨 [J]. 旅游经济，2007，8：145-146.
③ 王云才. 从珠江三角洲的实践看我国田园公园的发展 [J]. 旅游学刊，2001，(2).
④ 吴文智. 旅游地的保护和开发研究——安徽古村落实证分析 [J]. 旅游学刊，2002，(6).
⑤ 金方梅. 乡村民族文化旅游保护开发模式探讨——重视文化旅游者在文化保护中的作用 [J]. 贵州师范大学学报，2003，(4)：13-16.
⑥ 杜江，向萍. 关于乡村旅游可持续发展的思考 [J]. 旅游学刊，1999，(1).

当地乡村旅游发展的现状和存在的问题进行了农业生态旅游可持续发展可能性的研究[①]。过竹、邵志忠（2003）在对南丹甘河白裤瑶新村的乡村旅游开发的案例中提出了乡村旅游与地河自然生态和民族文化的结合以及社区参与是维持当地发展乡村旅游可持续发展的理想选择[②]。吴伟光、李兰英等（2003）在对临目乡太湖源的乡村旅游开发的实证研究中也提出了类似的观点[③]。李孝坤（2004）探讨了不同文化旅游资源的开发模式和乡村旅游可持续发展的关系[④]。周玲强、黄祖辉（2004）对我国乡村旅游的可持续发展的问题和对策进行了研究[⑤]。

众多的学者从自然生态环境的保护、文化资源的保护等方面探讨了乡村旅游可持续发展的问题。王秀红（2006）指出乡村旅游要保持长期的可持续发展，一方面要注重自然生态环境的保护，另一方面要注重文化内涵的保护，延缓文化异化的过程。另外，乡村旅游的可持续发展要注意当地社区居民的社会文化和经济的可持续发展[⑥]。

4. 乡村旅游规划与设计

在乡村旅游的发展阶段，研究者们一方面从区域案例中发现问题、总结经验，一方面把针对具体区域的规划思想应用到案例的实施过程中，指导实践的发展。

在乡村旅游中尤为关注游客对"参与性"的要求。李伟（2003）认为乡村旅游规划中最迫切、最根本的任务就是乡村旅游产品的创新，并认为它表现为对细分目标市场所设计的旅游主题，活化物化民俗、制度民俗和精神民俗等地方文化，通过对旅游各个环节的戏剧性设计，以主题情节贯穿整个旅游项目，暗示游客进入角色并使之沉浸于梦幻般的世界[⑦]。

---

① 赵晓惠，陈慧泉. 昆明团结乡生态旅游开发及其可持续发展[J]. 西南林学院学报，2001，(21): 20-25.

② 过竹，邵志忠. 旅游开发与乡村社会发展——南丹甘河白裤瑶新村旅游开发启示录[J]. 广西民族研究，2003，(1): 109-116.

③ 吴伟光，李兰英，程云形，等. 生态旅游与乡村可持续发展实证研究[J]. 林业经济问题，2003，(12): 333-343.

④ 李孝坤. 文化旅游资源开发与乡村旅游的可持续发展[J]. 西南林学院，2001，(21): 20-25.

⑤ 周玲强，黄祖辉. 我国乡村旅游可持续发展问题与对策研究[J]. 经济地理，2004，7(24): 572-576.

⑥ 王秀红. 我国乡村旅游研究述评[J]. 重庆工学院学报，2006，3(20): 114-119.

⑦ 李伟. 乡村旅游开发规划研究[J]. 地域研究与开发，2003，(12).

在规划程序上，祁黄雄等（1999）借鉴区域旅游规划的一般程序，结合密云县观光农业开发的实践，对区域观光农业规划的一般程序和方法进行了探索[1]。文军等（2003）从体现"社区事务、社区参与"思想出发，建议组织由村民组成的旅游开发指导委员会参与规划全过程，按照七个步骤进行乡村旅游规划[2]。

一些学者基于乡村旅游可能对当地文化带来严重的负面影响，提出应该采取一系列措施来控制和调控。如唐凡茗（2004）主要介绍了世界旅游组织（WTO）提出的民族文化融入社会文化目标的旅游总体规划方法、社区居民参与的方法和社会文化规划[3]。

5. 乡村旅游与社区互动关系

国内对这方面的研究近几年才开始，数量上还比较有限。单雪飞（2003）在考察乡村居民对旅游发展的态度的基础上，建立了中国乡村旅游发展的社区参与模型[4]。宋章海等（2004）认为社区参与是乡村旅游发展的目标与途径。倡导社区参与乡村旅游发展，必须做好4个方面的工作：第一，合理调配社区参与乡村旅游发展的经济活动和利益；第二，倡导社区参与乡村旅游发展的规划和开发决策；第三，通过社会教育、学校教育、家庭教育和自我教育等方式构建生态道德；第四，突出社区参与乡村旅游发展的文化整合和维护[5]。

但是实现社区参与乡村旅游在实际操作中是很有难度的，刘昌雪（2003）在分析皖南古村落可持续旅游发展的限制性因素时，就曾花大篇幅介绍了旅游发展与社区参与良性互动机制建立过程中的困难，主要体现在不同的旅游开发模式及开发主体形成与社区不同的合作态势，旅游发展规划中社区参与面狭窄，居民缺乏必要的参与意识和旅游知识等[6]。

6. 乡村旅游经济性研究

张成君、陈忠萍（2001）基于农村经济系统角度，认为乡村旅游将成为我国

---

[1] 祁黄雄，林伟. 景观生态学在旅游规划中的应用[J]. 人文地理，1999，(1)：22-26.
[2] 文军，唐代剑. 乡村旅游开发研究[J]. 农村经济，2003，(10)：30-34.
[3] 唐凡茗. 旅游开发对民俗文化影响的预测与调控[J]. 桂林旅游高等专科学校学报，2004，(3).
[4] 单雪飞. 论乡村旅游发展与社区居民参与[E]. 东北财经大学2003级硕士论文，2003.
[5] 宋章海，马顺卫. 社区参与乡村旅游发展的理论思考[J]. 山地农业生物学报，2004，(5).
[6] 刘昌雪，汪德根. 皖南古村落可持续旅游发展限制性因素探析[J]. 旅游学刊，2003，(6).

农村地方经济的新增长点,并提出拓展经济发展空间的几种新举措[1]。熊元斌、邹蓉(2001)则对乡村旅游的市场进行了细分,并提出了相应的产品策略、价格策略、促销策略和渠道策略等具体的市场营销策略[2]。黄进(2002)则只对乡村旅游的市场进行了详细的细分并对未来市场的需求进行了定性的分析[3]。李慧欣(2003)对乡村旅游进行了经济学的分析[4]。

乡村旅游作为一种独特的旅游形式,可以从多角度进行研究。研究游客的需求,设计游客需求的乡村旅游产品,对乡村旅游游客进行市场细分,然后针对不同的市场采取不同的营销策略,这一切对我国乡村旅游的发展都会起到积极的推动作用。

7. 乡村旅游存在的问题与发展策略

(1)乡村旅游存在的问题。旅游业自身发展的不成熟,导致支撑、指导乡村旅游发展的理论"先天不足"。众多学者出于服务当地乡村旅游的现实的需要,也为全国的乡村旅游的健康发展,纷纷提出各自对乡村旅游问题的见解。王继权(2001)指出目前我国观光农业发展中存在:观光农业区功能设计简单重复,缺乏特色;农业基础薄弱,资金投入不足;农村人口居多,客源市场有限;生态环境和景观遭到破坏;观光农业园土地使用的非农化倾向突出等问题[4]。其他大部分学者在产品类型单一,粗加工与雷同现象严重;普遍缺乏规划和策划,布局分散,规模狭小,急功近利思想严重;基础设施薄弱,管理和服务体制不健全,水平低下;资源保护、利用与旅游发展关系不协调;旅游发展与社区发展的联系不紧密等方面达成了共识。

(2)乡村旅游发展策略。在单项乡村旅游类别上,刘昌雪等(2003)在实地深入考察的基础上,指出应该在加强宣传教育、提高开发管理服务水平、保障资源的永续利用、建立社区参与旅游的机制、完善各项法规制度等方面基础上,全面促进古村落的可持续发展[5]。陈南江(2004)就家庭旅馆展开了专门

---

[1] 张成君,陈忠萍. 论拓展我国乡村旅游的经济空间[J]. 经济师,2001,(7):60-61.
[2] 熊元斌,邹蓉. 乡村旅游市场开发与营销策略分析[J]. 商业经济与管理,2001,(10):46-48.
[3] 黄进. 乡村旅游的市场需求初探[J]. 桂林旅游高等专科学校学报,2002,(9):84-87.
[4] 李慧欣. 发展乡村旅游的经济学思考[J]. 华中农业大学学报,2003,(2):37-39.
[5] 刘昌雪,汪德根. 皖南古村落可持续旅游发展限制性因素探析[J]. 旅游学刊,2003,(6).

研究，认为家庭旅馆首先必须重视建设规范化，使家庭旅馆合法经营，并建立家庭旅馆协会，统一家庭旅馆的徽标和形象，以及建立"游客接待中心"作为管理中心[①]。

在乡村旅游总体的发展上，各位学者提出的解决问题的对策主要包括以下几个方面：①根据市场特点开发旅游资源；②切实做好论证和规划；③丰富活动内容，提高产品档次，乡村旅游产品和生态、文化、现代科技相结合；④创建鲜明的特色；⑤加强人员培训，实行规范化管理；⑥政府主导，规范管理；⑦完善设施设备，实行规模化经营；⑧走可持续发展之路；⑨提供差异化的异质乡村旅游产品；⑩整合营销，打造品牌。强调强化以市场为主体、政府适当干预规范发展的宏观指导方针，解决我国乡村旅游中出现的问题[②]。

我国乡村旅游研究大多是宏观的构想、综合性的陈述，相对缺乏可操作性和对实践的指导性。国内乡村旅游研究之所以会与国外的研究存在这些差异，也是与我国乡村特色与旅游发展的独特实际和实践经验所决定的。因此，为尽快完善国内乡村旅游研究体系，还必须借鉴国外的研究成果及其研究方法，以此来提升乡村旅游的理论深度。

2.2.2 我国乡村旅游案例精选

 案例 1

成都农家乐发展模式

以"吃农家饭、品农家菜、住农家院、干农家活、娱农家乐、购农家品"为特色的成都农家乐直接从业人员 3.6 万人，间接从业人员 18 万人，农家乐年收入 10 亿元。成都的农家乐经历了 3 个阶段。萌芽阶段（1987—1991 年）：位于成都市郫县的友爱民俗旅游村是全国农家乐的发源地之一，依托其传统的盆景苗圃优势，发展民俗旅游。农家乐作为传统农业的结构调整的产物、传统农业的后续产业或替代产业而出现。发展阶段（1992—2002 年）：省委领导题

---

① 陈南江. 家庭旅馆的发展与管理策略 [EB/LO]. 2004.
http://www.tourism-research.com/lyyj/research36.htm.
② 王秀红. 我国乡村旅游研究述评 [J]. 重庆工学院学报，2006，3（20）：114-119.

名农家乐，并确立"先发展后规范"的指导思想。规范阶段（2003年至今）：对农家乐实行规范管理，升级上档，塑造形象、打造品牌。许多农家乐分别被评为"国家生态示范点"、"省级文明村"、"省级卫生村"、"国家工农业旅游示范点"，被誉为"没有围墙的农民公园"。

成都农家乐的特色类型如下。①农家园林型：以郫县友爱乡农科村为代表。依托花卉、盆景、苗木、桩头生产基地，这是农家乐的发源地。②观光果园型：以龙泉驿的书房村为代表。以水蜜桃、枇杷、梨子为依托，发展以春观桃（梨）花、夏赏鲜果的花果观光旅游，已经使旅游收入大大超过果品收入。③景区旅舍型：以远郊区都江堰的青城后山等自然风景区为代表。在景区附近的低档次农家旅舍受到中低收入游客的欢迎。④花园客栈型：以新都县农场改建的泥巴沱风景区等为代表。把农业生产组织转变成为旅游企业，在农业用地上通过绿化美化，使之成为园林式建筑。此外还有养殖科普型、农事体验型、川西民居型等（刘娜、胡华，2001）。

政府扶持：政府对农家乐不收管理费，经营1~2年不收税费，对中低收入的农户免收各种证照费，土地承包30年不变，买地50年不变。还组织专业户到全国以及东南亚国家考察。龙泉驿区政府每年拿出近100万元举办"桃花节"，又策划宣传了"赏果节"。政府对经营户实行"三证"管理和实行统一收费标准，指导农民增设旅游项目并对其进行培训。

星级管理：成都实施了《成都市农家乐服务质量管理办法》，制定了《农家乐旅游服务质量等级划分及评定》，2004年首次公布了59家星级农家乐单位，其中四星级20家、三星级29家、二星级9家、一星级1家。这59家单位作为"十一"黄金周期间的重点农家乐旅游产品向市民和游客推出。

卫生环保整顿：成都市工商、卫生、旅游、环保四部门阶段性地对农家乐进行专项整治。重点检查"营业执照"、"卫生许可证"、"排污许可证"、从业人员"健康证"；检查卫生设施、客房、娱乐等场所安全是否达标。龙泉驿区针对农家乐水污染较为严重的实际情况，区环保局提出了"两池一证"的整治目标，要求景区农家乐必须修建化粪池、隔油池等污水处理设施，禁止随意排放，同时经验收后取得《排污许可证》。

推进规模、打造品牌：为了推进规模，塑造现象，实施整体打造、局部统一规划的策略,通过政府补助一点、业主出一点与有关部门免收一点的方法解决了农家乐房屋统一建筑风格、统一改造问题。

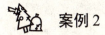 **案例 2**

北京民俗村发展模式

2004 年北京市已有 11 个区县 50 多个乡镇的 331 个村开展了乡村民俗旅游接待工作,从事乡村民俗旅游接待服务工作的农业人口约 4 万人。民俗旅游接待游客人数达 893.9 万人次,郊区乡村民俗旅游收入 7.57 亿元,如表 2-6 所示。它能"零距离就业,足不出户挣钱"。如平谷黄松峪乡雕窝村在发展民俗旅游之前,人均收入不足千元,现在全村 90%以上的民俗接待户年平均收入在 1.5 万元以上。民俗旅游发展使上访村转变为专业村。海淀、门头沟、顺义等地的樱桃游客采摘价格高出市场销售价格近 5 倍。

表 2-6 北京市郊区民俗旅游村的基本情况(2004 年)

区县	民俗村	民俗户	市级民俗村	市级民俗户	接待游客(万人次)	收入(万元)	从业人数	村镇投资(万元)	业务培训
海淀	1	25	2	13	5.0	227	60		30
门头沟	55	525	4	184	58.0	3 470	5 000		500
房山	33	4 190	12	955	82.7	12 000	9 146	60	530
昌平	50	1 200	8	851	70.0	4 129	2 000	3 715	800
密云	31	2 300	8	788	150.0	14 000	8 500		8 500
怀柔	50	2 450	11	1 085	155.0	30 000	6 200	1 750	1 500
通州	3	75	1	56	9.4	641	150	309	180
延庆	40	1 000	11	790	30.8	915	2 600	987	2 000
顺义	1	40				200	76		76
大兴	10	87	3	183	89.0	2 714	2 500	200	200
平谷	57	2 000	10	632	63.0	5 400	3 000		3 000
合计	331	13 892	70	5 537	712.9	75 700	39 232	7 021	173

20 世纪 80 年代后期,在昌平十三陵首次出现了观光桃园之后,京郊民俗旅游经历了:①农家乐时期(1994 年以前)。郊区农村观光、学生体验农村生活和农家乐等活动是当时北京郊区农村旅游的主要形式。②民俗旅游接待专业户时期(1995—2000 年)。1995 年北京世妇会之后,大量宾馆饭店和旅游区(点)

在郊区崛起,郊区民俗旅游户、民俗旅游村,以吃农家饭、住农家院、体验传统生活习俗、采摘果品菜蔬、垂钓等丰富的民俗旅游活动为特点,吸引了越来越多的旅游者。③规模经营阶段(2001年至今)。黄金周长线旅游过热产生消极后果后,郊区民俗旅游作为一种理性旅游消费的最佳选择,也是新颖的休闲度假方式。"非典"后的"休闲潮"推动了民俗村的规模经营。

北京民俗村的发展模式有三种:以遥桥峪为代表的"自发型"、以雕窝为代表的"领头雁"、以曹家路为代表的"好书记"模式,如表2-7所示。经营方式有以十渡为代表的"合作社"形式以及以遥桥峪为代表的"个体户"形式(邹统钎,2004)。

表2-7 北京市民俗旅游发展模式

模式项目	"自发型"模式	"领头雁"模式	"好书记"模式
起步时间	早(20世纪90年代初)	较晚(20世纪90年代中)	更晚(20世纪90年代末)
起步的动力	附近景区开发的需求拉动	"领头雁"对信息的敏感性和投资的眼光	基层党政领导带动村民致富的愿望
起步时的参与者	村民自发地、被动地为景区服务	在城里打过工的个别村民主动地为景区服务,群众模仿	本地政府主动开发景区吸引客源
起步时政府的态度	反对	默许	支持

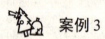

案例3

阳朔——变化的魅力

阳朔是我国乡村旅游发展最早、近年乡村旅游发展比较兴旺的旅游名县。最早由西方旅游者为主体的外国游客带动,近年国内散客、自助旅游者积极参与,从而成为会聚中外游客的乡村旅游目的地。以阳朔西街为标志引申出来的阳朔乡村旅游,最大的特色莫过于其地域文化在变化中衍生出来的持续魅力(张文祥、陆军,2005)。

阳朔乡村旅游缘起于其优美的自然景观和富有特色的地域文化,随着欧美游客的增多,阳朔的地域文化与西方旅游者所携带的文化相融合而形成新的文化吸引物。阳朔成为体验和感受中西方文化差异与交融的最佳地,是和谐的中西文化结合点。

在众多旅游目的地因为当地文化的同化和变异导致市场占有率日益降低的同时,阳朔乡村旅游为什么能够脱颖而出呢?原因如下。

(1)成熟的旅游观念和旅游方式。由于毗邻桂林,阳朔率先成为国外、尤其是欧美游客的旅游目的地,而国外游客无论旅游消费观念还是旅游消费行为或是旅游方式都较国内游客成熟。他们拥有丰富的旅行经验,更期望了解到的是阳朔真实、质朴而富有特色的民俗风情和文化;带着欣赏和尊重的心情进入阳朔的外国旅游者,使当地居民产生了强烈的自豪感而变得更加友好亲切,从而营造了质朴而良好的好客文化;环境保护意识较强的国外旅游者的进入,不但没有如惯常情况下对环境造成破坏,反而促进和带动了阳朔环境保护的步伐。比如西方游客率先兴起的自行车乡间游和攀岩等活动,目前已经成为阳朔重点推荐的旅游项目。

随着国内游客的增多,这些成熟的旅游观念和方式逐渐被国内游客所接受和效仿。

(2)目的地居民与旅游者之间充分的交流和理解。从表2-8、表2-9所列出的旅游项目可以看到,阳朔的乡村旅游项目均极具休闲性质,通过这些旅游项目的开展,旅游者能够较充分地了解到阳朔的地域文化精髓,同时,当地居民也对旅游者有了更好的了解,从而双方达到深入交流、理解继而融合的目的。

表2-8 国内游客最喜欢的阳朔旅游项目

最喜欢的旅游项目	欣赏山水田园风光	踏自行车游乡村田野	逛西街购物	品尝西街的中西方食品	晚上与朋友在西街饮食聊天	西街中外人民自由交流氛围	攀岩运动	旅游期间向外国朋友学外语	住阳朔的乡村饭店	参与一些农业生产劳动
比例/%	86.7	46.7	41.7	53.3	60.3	48.3	10.0	26.7	25.0	3.3

资料来源:张文祥、陆军.《阳朔乡村旅游国内外游客消费需求比较分析》,2005。

表2-9 国外游客最喜欢的阳朔旅游项目

最喜欢的旅游项目	欣赏山水田园风光	踏自行车游乡村田野	逛西街购物	品尝西街的中西方食品	晚上与朋友在西街饮食聊天	住在别有风味的乡村饭店和农家饭店	攀岩运动	了解当地民情	在阳朔教英语
比例/%	96.1	76.6	46.8	55.8	42.9	11.7	13.0	16.9	23.4

资料来源:同上。

另外据调查（张文祥、陆军，2005）显示，76.7%的中国游客在阳朔逗留时间超过三夜，其中七夜以上的占了 8.3%；而外国游客中 4～10 夜的占了 48.1%，11 夜以上的占了 11.7%。这种高逗留率是很多景区（点）望尘莫及的。逗留时间较长的主要原因是阳朔不仅保持了自然与文化的特色，而且其中外文化良好的交流氛围也对中外游客产生了极大吸引力。逗留时间越长越有利于交流，理解越深刻，越有吸引力，从而形成了一个良性互动。

（3）旅游项目开发符合自身文化特点和市场需求。

据张文祥、陆军对阳朔进行的市场调查表明，已经开发的旅游项目中，欣赏山水田园风光排在第一位，中外游客的选择比例分别是 86.7%和 96.1%；另外无论是国内还是国外旅游者，都喜欢品尝西街的西方口味和中国口味的食品，中外游客选择比例分别是 53.3%和 55.8%。由此可见，优美的田园风光和既有阳朔地域文化特色又有在近 30 年旅游开放过程中形成的良好的中外文化交融氛围，是阳朔乡村旅游最具魅力的吸引物。说明阳朔的旅游开发准确地把握了自身的资源特色和文化内涵，从而取得了较好的市场反映。

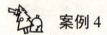 案例 4

台湾观光休闲农业发展

在台湾，农业旅游被认为是面临利润下降、需要新的经济支柱的农民在乡村产业优势的基础上进行的经济选择，是克服低收入和提供就业机会的有效途径。正是基于此，1990 年 7 月台北市农会规模推动北投区第一市民农园，成为台湾最早的市民农园。1991 年相继在北屯区与西屯区成立三处市民农园，行政院农委会鉴于市民农园普受市民喜爱，于 1994 年成立"发展都市农业先驱计划"，积极有计划地辅导资助各地区办理示范性、生活体验型的市民农园。此后，台湾市民农园快速发展。

台湾观光休闲农业发展经历了以下几个阶段。

（1）萌芽阶段（1971—1989 年）。观光农园及休闲度假农场奠定了台湾休闲农业发展的基础。在此期间，因人们对观光农业的认识和理解不同，又缺乏理论上的认识，观光农业的实践走在了理论的前面，出现了"农村观光"、"农村旅游"、"乡土旅游"、"农村休闲"、"农乡休闲"、"农郊休闲"、"观光农业"、"观光农场"和"农业观光"等表示方法,缺乏统一的认识和定义。直到1989年,台湾农委会赞助台湾大学推广学系举办"发展休闲农业研讨会"后,才正式确定"休闲农业"的名称,并将其定义为"利用农业产品,农业经营活动,农业自然资源、自然环境及农村人文资源,增进人们游憩健康、合理利用保护及增加农民所得,改善农业经营"。

(2)成长阶段(1989—1994年)。行政院农业委员会制定了"发展休闲农业计划",积极辅导推动休闲农业区的规划及建设工作。成立休闲农业策划咨询小组,研究"休闲农业区设置管理办法"。加强宣导工作,编印"发展休闲农业之旅",加强针对休闲农业辅导人员及经营者的教育训练,从事休闲农业教学研究、强化理论基础,设定"休闲农业标章"并研拟"休闲农业标章使用要点"。仅农政机关选定完成规划的休闲农业区就有31处,而由农民自行投资设置的不计其数,休闲农业成长甚为迅速。

(3)转变阶段(1994—1996年)。台湾的休闲农业虽然发展迅速,但很快就遇上了发展"瓶颈",其中最关键的是法令规章无法适应观光农业发展的需要,大众对休闲农业存在认识不足。休闲农业本质是结合农业产销与休闲游憩的服务性产业,一些休闲农场为追求利润,经营方向逐渐偏离休闲农业的内涵。农政单位为了促使休闲农业的顺利发展,将计划策略与政策方向重新调整,一是修正"休闲农业区设置管理办法",区别"休闲农业区"与"休闲农场";"休闲农业区"以区域为范围,由地方政府主动规划,主管机构依据规划结果协助公共建设,促进农村发展;个体经营者依据其经营特性申请设置"休闲农场",有关休闲农场设置条件、申请程序及其他管理事宜,由省(市)主管机构进行规范,因地制宜辅导休闲农场。将"休闲农业区设置管理办法"修正为"休闲农业辅导办法"。二是研拟"台湾休闲农场设置管理要点"草案。依据该草案研究"休闲农业设施许可使用细目"和"休闲农业设施设置标准",作为休闲农场营建的规范准则,突破休闲农业发展的制约因素。三是编印"休闲农业工作手册",包括休闲农业定义、发展目标、范围、规划设置要件、休闲农业区(场)规划设计之内涵与步骤、筹设申请税号、经营活动项目、经营管理以及国内外休闲农业类型与实例等。主要目的是提供辅导人员及经营者参考,引导休闲农业区发展。

（4）成熟阶段。为促进休闲农业成为永续经营的产业，加强相关计划或活动之整合与配合，维持乡土特色，发展休闲农业，利用资源特色推行营销策略，加强教育宣传工作。

台湾依托农业发展起来的农业旅游与休闲产业的范围相当广泛，诸如农园体验、森林旅游、乡野畜牧、教育农园、农庄民家、乡土民俗、生态保育、渔业风情等休闲活动项目皆属之。历经多年的发展，目前中国台湾农业旅游与休闲产业呈现多元化发展的现象，主要有乡村花园、乡村民宿、观光农园、休闲农场和市民农园、教育农园、休闲牧场等几种类型。这些以农业旅游为主导的休闲产业类型取得了明显成效，在旅游、教育、环保、医疗、经济、社会等方面发挥了重要作用，农业旅游与休闲产业在台湾地区已成为发展前景良好的新兴产业之一。台湾农业旅游与休闲产业类型主要如下。

（1）乡村花园。乡村花园的设计和建造盛行英国，最初的乡村花园主要种植本土植物，且多数是可为餐桌提供食物的瓜果蔬菜类。如今的乡村花园建设已是包罗万象，摆脱了最初的以实用性为主的特点。随着人们生活方式的不断变化，追求环境优美、景观独特、地域性强的乡村花园开始出现。清境小瑞士花园位于南投县仁爱乡的清境农场旁，海拔大约有1 800公尺，这里的空气清新自然，景色优美如画，兼具北欧风光，因此又有"台湾小瑞士"及"雾上桃源"之美名。清境小瑞士花园整个园区面积约达4公顷，年平均温为15～23℃左右，舒适宜人的气候成为人们的避暑胜地，园区内种植了世界各地的奇花异草，美丽又新奇。而区内的设施如挪威森林广场、阿尔卑斯双塔、落羽松步道、主题花园等皆环绕着天鹅湖而建，悠然地徒步其间犹如置身在欧洲。园中设有大型停车场、露营烤肉区、欧式花园、精致餐饮中心、纪念品贩卖部、露天咖啡广场等，提供另一种休闲享受。清境小瑞士花园、台一教育农园的经营者张国珍先生同时兼任台湾生态教育农园协会和台湾农业经营管理学会的理事长，对推动台湾教育农园起了很大的作用。目前，台一教育农园、清境小瑞士花园和中台禅寺已成为旅行社安排的接待景点之一。

（2）乡村民宿。乡村民宿充分利用乡村自然环境、景观、特色文化、民俗，让人们深度地感受到独特的民风、民俗，于优雅宁静中体验乡村生活。优雅的环境、朴素的民风民情，优美的风景和朴实亲切的主人，使乡村民宿成为世界各地自主旅游者的最爱。在台湾乡村民宿发展比较好的地区南投县清境地区和台北黄金山城金瓜石,自1996年南投县成立第一家民宿之后,根据数据统计显示,至2003年11月份止南投县已有200家民宿,而其中清境地区就有80家民宿之多。目前清境地区民宿通过策略联盟经营的方式,成立清境观光发展促进会,共同进行营销活动推广,在对外事务的利益争取、地区发展的规范、地区的资源分配与协调等方面取得了很大的进展,进一步推动了当地乡村民宿的健康发展。而台北黄金山城金瓜石则充分利用丰富的人文风情和优美的自然风景,把原先的台湾冶金矿区,从炼金厂、古烟道、废矿坑、战俘遗迹甚至是天皇寓所进行合理规划开发,以其独特的景观吸引着无数前来到访的游客。该区著名的乡村民宿云山水的主人吴乾正身兼民宿发展协会与乡村之家优质民宿第一届理事长头衔,对于民宿的贡献与推广不遗余力,他认为经营文化,家庭式的经营使民宿发展更具魅力和吸引力。

(3)观光农园。观光农园是指具有农业特产的地区,通过规划建设使其具有观光休闲与教育价值的农业园区。观光农园内提供观光游客所需的各种服务设施,以便利游客体验采收农特产的乐趣并了解农特产的生产过程,以增长游客时间,寓教于乐,满足游客休闲娱乐需求的目的。观光农园最初形成于1980年苗栗大湖、彰化田尾菜地开始经营的观光果园、观光花市。到1998年,观光农园发展为北部区域有55处观光农园,占全台湾地区的55.56%;中部区域有21处,占21.21%;东部区域有12处,占12.12%;南部区域有11处,占11.11%。目前,观光农园的类型包括观光果园、观光茶园、观光菜园、观光花园、观光瓜园等。各式各样的观光农园因开放时间不同而分布全年不同季节,让人们一年四季都可享受观光、休闲、摘果、赏花的田园之乐。

(4)休闲农场。休闲农场是台湾农业类型中最具代表性者,农场原以生产蔬菜、茶或其他农作物为主,且具有生产杂异化的特性,休闲农场具有多种自然资源,如山溪、远山、水塘、多样化的景物景观、特有动物及昆虫等,因此休闲农业可发展的活动项目较其他类型的休闲农业更具多样性。常见的休闲农场活动项目包括农园体验、童玩活动、自然教室、农庄民宿、乡土民俗活动等。休闲农场是由数个农民或多个农民团体联合兴办的,规模比观光农园要大,面积一般在50公顷以上,经营的项目比较多元化。1988年,台湾农委会核定"农渔乡村发展休闲农业及观光果园规模计划",政府部门开始规划辅导休闲农业,成立发展休闲农业策划咨询小组,确认休闲农业是未来农业发展的重要方向。台湾对于观光农园与休闲农场的区别并不是很明显,观光农园也可以休闲体验,休闲农场也可以观光游览,大多数农园、农场都同时兼具观光游览、休闲体验的功能。如台北阳明山中名阳圃休闲农庄便是一例,农庄以种植海芋(采摘海芋花8朵100元)为主,狭长的地块、独特的入口、精致的小品景观都成为游客立此存照的见证。

(5) 教育农园。教育农园是利用农场环境和产业资源,将其改造成学校的户外教室,具备教学和体验活动之场所、教案和解说员。在教育农园里各类树木、瓜果蔬菜均有标牌,有昆虫如蝴蝶是怎样变化来的等活生生的教材。游客在此参与农业、了解农产品生产过程、体验农村生活,尤其为城市的青少年了解自然、认识社会、了解农业和农村文化,创造了条件。如台一教育休闲农场便是比较成功的案例,农场位于南投县埔里镇埔雾公路(台14线省道)边,于1991年成立,起初主要是以提供农民各类蔬菜、花卉的种苗培育为主,近年来即致力于推广地方的产业观光,开始积极转型。在场区规划设置多项深具文化教育和休闲娱乐的设施,如押花生活馆、DIY才艺教室、亲子戏水区、浪漫花屋、可爱动物区、度假木屋、景观花桥、各类植物生态标本区等。这是一处兼具农业休闲和教育的观光景点。在这里规划建设了全亚洲最大的蝴蝶生态馆及甲虫生态馆,利用园区内原有的多种蜜源植物来培育各种蝴蝶,利用香菇废弃物等营造出甲虫的生态空间,为游客提供认识昆虫生态的场所,是一处兼具农业休闲和教育学习的园区。

(6) 市民农园。市民农园是指经营者利用都市地区及其近郊的农地划分成若干小块供市民承租耕种,以自给为目的,同时可让市民享受农耕乐趣,体验田园生活。1989年,台北市农会积极规划推动市民农园,并于1990年辅导北投区设立第一家市民农园,从而为台湾第一家市民农园。至今后台北市市民农园已发展成立16处,合计面积约16.2公顷(2 430亩),租用市民农园以10坪(约合33平方米)为一单位,以4个月为一期,每期600元。1991年,台中市建立市民农园,1994年农委会通过"发展都市农业先驱计划"扩大试办市民农园,到1998年底,台湾已设置58处市民农园,都属于农耕体验型市民农园。这些市民农园的设置，以都市近郊、水源充足、环境优美、交通便利、车程在半小时最为理想。与观光农园相对，市民农园是由城市市民利用平时业余时间经营的，不以赢利为目的。从总体发展情况来看，台湾市民农园的规划建设远没有其他园区形态发展好。

（7）休闲牧场。休闲牧场是以生产名、特、优、新的农作物，以较好的设施和高科技含量吸引游人，向人们展示先进的生产技术和多姿多彩的产品。初鹿牧场为台湾土地银行经营的牧场，地处台东县卑南乡明峰村内，场区占地约54公顷，为全省坡地集中牧场之最。休闲牧场内宽广辽阔，乳牛及乳制品是主要的经营目标，以奶牛饲养，品尝自产牛奶、奶酪、牛肉，并以其秀美的牧场景观吸引游人，2004年，仅门票收入一项就达300万人民币，效益很是可观。牧场划分为露营区、产品贩卖部、菠萝园、茶园、槟榔园、枇杷园和竹林等区域，是适合露营度假的好去处。

台湾农业旅游与休闲产业主要以乡村民宿、休闲农业为主体发展起来，其中休闲农业在农业旅游与休闲产业中占的比例最大，全岛目前共有1102家休闲农业园区，2004年产值达11.25亿人民币，提供180 098个就业机会，预计到2008年，休闲农业产业产值达17.5亿人民币。通过研讨会研讨和实地考察，台湾以发展乡村民宿、休闲农业进而推动全岛休闲产业发展的经验和出现的问题，值得我们借鉴。

（1）转变观念，开拓思路，加快农业转型，开发农业功能。台湾在20世纪60年代末和70年代初，农业面临快速发展的工业和商业的竞争，以及国际农产品的冲击，农产品成本高，价格低，农民收益少，台湾农业发展面临衰退、萎缩。针对这一挑战，台湾采取了加快农业转型，调整农业结构，在发展农业生产的同时，进一步开发农业的生活、生态功能，使农业从第一产业向第三产业延伸，于是就开始发展观光农业和休闲农业。我国大陆现在正处于农业转型和调整农业结构的新时期，要学习台湾发展农业的经验，要转变观念，树立新理念，根据各地的资源、区位和市场条件，因地制宜发展观光休闲农业，从而改变农业就是第一产业的旧观念，建立农业与旅游业相结合、第一产业和第三产业相结合的新型现代大农业产业体系。

（2）研究与规划并举。台湾农业最高农业管理部门——台湾农委会对发展休闲农业极为重视，在农委会下设立休闲农业管理、辅导处和推广科，各县市也相应设立休闲农业管理、辅导机构，台湾从上到下形成了观光休闲农业的管理和辅导体系。政府主要负责制定政策法规，编制和审批规划，安排资金补助和贷款，支持公共基础设施建设，提供信息咨询，制定评价标准，定期检查和评估，加强与旅游部门联系。我国台湾相关部门机构在做好休闲农业规划，包括休闲农业的产业发展规划和农业园区的建设规划的同时，根据休闲农业产业需求，开展相关课题的研究。2005年，台湾休闲农业的研究主题分别为服务人员人格特质、服务态度与服务行为关系研究；经营模式研究；园艺治疗活动对于提升休闲农业竞争力的研究；台中县新社乡休闲农园规划建置研究；旅游商品特色研究；养生农业园区建置模式研究，等等。

（3）加强园区建设的规划和检查评证。虽然台湾的休闲农业园区已达1 102家，但经过农委会筹建的只有206家。农委会与休闲农业学会合作推动了园区和农业旅游景点的检查评证，并颁发认证标志。台湾休闲农业园区检查评证分别以核心特色、园区规划、创意运用、解说与行销、组织与人力管理、环境与景观管理、社区参与、观光资源等八项进行评证。台湾农委会为鼓励休闲农场提升服务品质，提供人们正确选择优质的休闲农场，特委托台湾休闲农业学会按照"2005年度台湾休闲农业服务品质提升计划——休闲农场评鉴、认证与辅导计划"，进行优良休闲农场之评选及甄选工作，并编印优良休闲农场服务宣传手册。评选的对象为经农委会核准设置登记或准予筹设且实际经营的休闲农场。评选内容包括：①农场资源；②农场设施及活动配置图；③整体经营方向；④服务及体验活动；⑤餐饮服务；⑥住宿服务。评选项目标准：共分3个方面、16个项目，评选分数70分以上，未满80分者为"良等"；80分以上，未满90分者为"优等"；90分以上者为"最优等"。

我国大陆农业旅游景点和农业园区空间布局主要为"城市郊区型"、"景区边缘型"，但近两年来在一些大型城市（尤其是北京）其空间布局呈现出"遍地开花型"，其主要弊端表现在：自发建设多；挂个牌子就采摘；各自为政，缺乏系统管理；发展特点不突出，缺乏宏观系统的规划等。在加强园区建设的规划和检查评证工作中，我们可充分借鉴台湾发展休闲农业中的经验，使我国大陆农业旅游景点和农业园区建设步入正轨。

（4）大力推行社区经营的理念。台湾休闲农业园区和乡村游憩地的发展跳出了以往规模经济思维，朝向精致农业政策的延伸转型。休闲农业园区的"园区"概念，被赋予了具有地方意义的"社区"（community）的理念，而不再只是一个强调专业生产的属于工业特质的"厂区"（park）概念。整合农场、农园、民宿或所有景点，使其由点连成线，再扩大成面，最后以策略联盟方式构成带状休闲农业园区，并适时开展以策略联盟方式结合的"社区"理念来推动各项工作，这是台湾发展农业旅游和休闲产业的成功经验，也是走在世界休闲农业开发建设前列的重要原因。如在10年前废弃的台湾金瓜石冶金矿区为了发展乡村民宿和休闲旅游，聘请规划设计单位作了详细的《金瓜石社区产业辅导计划》，并在以后的运作实施中，定期出版《金瓜石社区报》，开办矿山讲堂等，全力打造浪漫度假社区。这与我国大陆目前很多农业旅游景点开发建设过多且注重硬件设施建设、片面追求产值形成鲜明对比，以经营文化、经营社区的理念来开发建设我们的农业旅游景点理应成为我们工作的重要部分。

2.3 国内外农家乐旅游研究

在CNKI学位论文网、中国期刊全文数据库、维普期刊，分别以"农家乐"和"乡村旅游"为题名和关键字作为检索标准，共查阅到关于农家乐和乡村旅游的学术论文26篇，期刊205篇（查询截止日期2008年3月11日19时整，论文时间跨度是1998年到2008年）。关于农家乐的文献近年来呈不断增多的趋势，这不仅反映了随着农家乐旅游的逐渐发展和壮大，学界、业界以及各相关部门对农家乐这一新兴事物的逐步重视，还说明了农家乐旅游将随着实践走向更成熟的发展之路。目前对农家乐旅游的研究包括了许多方面，在此对前人的研究成果以及当前农家乐研究的热点做一个简单的综述。

2.3.1 国内农家乐旅游研究综述

1. 农家乐的定义

田喜洲（2002）提出农家乐概念有狭义和广义之分。我们通常所指的农家乐即狭义的农家乐，从购买者的角度来讲，它是指游客在农家田园寻求乐趣，体验与城市生活不同的乡村意味；从经营者的角度来讲，它是指农民利用自家院落所依傍的田园风光、自然景点，以低廉的价格吸引市民前来吃、住、玩、游、娱、购的旅游形式。广义的农家乐源于农业的概念，即广义的农业，它包括农、林、牧、副、渔。所以，广义的农家乐概念不仅包括狭义的农家乐，还包括林家乐、渔家乐等形式。胡卫华、王庆（2002）论述"农家乐"是久居城市的居民到农村农家大院休闲娱乐。陈蕾（2004）界定的农家乐是以农民为从业主体，以农户家庭为单位，以城区外的自有乡村院落及所依傍的农家景色为载体，凭借当地的民俗风情、特色菜肴与生活体验吸引旅客前往进行休闲旅游消费的新兴旅游形式。赵成文、王琳（2005）论述"农家乐"的较普遍的一种概念是，以农村地区为特色，以农民为经营主体，以农民所拥有的土地、庭院、经济作物和地方资源为依托，以旅游、观光、休闲、度假活动为内容，以促进农村经济发展为目的的一种社会经济活动，是农业经济体系的一个组成部分。何红（2003）论述所谓"农家乐"旅游，就是以农民所拥有土地、庭院、经济作物和地方资源为特色、以为游客服务的农村家庭经营方式吸引市民来此休闲度假、观光娱乐和体验劳作的一种新型旅游活动。换言之，"农家乐"休闲旅游是以田园风光和别有情趣的农家生活为依托，以农民为市场经营主体，以城市居民为目标市场，以满足旅游者娱乐求知和回归自然等目的的一种旅游方式。"农家乐"休闲旅游本质上就是一种乡村旅游。

综上，"农家乐"在狭义上来讲，是以农村地区为特色，以农民为经营主体，以农民所拥有的土地、庭院、经济作物和地方资源为依托，以旅游、观光、休闲、度假活动为内容，久居城市的居民到农村农家大院休闲娱乐。但是从广义上来讲，它包括农、林、牧、副、渔业，并且林家乐、渔家乐等形式也应该算进农家乐的范围内。

2. 农家乐的兴起

田喜洲（2002）提出"农家乐"之所以兴起，是因为符合中国国情、适应旅游者的现实消费需求、顺应了现代旅游业发展潮流、开拓了一个新的经济增长点、促进了城乡交流。周荣华（2004）提出"农家乐"的兴起，是随着城乡消费方式改变而出现的一种新现象。农家休闲旅游的兴起源于城市消费能力、现代"城市病"和"双休日"闲暇时间。陈蕾（2004）把农家乐兴起的因素总结为科技的发展、城市化进程、农民的干劲和吃苦精神、广大农村和城郊结合部分得天独厚的自然资源与传统文化遗产、工薪族与银发市场对中短途旅游的青睐、带薪休假与双休日的执行、收入的提高、即时消费观念的出现、私家车的普及、现代城市病的产生、黄金周对远途旅游的替代等。单志明（2005）认为"农家乐"的兴起，是以其价位低、菜量大、风味浓和自产自销、家庭式服务等诸多优势，迅速吸引了城里人和周边旅游景区的游客，与周边宾馆饭店形成了竞争态势。陈辉（1998）论述"农家乐"之所以兴旺是因为：发展"农家乐"是调整休闲旅游产品结构，开发新的休闲旅游产品，形成新的旅游热点的需要；人们消费观念的转变，旅游消费需求增加；"农家乐"的餐饮土气、野性，乡土味甚浓；灵活的定价使游客普遍能接受；娱乐方式较丰富；城市郊区富余人员多，农民有积极性等。

综上，"农家乐"之所以兴起，是因为广大农村和城郊结合部分得天独厚的自然资源与传统文化遗产、科技的发展、城市化进程、带薪休假与双休日的执行、收入的提高、即时消费观念的出现、私家车的普及、现代城市病的产生、黄金周对远途旅游的替代和较低的价位。

3. 农家乐的发展意义

胡卫华、王庆（2002）从提高农民生活水平、调整农村产业结构、提高农村劳动者素质和缩小城乡差别、缓和农村剩余劳动力、促进观念的转变、推动农村精神文明建设、增强环保意识、促进农业旅游的发展、推动其他行业的发展等方面论述了发展农家乐的意义。陈蕾（2004）从农家乐提高农民的经济收入、增加就业、推动其他行业的发展、增强环保意识、有助于城乡生活方式的融合等方面论述了发展农家乐的意义。孙俊秀（2005）从促进农村产业结构调整、城乡一体化、旅游业发展的角度论述了发展农家乐的意义。赵煜（2003）从社会学的角度分析了农家乐对促进非农化、社区、生活质量的重要意义。

综上，发展农家乐可以提高农民生活水平、调整农村产业结构、促进城乡一体化、增加就业、推动农村精神文明建设、增强环保意识、促进农业旅游的发展、推动其他行业的发展。

4. 农家乐存在的问题及对策

田喜洲（2002）针对农家乐休闲方式单调、农味不浓、卫生不到位、经营管理混乱等问题，提出主要通过加强宏观管理解决的对策。陈蕾（2004）把农家乐旅游发展中存在的问题概括为：项目盲目开发，规划性弱，资源浪费严重；定位模糊，经营者对农家乐的发展方向认识不足；卫生、安全、环保措施不到位；经营理念落后，制度不严，管理漏洞颇多；行业整体缺乏系统的旅游市场营销策略等。孙俊秀（2005）认为制约农家乐发展的表现为：质量差、无特色、效益低、污染严重。刘绍山（2006）认为农家乐存在的问题主要有"硬件"不到位、"软件"不理想、"多元化"不足、监管与发展的失衡。陈蕾（2004）提出推动农家乐健康发展的经营对策是：搞好布局，合理开发；创造特色，准确定位；规范管理，提高质量；加强培训，优化人力资源；重视营销，强力宣传，打造品牌。周荣华（2004）提出针对"农家乐"发展中存在的功能单一、各自为政、卫生较差、无证经营等问题要依靠政策的制定和规范以及"农家乐"业主思想观念的转变来解决。陈庆、王平（2005）提出针对农家乐存在的经营无特色、环保意识差、缺投入资金、服务欠水平、基础不完善等问题，要通过教育引导、银企合作、务实基础、规范管理来解决。田喜洲（2002）提出要对农家乐：合理布局，科学规划；挖掘特色，打造精品，增强参与性和知识趣味性；加强管理，提高从业人员素质和旅游服务质量；保护旅游资源和生态环境。冯昌智（2003）对农家乐的菜肴提出了一些看法和建议。阮华宁（2003）对于农家旅社的装修、选址、经营、广告宣传方面提出建议。单志明（2005）认为目前"农家乐"较为普遍存在的问题是：层次低、功能差、缺乏文化内涵；缺少正规培训、服务不规范；烹饪技术陈旧、传统菜挖掘不够、创新菜开发不足；淡季旺季明显；行业管理不够规范，缺乏相应的标准、必要的交流和品牌意识。应重点抓好：突出"农家味"；提高层次，增强功能，搞好营销；加强培训，提高烹饪技术和服务质量；加强学习，依法经营；加强行业管理。

综上，农家乐存在的问题主要有休闲方式单调、无特色、卫生不到位、经营管理混乱、服务不规范、基础不完善、污染严重等。解决这些问题的对策有加强宏观管理、创造特色、提高层次、加强培训、重视营销、"农家乐"业主思想观念的转变、保护旅游资源和生态环境等。

5. 农家乐的未来发展趋势

陈蕾（2004）提出农家乐的发展方向是向知识型、体验型消费方式转变，追求更多参与性活动；农家乐主题化趋势明显，各地依据不同的资源条件定位不同的卖点；对民俗旅游与生态旅游的重视程度更高，强化农村生活的自然、俭朴与代代相传的农家风俗，并加大对农业资源附加值的挖掘；特色各异的大型综合型农家乐逐步成为城郊旅游的主体。刘绍山（2006）提出农家乐的发展方向将会呈现下述特点：向游客全程参与互动式的旅游转变、向休闲旅游观念的转变、内容呈丰富与多元化。单志明（2005）论述的"农家乐"呈现的五大发展趋势是向精品型发展、向联户成片发展、向公司经营发展、向特色化发展、向主动出击发展。王云才、郭焕成、徐辉林（2006）认为在未来的发展中，农家乐将会逐步减少，而被更高级的民宿度假旅游取代。

综上，农家乐不仅要向精品型、联户成片、公司经营、特色化、主动出击方向发展，最重要的是向高级的民宿度假旅游阶段升级。

2.3.2 国外农家乐旅游研究综述

由于各国的国情不同，对同一个概念的界定难免有所不同。国外没有农家乐这种说法，与我国农家乐类似的形式有 B&B（Bed and Breakfast）或者 Homestay、B&B Inn、Country Inn 等。

Marc Lubetkin（1999）从 1996 年至 1997 年对全美 50 个州的 198 位 B&B 的经营者和 300 位 B&B 的客人进行了调查研究。分析总结出了 B&B 的经营者最常使用的广告促销方式以及能被 B&B 的客人最普遍接受的广告促销方式，得出的结论是：第一，B&B 的经营者认为最有效的广告宣传方式是口头传达、宣传册、Mobil and AAA 旅游指南、商会、B&B 旅行指南以及互联网。而 B&B 客人认为最有效的广告宣传方式是口头传达、B&B 旅行指南、Mobil and AAA 旅游指南、报纸杂志、互联网、旅行社和商会，B&B 的经营者应该采用更好的方式利用杂志、报纸、旅行社来进行其产品的促销宣传。第二，B&B 一般需要经过3年的时间才能达到盈利平稳增长的阶段，达到66%～80%的客房入住率；客房的数量20～25间是最成功的。第三，B&B在建立之初就应该考虑借助专业营销公司的协助以提高其市场份额。第四，B&B的营销预算随经营时间的增加而逐步减少，大约是总收入的6%～13%。Pamela Lunier、David Caples和Helen Cook（2000）选取全美5 650家小型住宿接待设施（包括B&B）为样本，了解到小型住宿接待设施在全美的分布情况，认为B&B的发展潜力存在于人口较多的州。此外，B&B的客房住客一般都是居住在500英里以内的本州人口。他们认为小型接待设施发展的最大弱点是经营者的营销能力不够强，因此他们建议小型住宿接待设施应通过互联网进行营销，以此来扩大其市场份额。

Terri R. Lituchy、Anny Rail（2000）对加拿大和美国的114家B&B和Inn进行了关于以B&B和Inn为代表的中小型企业如何利用互联网信息技术融入全球市场以及信息技术对中小型企业的全球化影响的调整。他们发现B&B的经营者利用互联网的主要目的是作为一种营销工具、树立一种专业形象、快速传递信息、以较低的花费吸引更多的客人、回答关于B&B服务的问题等，提出在B&B国际客源逐步增加的背景下，B&B合作机构、旅游局、商会、中小企业协会应该以一个普遍可以接受的价格向他们提供关于网络、跨文化交际的培训活动。

Rachel Hill（2002）分析了B&B经营者对B&B质量检查评估计划的态度。大多数经营者都承认对B&B进行质量检查评估的重要性，并且他们提出了在对B&B进行质量检测时，也要同时考虑评估费用、克服个别评估人员对B&B的负面的主观评判。Susanne Becken、Chris Frampton、David Simmons（2004）探讨了新西兰的住宿接待部门的各个类型的能源消耗状况，包括饭店、汽车旅馆、B&B、青年旅舍等，为使新西兰发展成为一个绿色、清洁、可持续发展的旅游目的地提供了各种不同类型的住宿接待设施提高能效的基准。

第3章 浙江省乡村旅游发展实证分析

3.1 浙江省乡村旅游现状

当前,蓬勃发展的乡村旅游,已在统筹城乡发展、解决"三农"问题、加快社会主义新农村建设中发挥了越来越重要的作用,乡村旅游产品也因此深受关注,从旅游的次产品逐渐向国内旅游市场的主产品靠拢。

3.1.1 浙江省乡村旅游发展历程

乡村旅游特指在乡村地区开展的,以特有的乡村人居环境、乡村民俗(民族)文化、乡村田园风光、农业生产及其自然环境为基础的旅游活动。乡村旅游迎合了21世纪全球人居与旅游回归自然的生活质量意识,已成为一种消费时尚、一种旅游趋势。根据国内外现有乡村旅游发展情况,从旅游形态角度来看,乡村旅游发展模式可分为四大类:一是城市郊区和景区周边的特色"农家乐"休闲游;二是乡村农业观光园区休闲游;三是乡村旅游景点(农庄、山庄)休闲游;四是古村落、古民居等乡村特色文化村休闲游。现在,浙江各地正在蓬勃发展的以"吃农家饭、住农家屋、干农家活、享农家乐"为核心的"农家乐"旅游,就是乡村旅游的一种发展模式。

1. 浙江省乡村旅游的产生背景

(1)浙江乡村旅游随着经济的发展和拓展旅游空间的需要而兴起。

作为长江三角洲地区的一个重要区域,浙江的经济发展和城市化进程十分迅速。从浙江的市场消费能力和经济增长态势来看,主要经济指标在全国保持领先地位,并成为全国经济增长速度最快和最具活力的省份之一,国内生产总值、人均国内生产总值和财政总收入均居全国第4位[①]。随着收入的增加,人

---

① 冯东书. 数字浙江[J]. 记者观察,2004(2):1.

们不再仅仅满足于衣食住行，而转向追求精神享受，观光、旅游和度假活动，外出旅游者和出行次数越来越多。但是，浙江知名度很高的一些老景点多以人文景观和风景名胜为主，模式基本相同。在旅游旺季，省外游客慕名而来，旅游景点人满为患，人声嘈杂，无法满足本地城市居民对宁静清新舒适环境的渴求和回归大自然的愿望[①]。

乡村旅游集农业景观观赏、农产品生产、农事活动、休闲和度假于一体，给人们增加了内容丰富、形式多样的活动内容，为人们提供了新的游憩活动空间，有利于人们的身心健康。这一新的游憩场所的出现为减轻传统旅游热点景区的黄金周客流压力提供了缓冲的场所，为旅游产业的可持续发展提供了新的平台。

（2）浙江发展乡村旅游符合农业实现高效益的需要。

浙江地处中国三大经济发展中心之一的长江三角洲地区，经济发展速度较快，城市化进程不断加快。但在发展过程中也遇到了全国普遍存在的问题，就是农民增收缓慢，农业的比较效益日益低下，农业在国民经济中的比重不断下滑[②]。在寻找农业可持续发展的过程中，乡村旅游作为一种有效解决"三农"问题的新的产业形态，其经济和社会功能日益显现。

利用农业和农村空间发展乡村旅游，有助于扩大农业经营范围，促进农用土地、劳动力和资金等生产要素的有机结合，提高土地产出率、劳动生产率和土地利用率；同时又可以休闲观光农业为龙头，带动餐饮、交通运输和农产品加工等行业的发展，实现农业生产附加值的提高，为农村经济发展找到了新的增长点。从而使农业及耕地能在农业地位日益弱化的情况下得以保存和发展。因此，乡村旅游一经出现便受到普遍关注和积极响应。

（3）发展休闲观光农业是改善浙江农业生态环境的现实需要。

近年来，在《浙江生态省建设规划纲要》的指导下，浙江省在生态环境治理方面做了大量工作，成效明显[③]。但是由于农业负载量的快速增加，农业环

---

① 潘一峰，许群. 杭州倡议市民国庆期间让路于客，让景于客.(2004-9-30).www.xinhuanet.com.
② 周小和. 论东南沿海地区城市化对农业生产结构的影响[J]. 经济问题，2004（6）：50-52.
③ 俞益武，于由. 浙江生态省建设与发展生态旅游的关系[J].浙江林学院学报，2004，21(4)：466-470.

境质量远不能适应社会经济发展的需要。一方面，农业资源不合理开发，有的过量消耗；另一方面，农村工业污染缺乏有效治理，有污染的城市工业向城郊扩散，城市垃圾在城郊大量堆放，未经处理的城市污水排向郊区，灌溉农田，造成农业污染，农业环境治理与保护迫在眉睫。乡村旅游作为具有一定旅游观光功能的农业经营形态，为招徕游客，必须绿化美化田园和道路，维护农业与农村自然景观，改善环境质量。

（4）城市人口的迅速扩张及农业人口进入城市促进了浙江乡村旅游客源的形成。

乡村旅游是以城市人口作为客源市场的。城市人口越多，城市群空间分布密度越大，所提供的乡村旅游客流量也越大。世界经济发达国家也多为城市人口占总人口比重大的国家，这些国家乡村旅游不仅发展最早，而且规模也最大。近年来，长江三角洲地区及浙江的城市化进程日益加快，城市群的规模也在不断扩大，大量的农业劳动力进入城市，远离乡村，这就为开展乡村旅游提供了充裕稳定的城市客源市场。

2. 浙江省发展乡村旅游的优势和特点

（1）农林牧渔等传统农业内容丰富，为乡村旅游的发展提供了基础。20世纪90年代中后期以来，浙江省大力发展花卉、苗木、特色瓜果、蔬菜、特色水产及畜禽养殖等效益高的观光农业。近年来，又开展了采摘杨梅、柑橘等水果，以及垂钓、参与捕捞、挖笋、采野菜等体验农事乐趣、参与性强的休闲农业。这使浙江省的传统农业向观光农业、休闲农业转化，直接促进了乡村旅游的发展。

（2）丰富的自然生态资源，为乡村旅游的发展提供了依托。浙江省旅游资源数量众多、类型丰富。江、河、湖、海、山、林、洞、窟等各类自然资源齐全。拥有国家级风景名胜区16处，省级风景名胜区37处；国家级森林公园26处，省级森林公园52处；国家级自然保护区8处，省级自然保护区8处等。"诗画江南、山水浙江"为依托景区发展的乡村旅游开辟了广阔的空间。

（3）乡村旅游特别是"农家乐"的投资特点决定了其如雨后春笋般发展。浙江省的"农家乐"普遍具有投资小、回报快、效益高等特点。不少"农家乐"

经营户都是在自己原有农村住宅的基础上，加以适当的装修改造，添置一定数量的饭桌、餐具、床铺以及简单的卫浴设备等，一般平均每户投资在 3 万~5 万元之内，4~5 年基本能够收回全部成本。非常适合浙江省农村富余劳动力的投资。

（4）城市居民消费能力强，需求量大，为乡村旅游的发展提供了稳定的客源市场。浙江省的乡村旅游不仅面向本省的中心城市，而且面向整个长三角区域的城市。长三角区域经济繁荣，人民富裕，城市化水平较高。经济的高速发展带来了城乡居民富庶的生活，殷实的收入使城乡居民的出游能力不断增强，已形成年出游人数达 2 亿人次的客源市场。乡村旅游恰恰迎合了城市消费者在繁忙工作之余对清新自然、纯朴悠闲的田园生活向往的需求。

3. 浙江乡村旅游的发展过程

浙江乡村旅游的萌芽，可以追溯到 20 世纪 70 年代人们对绍兴上旺大队的参观访问[①]，但浙江乡村旅游业真正起步于 20 世纪 90 年代中期。随着人们物质文化生活水平的提高、消费结构的升级和农村经济社会的快速发展，城市居民对品尝原汁原味的农家菜肴和体验淳朴自然的农家生活的休闲需求日渐增长，乡村旅游业应运而生并逐步发展壮大。从最初一些城郊农户创办农家餐馆，为城市消费者提供吃农家菜、住农家屋等简单服务起步，逐步向利用田园景观和农业资源，提供观赏、采摘、垂钓、游乐等体验性休闲活动拓展。随着工商资本的大量进入，乡村旅游在经营规模、内容和功能等方面有了进一步的提升，休闲农（渔）业园区、森林公园、度假山庄等相继出现。据不完全统计，目前浙江省共有农户家庭或合股经营的小型"农家乐"经营户 1 500 余户，投资总额达 1.4 亿元；以企业法人和私人资本投资为主的大中型乡村休闲旅游项目近 400 个，投资规模达 24.45 亿元。2005 年，全省乡村旅游业从业人员 13 070 人，接待游客 1 385 万人次，营业总额达 7.34 亿元，有效地扩大了农民就业，增加了农民收入。

经过十多年的发展，浙江省乡村休闲旅游产业已初具规模，并呈现出了自

---

① 葛立成，聂献忠. 旅游业的新增长点——浙江工农业旅游发展问题研究 [J]. 商业经济与管理，2004(5)：49-52.

身的特点。从发展形态来看，主要有以下几种类型：

（1）乡村休闲特色"农家乐"。以当地农户家庭或合股经营为主体，以"吃农家菜、住农家屋、干农家活、享农家乐"为主要特色的"农家乐"旅游。如西湖区梅家坞村、柯城区七里乡黄土岭村等，都是浙江省特色"农家乐"示范村。

（2）乡村休闲旅游景点。以企业法人经营和私人资本投资为主体，能提供吃、住、游以及购物、娱乐和农事参与等多项活动的大中型休闲旅游景点，主要有休闲农庄型和乡村游乐型两种类型。休闲农庄型：主要是通过在乡村开发建设农庄、山庄等，为游客提供休闲、度假、娱乐等服务。如西湖区的杭州双流农庄、富阳市的永安高山农庄就属于这一类型。乡村游乐型：主要是依托自然地理环境，开展野外探险、野营等旅游活动，尽情享受大自然的野趣。如萧山区的杭州生态园、西湖区龙坞镇大清村就属于这一类型。

（3）乡村休闲农业观光园。以企业法人经营和私人资本投资为主体，有选择地把农业园区和农业观光项目建设结合起来，开展各种游园观光、采摘品尝、参观考察、科普教育等体验农园活动。如萧山传化浙江农业高科技示范园区、安吉中南百草园就是这一类型的休闲观光园区。

（4）乡村休闲特色文化村。凭借农村深厚的历史文化和人文积淀，通过挖掘民俗风情、传统工艺、文物古迹、农耕文化等资源，组织开展访古、探幽、鉴赏、体验等休闲旅游活动的特色村。如兰溪市诸葛村的八卦场地、桐庐县莪山畲乡山寨等，让游客在观赏古色古香的民俗文化中享受到独特的农家风情。

3.1.2 浙江省在长三角乡村旅游业中的地位分析

长江三角洲包括上海和隶属江苏、浙江的15个地级以上城市，是我国人口最稠密、经济最发达、人民生活最富裕的经济区域。许多有识之士都认为，世界经济的亮点在中国，中国经济的亮点在以上海为中心的长江三角洲地区。苏、浙、沪三地产业越来越呈现出一体化趋势，迸发出巨大的经济能量。同样，旅游业也呈现出相互交融的态势，上海的都市风光、苏州的园林景观以及浙江的自然山水，搭配成一道颇具吸引力的旅游套餐，形成了独具特色的长三角旅游圈。

长三角旅游圈是我国现代旅游业的发源地和旅游产业最为活跃的地区，也是全国旅游出游人次最多的地区。不仅如此，江浙沪地区旅游产业综合实力强，组织化程度高，拥有 25 个中国优秀旅游城市，48 个国家 AAAA 级旅游区（点），区域旅游资源拥有很强的互补性，在海内外市场具有很高的知名度和竞争力。

1. 上海市乡村旅游的现状

这些年，上海乡村旅游伴随全市旅游业发展而有较快发展。20 世纪 90 年代初，南汇、宝山区率先举办上海"桃花节"、"柑橘节"，崇明县东平森林公园正式对游人开放。1995 年起浦东新区孙桥现代农业园区正式对外开放接待游客。1997 年后，农工商集团的中荷玫瑰园、市农林局所属康南花卉园艺场，松江区青青生态园、交大新桥农科花卉园艺场和南汇宾海桃园等陆续对外接待游客。1994 年上海第一个农家乐项目——崇明前卫村农家乐正式对外经营。

近年郊区乡村旅游的发展，为农业产业结构调整、丰富城乡居民生活、拓展农村就业、增加农民收入起到了积极作用。近年去郊区旅游的人数明显增多。据市农委不完全统计，2003 年到郊区旅游人数超过 1 500 多万人次。如按人均消费 200 元计算，拉动郊区内需 30 多亿元。2003 年崇明县前卫村农家乐，34 户农户、194 个房间、380 张床位，共接待游客 12.1 万人，旅游营业收入 654.54 万元，户均 18 多万元，直接从业人员 116 人，间接从业人员 122 人。2003 年浦东新区孙桥现代农业园区接待参观者和游客 129 775 人次，旅游收入 562.16 万元，直接从业人员 142 人，间接从业人员 370 人。

近年来，浦东新区孙桥现代农业园区国际知名度不断提高，前去参观与观光旅游国外游客越来越多。目前已成为集现代农业观光旅游、科普教育、购物于一体的全国著名现代农业观光与游览景区。上海目前具有一定接待能力的观光农业景点如表 3-1 所示。

表 3-1　上海目前具有一定接待能力的观光农业景点

景点名称	景点内容	景点地址	正式接待游客时间
孙桥现代农业园区	现代设施农业、花市、宠物市场、购物、科普	浦东新区孙桥镇	1995 年
中荷玫瑰园	赏花、购花、科普	南汇东海农场	1996 年
滨海桃园	万亩桃林、赏花、品桃、游玩	南汇海港新城地区	1998 年
城北桃源民俗文化村	田园风光、桃源文化、民俗民风	南汇惠南镇北	1998 年

（续表）

景点名称	景点内容	景点地址	正式接待游客时间
上海康南园艺场	园艺	新场古镇	2000年
新桥花卉苗木交易中心	中外花卉观赏、休闲、购花卉	松江新桥镇	2001年
交大农科花卉园艺场	花卉观赏、购花、科普	松江九亭镇	1999年
世外桃园	田园风光、桃源、野趣观赏、滑草、休闲、购物	奉贤青村镇	1998年
松江蕃茄农庄	田园风光、农业体验、农家菜、农家活	松江泖港镇	2002年

上海部分建成并正式对外开放的林业旅游景点如表3-2所示。其中，东平森林公园、上海青青旅游世界，已成为我国华东地区著名旅游、休闲、观光景点和上海市民节假日下乡旅游、观光、休闲、度假的重要场所。

表3-2　上海部分建成并正式对外开放的林业旅游景点

景点名称	景点内容	景点地址	正式接待旅游时间
东平森林公园	林木观赏、游乐、林区休闲、度假	崇明县	1993年
上海青青旅游世界	奇特树木观赏、游乐、餐饮、度假	松江洞泾镇	1999年
上海滨海森林公园	滩涂、人造林、休闲、度假、保健、康乐	上海滨海度假村	1997年
上海森林度假村	野趣、田园风光，吃、住、娱乐、旅游	位于上海淀山湖经济城内	1996年

郊区的桃花节已连续举办14届。近年人气一届比一届旺。2003年原郊区桃花节已升格为上海桃花节。2004年第14届上海桃花节人气火爆，在短短的20多天日子里，共吸引游客60余万人，直接营业收入1 600多万元。目前上海郊区正式建成的农业旅游节如表3-3所示。

表3-3　目前上海郊区正式建成的农业旅游节

景点名称	景点内容	景点地址	正式接待旅游时间
上海桃花节	踏青赏花、游乐、餐饮、购物、度假	南汇区	1991年
上海柑橘节	金秋赏桔、游乐、餐饮、购物、度假	宝山区长兴岛	1999年

由于乡村旅游发展的显著效益，目前郊区各地对因地制宜发展农业旅游意识普遍增强，许多区县、镇正自觉地把发展农业旅游放在重要地位，作为推动本地区经济发展、解决农业就业和增加农民收入的重要手段。目前郊区许多乡村旅游项目正积极制订相关规划或正在建设之中，如表3-4所示。

表3-4 目前上海郊区部分乡村旅游项目

景点名称	景点内容	建设规模	景点地址
上海海上森林公园	人工林、滨海水景	1万亩左右	"五四"农场（农工商集团）
上海顺利肉类食品有限公司	世界先进肉类加工工艺观赏	100米观光通道	
横沙岛旅游度假区	海岛风情、森林生态、休闲、度假、康乐	一期建设1000亩苗木观光区	横沙乡
浏河旅游度假区	田园风光、内河岛屿、休闲、度假	一期整合浏岛现有景点与设施资源、逐步推进开发6平方公里	嘉定区
蕃茄农庄、格林葡萄园（完善扩建）	农业观光、农家乐	800亩	松江区
上海鲜花港	花卉、现代花卉生产园艺观赏、购花、批发、交易	100公顷	南汇区、东海农场
泥城镇新渊村	浦东民俗民风情、农家饭、农家床、农家活、观花、品桃等	10户，60～80个左右床位	南汇泥城镇
金山区农民画村	田园风光、郊区西部民俗民风、金山农民画	450亩	金山区枫泾镇
秦皇山旅游度假区	秦皇山自然景区、人工片林、水景、古镇风情	主要生态林景区4 250亩	金山区张堰镇
旗忠森林体育城	18洞高尔球、室内网球场、温水游泳池、保龄球馆等、运动员村、高级医疗康复中心等	规划用地956.2公顷	闵行区

2. 江苏省乡村旅游

江苏省是全国乡村旅游发展较早、产品和市场成长较成熟的地区之一。特别是"十五"以来，省委、省政府关于加强"三农"工作的一系列方针政策的实施，通过深化农村改革、调整农业结构、增加农户收入、推动城乡消费等，使农业旅游如淋甘露，如沐春风，蓬勃开展，呈现好态势，形成新亮点，迈上新台阶。回顾二十多年来江苏省乡村旅游的经历，大体分三个阶段。

第一阶段，20世纪80年代。农村改革率先突破，特别是乡镇企业异军突起，开辟了农村由单一农业向农、工、商、游多元发展的道路，江苏省农业旅游开始崭露头角，最典型的是华西村和张家港等苏南县、市，作为农村工作的先进典型，接待了大量的国内外各方人士。一些村镇建设风貌好的地方，如丹阳界牌镇，成为国内最早接待日本青少年修学团、体验中国农村生活的目的地。此外，江都水利枢纽等一批现代化农业、水利设施及古镇也成了旅游景点。

第二阶段，20世纪90年代。越来越多的农业资源得到开发利用，村镇得以扬名，农民从中得益，企业有利可图，旅游规模壮大，一些村镇开始兴办旅游企业。以1993年华西村成立全省第一家农民旅行社为标志，江苏省一批村镇建立旅游公司，兴建旅游星级饭店，投资开发农村风貌、农事活动、农俗节庆等农业资源，招徕城里人，逐步形成了如无锡民俗村、南京江心洲等产品。随着农业规模化和高科技农业的出现，又出现了苏州未来农林大世界、丹桂园、傅家边等一批观光农业园（场），同时以天目湖为代表的一些水利设施和铁山寺国家级森林公园等开始作为旅游度假区得到开发利用。

第三阶段，进入新世纪以来。农村发展的外部环境、农业生产经营方式、农村经济社会结构、农民就业和收入结构等都发生了重大而深刻的变化，农村的发展进入了一个新的阶段。国家旅游局审时度势，开展了创建全国工农业旅游示范点工作。从此农业旅游产品在我国得以正名，正式列为旅游产业部分。全国农业旅游示范点在江苏省的数量迅速增加，并从原先的单纯观光型向参与、休闲、特色技艺型等多元发展。据不完全统计，全省已拥有各类农业旅游区（点）近500处，全年接待量达到1 500万人次，旅游收入30亿元，其中全国农业旅游示范点有43家，占全国的12%。预计在今后几年内农业旅游区（点）的数量还将有新的增长，产品质量上也在不断提高。这是一个好的趋势，说明发展乡村旅游对农民和农村基层组织有巨大的吸引力。按分布来讲，尽管江苏省南北经济状况很不平衡，但对于农业旅游的发展，苏北、苏中力度很大，生态环境优越，农林基础丰厚，目前已拥有全国农业旅游示范点20处，数量近一半，为区域经济发展做出了应有的贡献。凡是全国农业旅游点的村民，每年来自旅游的收入快速增长，农民就地搞旅游服务，不离土、不离乡，幸福指数高。实践证明，农业旅游迅速成长为江苏旅游产业和农村经济发展新的增长点，靠旅游建设社会主义新农村已走出了一条重要的成功之路。

近几年江苏通过深入挖掘和利用农村自然风貌、农业生产过程、农民劳动生活场景和浓郁的乡风民俗，积极推进乡村旅游发展。目前，江苏乡村旅游已突破单一的"农家乐"模式，并出现三大亮点。一是发展势头很猛。江苏乡村旅游已涵盖了乡村自然风貌、高科技农业、生态农业、蔬菜花卉生产、林果种植、民俗风情、水产珍珠养殖、水利渔业等众多种类，开始在推动农村经济产业结构优化调整、缩小城乡差距、扩大内需、拉动消费和促进就业等方面发挥积极作用。目前，江苏全省已拥有全国农业旅游示范点 70 个，数量居全国第二位，初步具备接待旅游者基本条件的乡村旅游区（点）达到 1 000 多家，年接待游客超过 2 000 万人次。二是项目与内涵更加丰富。一大批乡村旅游区（点）已突破发展初期的单一"农家餐"、"农家乐"模式，能够为旅游者提供生态观光、休闲度假、民俗风情欣赏、自助农庄、农业主题公园和农家乐等多种旅游项目。产业规模越来越大，休闲娱乐项目越来越多，度假娱乐和参与体验的内容越来越丰富，不少地方突破了单纯"游"的概念，既好看也好玩，给游客以轻松休憩和愉悦身心的享受。三是带动农村生产和农民致富快。乡村旅游发展好的地方，种植业、养殖业的新品种和新科技更新越来越快，地方土特产、农产品的深度加工越来越丰富，农户销售农副产品的收入越来越多，农村居民参与市场竞争的本事越来越大。① 据不完全统计，到目前为止，全省乡村旅游区（点）能够向游客提供的农产品包括时令蔬菜、水果、干果、花卉、盆景、茶叶、野菜、野禽、禽蛋、水产、药材、自制工艺品和农产品的深度加工产品在内，品种已经多达数百个，其中一大批已经成为旅游市场上的知名品牌。

3. 浙江省乡村旅游

（1）浙江旅游业与同处长三角旅游圈的江苏、上海相比较，仍然存在差距。

① 旅游业外汇收入比重不断提高，但总量仍然偏小。浙江省国际旅游收入和接待境外旅游人数在全国总数中占的比重逐年提高，境外游客人均花费一直

---

① 旅游联盟 2007-10-10 提供：旅游资源大全，免费旅游交易平台，旅游社区，旅游软件，www.tourunion.com.

高于全国平均水平。旅游外汇收入在全国的位次由1990年的第8位提高到2006年的第5位，接待人数从第7位上升到第4位。但这与浙江省占全国第4位的国内生产总值、占全国第5位的财政总收入、全社会固定资产投资占全国第3位的经济大环境相比，特别是与浙江省拥有的全国最多国家级风景名胜区和全国第2位多星级饭店的旅游环境相比，旅游业的总量仍然偏小。

② 接待量与总收入都有较明显差距。目前浙江省旅游产业还处于发展阶段，2006年旅游总收入占国内生产总值的比重达到10.8%，但与发达国家主要旅游城市还有差距，在国内旅游方面，与国内其他旅游发达省市之间还存在较大的差距。一是绝对量上的差距：2006年浙江省接待人数与江苏相差3 786.8万，国内旅游收入相差492.6亿元。在国际旅游方面，差距也很明显。2006年浙江省旅游外汇收入仅为上海市的54.6%、江苏省的76.6%。2004年浙江省旅游外汇收入与江苏相差4.6亿美元，至2006年两者差距达到6.6亿美元。

③ 浙江旅游业在结构上欠平衡。①区域旅游发展欠平衡，旅游网络不健全。国际旅游、国内旅游长期倚重杭州、宁波、温州、金华3个次中心的旅游集散功能一直得不到应有的发挥。特别是旅游外汇收入，杭州市要比其余10个市的总和所占比重还大；国内游客也基本集中于杭州、宁波两市，二地之和的比重过半。这说明浙江省旅游对外宣传的整体效果不够，旅游资源的开发利用仍处在较低水平。而江苏省各地区旅游业发展相对比较均衡，南京、苏州、无锡、镇江、扬州等主要旅游城市协同发展。另外，浙江旅游业发展中国际旅游"短腿"现象仍较严重，国内旅游的比例远远大于国际旅游。②旅游收入中各要素比例不均衡。主要表现在旅游运行六要素之间的整合缺乏有效的产业政策指导，其中，购物、娱乐的收入份额长期偏低，导致总体消费水平难以提高。发达国家国内旅游收入中"吃、住、行"与"游、购、娱"基本上各占一半，而浙江省旅游业中"游、购、娱"的比重仅为31.8%。从近两年浙江省国内旅游抽样调查结果来看，旅游者的购物消费仅占总消费的16%左右，与上海、江苏等周边旅游发达省市20%～30%的水平还存在一定差距。这说明浙江省旅游商品的特色、品牌、种类、经营等方面仍有较大潜力可挖。

④ 旅游组织管理和软硬件质量相对落后。目前，浙江旅游在组织管理上，存在着多头领导、争夺客源和市场、缺乏统一与协调配合的混乱现象。旅游软

件质量差表现为：与服务标准化和管理标准化还有一定差距，缺乏专业训练的管理和服务人员。就航空交通条件方面，目前浙江拥有杭州、萧山、宁波、温州、黄岩、义乌、衢州和朱家尖8个机场，机场数量仅次于云南，航线可通向全国各大主要城市和中国香港、中国澳门、新加坡等地，初步形成了航空网线；江苏的南京国际机场有至韩国汉城、日本名古屋、马来西亚吉隆坡、泰国曼谷、阿姆斯特丹、卢森堡、俄罗斯莫斯科等9条国际航线，而浙江的国际航线尚处起步阶段。

⑤ 旅游资源的开发缺乏拳头产品，产业优势不够明显。浙江省旅游产业的高速度发展，在一定程度上是依赖浙江省丰富的旅游资源条件。但是，浙江虽然旅游资源数量众多，门类齐全，但缺乏江苏、云南、四川等省拥有的稀缺性、拳头型资源。浙江省至今尚未有一处世界遗产，即使与同样将旅游主题定位在"江南山水"的江苏省竞争，浙江也处于明显的劣势。但是，浙江有许多独特的旅游资源，完全有实力成为长三角旅游圈的拳头产品，杭州西湖、钱塘江且不说，单是金华的双龙洞、缙云的仙都、乐清的雁荡山、还有舟山的普陀山，都有通过进一步开发成为浙江旅游拳头产品的基础。只是由于开发滞后，旅游资源优势尚未充分转换成产业优势。

（2）浙江乡村旅游可持续发展面临的问题和原因。

浙江的乡村旅游发展虽然取得了明显成效，但是毕竟还处于成长发展的过程中，存在着一些问题，须引起注意。

① 规划开发不够科学。目前乡村旅游发展过程中的盲目性和无序性依然存在，乡村旅游遍地开花。部分乡村旅游点（村），没有根据自身的实际进行整体规划、科学布局，缺乏资源论证、规划与策划。特别是由于乡村旅游进入门槛相对较低，许多乡村旅游项目对原有乡村资源稍加景观修改加工，就贴上了"乡村旅游"的标签，盲目上马、批量开发，最终导致乡村旅游核心资源迅速耗损。

② 发展特色不够明显。部分乡村旅游开发过分地依赖于自然资源，对地方特色、民俗风情、人文内涵等要素不够重视，服务项目大同小异，特色不明显，给人"千人一面"的感觉，缺乏趣味性和参与性，无法满足游客对多种多样的农业景观、形形色色的乡土文化和旅游购物、休闲娱乐、学习体验等多种需求，最终导致乡村旅游品牌资产快速衰减。

③ 设施功能不够齐全。目前乡村旅游点（村），特别是部分"农家乐"功能比较单一，很大程度上还只是一个农家饭店，发展难以持续，需要充实观光、食宿、娱乐、参与等功能。部分乡村旅游整体基础设施不完善，乡村环境洁化不到位，排污排水通道不畅，餐厅、厨房、厕所等卫生状况不良，从业人员也缺乏必要的健康保证等，消防、交通、用电等配套设施还不到位，食品卫生和安全管理还存在着一定的隐患。

④ 经营服务不够规范。目前相当数量的民营资本进入乡村旅游，旅游经营者缺乏专业知识和经验，更缺乏专业旅游管理人才，部分乡村旅游仍处于一种"小而散"的自发性发展状态，经营比较粗放，管理不够规范。特别是"农家乐"经营户的"小农经济"意识较强，环保意识不强、对外宣传不够、包装意识淡薄，服务档次不高，整体接待水平偏低。

⑤ 管理体制不够健全。乡村旅游作为近些年开发出来的旅游产品，政府产业监管和服务工作相对滞后，这项管理工作涉及政府的多个部门，如农办、旅游、工商、税收、卫生防疫、消防安全、技术监督、社会治安、环境保护等，需要政府牵头协调，实施有效管理。

根据以上分析，村民和工商企业追求短期个体利益所导致的乡村旅游核心资源迅速耗损和旅游品牌资产快速衰减的"公地悲剧"已经严重地影响了乡村旅游的可持续发展。"公地悲剧"之所以称为悲剧，是因为它对乡村旅游的发展构成了威胁。

英国科学家哈丁（1968）首次提出了"公地悲剧"这一概念，并通过形象的例子对此加以解释：假设有一片公共牧地，牧民所做的决策总是尽量多地放牧或者延长放牧时间，直至放牧总数超过草地的承受能力，结果草地逐渐耗尽，而牧民也无法继续在该公地上放牧和得到更多收益，这时便发生了"公地悲剧"。此后，"公地悲剧"一词经常被用来指理性追求最大化利益的个体在没有相应制度约束下，其短期行为对公共利益造成的损失。

"公地悲剧"的产生是由于缺乏制度约束，多人在共同行使公共产权时，个体行为很容易给公共资源的使用带来外部性。乡村旅游发展过程中的"公地悲剧"是一种必然。参与式乡村旅游中，"公权"与"私权"混杂，导致乡村旅游资源的产权属性是复杂的。其中，房产及家庭生活是私有产权，而乡村文化、当地整体自然环境及人文环境、乡村旅游品牌都是相关主体共同使用的公共产权，他们中的每个成员都可以用这些资源为自己服务，但都无权排斥其他成员行使同样权利。这显然符合产生"公地悲剧"的客观条件，因此在乡村旅游开发中需要相应的制度设计。

3.1.3 浙江省在全国乡村旅游业中的地位分析

2007年全省接待入境旅游者511.2万人次，同比增长19.8%，实现旅游外汇收入27.1亿美元，同比增长27.2%；接待国内旅游者1.91亿人次，同比增长18.6%，实现国内旅游收入1820亿元，同比增长19.7%；旅游总收入首次突破2000亿元大关，达到2026亿元人民币，同比增长19.9%，相当于全省GDP（18 638.4亿元）的10.9%，相当于全省服务业（7 521.1亿元）的26.9%，旅游经济综合实力跃居全国第四（前三为江苏省、广东省、北京市）。具体如表3-5~表3-12所示。

表3-5　2005—2007年浙江省接待入境旅游者人数（单位：人次）

年份	总计	全国排名	外国人	港澳同胞	台湾同胞
2005	3 480 089	5	2 329 202	510 490	640 397
2006	4 268 328	4	2 813 700	695 118	759 510
2007	5 111 789	4	3 436 358	785 905	889 526

表3-6　2005—2007年浙江省旅游外汇收入

年份	旅游外汇收入（亿美元）	全国排名	比上年增长（%）
2005	17.2	5	31.9
2006	21.3	5	24.3
2007	27.1	5	27.2

表3-7　2005—2007年浙江省国内旅游情况

年份	国内旅游人数（万人次）	比上年增长（%）	国内旅游收入（亿元人民币）	比上年增长（%）
2005	12 758	20.4	1 239.7	22.4
2006	16 149	26.6	1 519.6	22.6
2007	19 100	18.6	1 820	19.7

表 3-8 2005—2007 年各省（市、区）旅游总收入情况（前 10 位，单位：亿元人民币）

2007 年				2006 年				2005 年			
省份	名次	收入	增减(%)	省份	名次	收入	增减(%)	省份	名次	收入	增减(%)
江苏	1	2 772.0	21.4	江苏	1	2 284.3	43.1	广东	1	1 878.0	12.8
广东	2	2 452.0	15.3	广东	2	2 125.2	13.2	上海	2	1 809.1	25.9
北京	3	2 102.0	16.5	北京	3	1 803.7	13.2	江苏	3	1 596.0	8.7
浙江	4	2 026.0	19.9	上海	4	1 731.1	-4.3	北京	4	1 593.1	13.1
上海	5	1 966.0	13.6	浙江	5	1 690.1	22.6	浙江	5	1 378.8	36.4
山东	6	1 654.0	27.7	山东	6	1 295.6	24.8	山东	6	1 038.2	27.4
河南	7	1 351.0	29.9	河南	7	1 039.8	41.6	辽宁	7	799.5	39.5
辽宁	8	1 308.0	35.1	四川	8	979.6	35.7	河南	8	734.5	27.8
四川	9	1 219.0	24.5	辽宁	9	968.0	21.1	四川	9	721.6	27.5
福建	10	1 003.0	23.7	福建	10	810.7	18.6	福建	10	683.7	24.0
国家		10 957.0	22.6	国家		8 935.0	16.3	国家		7 686.0	12.4

表 3-9 2005—2007 年各省（市、区）国内旅游收入情况（前 10 位，单位：亿元人民币）

2007 年				2006 年				2005 年			
省份	名次	收入	增减(%)	省份	名次	收入	增减(%)	省份	名次	收入	增减(%)
江苏	1	2 508.0	24.6	江苏	1	2 012.2	23.8	江苏	1	1 626.0	26.0
浙江	2	1 820.0	19.7	广东	2	1 524.9	12.7	广东	2	1 355.0	11.2
广东	3	1 791.0	17.5	浙江	3	1 519.9	22.6	上海	3	1 308.0	7.6
北京	4	1 754.0	18.3	北京	4	1 482.7	14.0	北京	4	1 300.0	13.5
上海	5	1 611.0	13.5	上海	5	1 419.9	8.6	浙江	5	1 239.7	22.4
山东	6	1 551.0	27.7	山东	6	1 214.8	24.7	山东	6	975.0	27.0
河南	7	1 327.0	30.4	河南	7	1 018.0	30.1	河南	7	782.0	39.6
辽宁	8	1 215.0	35.6	四川	8	948.0	32.3	四川	8	696.0	28.4
四川	9	1 180.0	24.5	辽宁	9	896.0	32.8	辽宁	9	674.7	28.8
福建	10	838.0	20.8	福建	10	693.5	20.0	福建	10	578.0	24.8
国家		7 771.0	24.7	国家		6 230.0	18.0	国家		5 286.0	12.2

表 3-10 2005—2007 年各省（市、区）旅游外汇收入情况（前 10 位，单位：亿美元）

2007 年				2006 年				2005 年			
省份	名次	收入	增减(%)	省份	名次	收入	增减(%)	省份	名次	收入	增减(%)
广东	1	87.1	15.5	广东	1	75.4	16.7	广东	1	64.6	20.1
上海	2	46.7	19.7	北京	2	40.3	11.2	北京	2	36.2	14.1

（续表）

2007年				2006年				2005年			
省份	名次	收入	增减(%)	省份	名次	收入	增减(%)	省份	名次	收入	增减(%)
北京	3	45.8	13.6	上海	3	39.0	9.8	上海	3	35.6	16.9
江苏	4	34.7	24.4	江苏	4	27.9	23.3	江苏	4	22.6	28.2
浙江	5	27.1	27.2	浙江	5	21.3	24.3	浙江	5	17.2	32.0
福建	6	21.7	47.6	福建	6	14.7	12.7	福建	6	13.1	22.5
山东	7	13.5	33.7	山东	7	10.1	30.0	山东	7	7.8	37.7
辽宁	8	12.3	32.3	辽宁	8	9.3	26.6	辽宁	8	7.4	20.4
云南	9	8.6	30.3	云南	9	6.6	24.7	云南	9	5.3	25.0
天津	10	7.8	23.8	天津	10	6.3	22.9	天津	10	5.1	23.4
国家		419.2	23.5	国家		339.5	15.9	国家		293.0	13.8

表 3-11　2005—2007年各省（市、区）接待国内旅游者情况（前10位，单位：万人次）

2007年				2006年				2005年			
省份	名次	人数	增减(%)	省份	名次	人数	增减(%)	省份	名次	人数	增减(%)
广东	1	30 170.0	20.8	广东	1	24 976.0	13.0	广东	1	22 111.0	30.8
江苏	2	23 199.0	16.4	江苏	2	19 935.8	15.7	江苏	2	17 234.0	17.5
山东	3	20 343.0	21.3	山东	3	16 774.9	18.9	山东	3	14 908.0	26.9
浙江	4	19 100.0	18.6	四川	4	16 580.6	26.0	四川	4	13 164.0	15.2
四川	5	18 570.0	12.0	浙江	5	16 149.1	26.6	浙江	5	12 758.0	20.4
河南	6	17 003.0	30.2	北京	6	13 200.0	5.6	北京	6	12 500.0	4.6
辽宁	7	16 504.0	25.0	辽宁	7	13 200.0	34.7	河南	7	10 045.0	25.4
北京	8	14 280.0	8.2	河南	8	13 063.5	30.1	辽宁	8	9 860.0	21.9
湖南	9	10 777.0	18.5	上海	9	9 684.0	7.5	上海	9	9 012.0	6.0
上海	10	10 210.0	5.4	湖南	10	9 098.0	28.0	河北	10	8 068.0	11.6
国家		161 000.0	15.5	国家		139 400.0	15.0	国家		121 200.0	10.0

表 3-12　2005—2007年各省（市、区）接待入境旅游者情况（前10位，单位：万人次）

2007年				2006年				2005年			
省份	名次	人数	增减(%)	省份	名次	人数	增减(%)	省份	名次	人数	增减(%)
广东	1	2 460.9	17.8	广东	1	2 089.7	10.1	广东	1	1 897.0	21.3
上海	2	520.1	12.1	上海	2	464.0	4.4	上海	2	444.5	15.3
江苏	3	512.6	15.1	江苏	3	445.2	17.7	江苏	3	378.3	24.4

(续表)

2007年				2006年				2005年			
省份	名次	人数	增减(%)	省份	名次	人数	增减(%)	省份	名次	人数	增减(%)
浙江	4	511.2	19.8	浙江	4	427.0	22.0	北京	4	362.9	15.0
北京	5	435.5	11.6	北京	5	390.3	7.6	浙江	5	348.0	25.8
福建	6	268.8	17.0	福建	6	229.7	16.4	福建	6	197.4	14.2
山东	7	249.6	29.3	山东	7	193.1	24.5	山东	7	155.1	30.0
云南	8	221.9	22.6	云南	8	181.0	20.4	云南	8	150.4	36.5
广西	9	205.5	20.3	广西	9	170.8	15.6	广西	9	147.7	25.6
辽宁	10	200.1	24.1	辽宁	10	161.3	23.9	辽宁	10	130.4	20.5
国家		13 187.3	5.6	国家		12 490.0	3.9	国家		12 029.0	10.3

相对于全国范围的乡村旅游，浙江省乡村旅游业发展有着良好的条件：

（1）全省旅游资源十分丰富。据调查，目前浙江省旅游资源仅次于四川省列全国第二位。全省拥有各等级旅游资源单体2万多个，其中四、五级高品位单体近1 000个。国家旅游资源分类标准中的8大主类、31大亚类浙江省一一俱全，江、河、湖、海、山、林、洞、窟、人文、自然、宗教、名居故里等各类资源齐全。全省拥有世界地质公园1处，AAAA级旅游区（点）8处，国家级重点风景名胜区16个，省级风景名胜区37个；拥有中国优秀旅游城市14座，已建立14个省级旅游度假区；拥有5座国家级历史文化名城，12座省级历史文化名城；拥有73个全国重点文物保护单位，279个省级重点文物保护单位；拥有8个国家级自然保护区，24个国家森林公园，52个省级森林公园。根据"布局优化、资源共享、优势互补、区域联动"的要求，浙江省进一步加大了旅游资源的整合力度，形成了杭州湾文化休闲旅游、浙东沿海海洋旅游、浙西南山水生态旅游三大各具特色、分工合作的旅游经济带。而众多的旅游资源分布在广大的农村地区，广袤的农村既是奇山秀水、名胜古迹、风情民俗等传统旅游资源的富集地，又是自然生态、田园风光等现代旅游资源的分布地；既是海内外旅游者观光度假的目的地，又是发展迅速的国内旅游与出境旅游的客源发生地。

（2）拥有优良的旅游经营队伍和众多的旅游企业。近年来，通过各级政府的正确引导，鼓励社会资金投资乡村旅游业，改善乡村基础设施条件，开发并保护旅游资源，出现了一大批农民旅游企业家和经营良好的旅游企业。而通过评选和宣传优秀旅游企业家、明星企业等形式，鼓励旅游企业经营者、管理者大胆开拓，积极进取，不断创新乡村旅游产品。不少地方政府部门通过举办各类培训班、研讨班来提高旅游经营者整体素质，并引进各类旅游人才来改善旅游企业经营者、管理者的人员结构。目前全省已拥有 1 052 家旅行社和 1 000 多家旅游星级饭店。而不少分布在乡村的旅游企业成为乡村旅游业发展的重要基地和后劲所在。在乡村旅游的软服务上，浙江省出台了《乡村旅游点服务质量等级划分与评定》办法，依据乡村旅游点的硬件设施、功能布局、安全卫生、环境保护和服务管理等软硬件水平，对乡村旅游点的服务质量进行等级评定，引导和促进乡村旅游发展，提高旅游服务质量。

（3）发展乡村旅游已具备相当的基础。近年来，浙江省通过大力发展农业旅游、乡村旅游，结合扶贫攻坚工程，加快山区海岛旅游资源开发利用，积极探索建立旅游扶贫试验区，有力地推进了乡村旅游业的发展。据省农办 2005 年 11 月初对全省 34 个相关县的调查统计显示，目前浙江省已有各种类型的农家乐经营户 1 500 余户，投资总额达 1.4 亿元；各类休闲观光农渔业园区近 400 个，投资规模 24.45 亿元。一批农业旅游示范点的兴起，已初步形成了浙江乡村游的拳头产品。2006 年初，省旅游局授予 39 个村"浙江省农家乐特色示范村"荣誉称号。双休日和黄金周等休假制度的推行、省内交通条件的不断改善、自驾车的普及等都为乡村旅游大发展提供了良好的基础。另外，网络媒体的发达也对乡村旅游的发展有很大的促进作用，在一些较为偏远、区位优势较差、公共知名度较低的乡村旅游点，通过网络营销同样可以吸引大量的境内外游客来观光旅游。

（4）政府部门大力推动乡村旅游发展。在政府部门的积极推动下，浙江省乡村旅游已具相当规模，并走上了规范发展轨道，农村旅游产品、旅游管理和旅游市场开发逐渐成熟。特别是近年来浙江省进一步开发乡村旅游，深度挖掘、包装和宣传乡村的历史传承和独特文化，提高了乡村知名度，乡村旅游发展势头进一步迅猛，形成了大城市近郊"住农屋、吃农饭、干农活"的农家乐旅游、高科技农业观光园旅游、农业新村旅游和古村落旅游四种模式。宁波滕头村、洞头东岙村、海盐南北湖等一大批旅游乡镇和旅游村通过发展乡村旅游业使农民过上了富裕的生活。国家旅游局把 2006 年的旅游主题定为"中国乡村旅游年","新农村、新旅游、新体验、新风尚"是中国乡村旅游年的宣传口号。与此同时,"魅力浙江乡村游"的乡村旅游年活动启动,正符合了浙江省乡村旅游发展的进程,使广泛蕴藏在乡村的民俗、戏剧、舞蹈、节庆、方言、生产以及具有重要历史价值和特有乡土情怀的古建筑、古村落、古民居、水光山色、自然风光、文物胜迹等成为开展乡村旅游的优势资源。

3.2 浙江省乡村旅游示范点现状

3.2.1 杭州"梅家坞"农家乐旅游发展概况

1. 发展条件

(1)生态环境条件。"梅家坞"位于浙江省杭州市西湖风景区的西部腹地,北靠天竺峰、灵隐景区,南接云栖竹径景区,是杭州著名的龙井茶生产基地。由于祖先来自建德梅城,所以得名"梅家坞"。"梅家坞"生态环境优异,自然资源丰富。海拔50~80米,坡度30°~60°,山势起伏盘绕,岭谷相间;植被有亚热带阔叶林、灌草丛等,主要土壤为盐碱土坡;气候为亚热带季风气候,四季分明,长年气候温和,年平均气温16.3℃,年降水量为1 500毫米。当地人把这里的气候俗称为"不雨山长润,无云山自阴"。

"梅家坞"最主要的资源为龙井茶,共有1 100多亩茶地,占受国家特别保护的茶园总面积的三分之一,与狮峰、云栖、虎跑、龙井等龙井茶名产地比较,规模更大,产量更多,每年茶产量超过杭州西湖龙井茶总产量的三分之一,是目前西湖地区最大,也是全国著名的龙井茶生产基地。茶园主要分布于村落两侧的山体斜坡上,以梯田形式为主,鳞次栉比,层次分明,茶叶有"色翠、香郁、味醇、形美"四绝。

(2)文化背景条件。"梅家坞"拥有深厚的茶文化底蕴。西湖龙井已有1 200多年的历史,是中国十大名茶之首,素来是中华民族的瑰宝。"梅家坞"所在的西湖乡被称为"中国龙井茶之乡"。早在唐代,一代"茶圣"陆羽就来到杭州研究过龙井茶,并对其赞不绝口;到了清代,乾隆皇帝亲自在此采摘了24棵茶树,留下"淡而无味乃自甘"的佳话,龙井茶成为每年进贡京城的必备品。20世纪50年代,毛主席访问"梅家坞",亲手采集龙井茶,前苏联、美国、越南、罗马尼亚、柬埔寨等国家元首和政府首脑也都曾来此参观访问,周总理更是先后五次来"梅家坞"帮助和指导茶农的生产。

(3) 区位交通条件。"梅家坞"位于杭州西湖风景区西部,区位条件良好。2000年,长2.8千米的梅灵隧道开通,梅灵大道从北至南贯穿整个景区,改变了过去要绕行虎跑路、滨江路,再经过云栖才能到达的情况。"梅家坞"通过梅灵隧道与灵隐直接连通,与市区只需10多分钟的车程,另外有两条旅游巴士线路连通"梅家坞"与周边的"宋城"、"未来世界"和杭州其他主要的旅游景点。同时,"梅家坞"所在的杭州市是中国东南部的交通枢纽,有萧山国际机场、京杭大运河,铁路、公路也纵横交错。作为浙江省的省会,杭州与省内其他城市的交通联系十分发达,与各地级市所在地的公路行程都控制在4小时之内。

2. 发展过程

"梅家坞"农家乐旅游的兴起是自发性的。梅灵隧道开通前,"梅家坞"交通条件差,村落较为封闭,村民大多依靠种茶卖茶为生。梅灵隧道开通后,交通条件大为改善,杭州市民到此买茶、品茶的增多,有人要求农户顺带提供农家饭,成为"梅家坞"农家乐旅游发展的雏形。

在3年多自发性的发展中,"梅家坞"农家乐规模日益增大,梅灵隧道刚开通时只有5家小饭店,至2003年国庆前,已有135户农户提供"农家乐"服务,约占总共500多户农家的四分之一,主要聚集在梅灵大道两侧,呈现带状分布模式,并由村委会投资建设了一座三星级标准的梅竺度假村。目前"梅家坞"景区总规划面积为207.8公顷,沿梅灵大道两侧分布了4个山坞、两个村落(朱家岭及新村)、一处岩壁山体及梅竺渔村,并有周恩来纪念馆、礼耕堂、十里银铛入口3个景点,形成了一线多点的景点分布模式。"梅家坞"农家乐活动除最初的品茶、吃农家饭外,开始包括棋牌娱乐、旅游赏桂、务农活动等,平均消费为30~50元。游客以自主性的休闲型游客为主,平均逗留时间为半天。

凭借优质的自然环境、独特的茶乡风貌以及深厚的茶文化底蕴,"梅家坞"发展迅速,游客人数不断上升。根据统计,在2003年黄金周期间,10月1日,

"梅家坞"接待了1.2万名游客,10月2日,接待了1.3万名游客,至10月5日,日接待游客2万人,整个黄金周七天共接待游客9.5万人次[①]。如果按135户农家提供农家乐旅游计算,那么平均每户农家每天要接待游客100人次,按每位游客平均消费40元计算,每户农家一天的收入就可以达到4 000元。依照平均每户农家3.53人口的标准计算,那么仅一个黄金周的人均收入就约为8 000元[②],说明"梅家坞"开展农家乐活动的经济效益十分明显。

此外,"梅家坞"农家乐活动对杭州的整体发展以及长江三角洲地区的旅游发展具有重要意义,原因如下。

(1)旅游业是杭州的比较优势和核心竞争力所在,西湖是杭州发展旅游业依托的命脉。但是西湖四周旅游发展不均,资源浪费及过度开发情况严重。北侧景区为传统景区,东侧景区依托闹市,两者承载了西湖游客的大部分,承载压力过大,破坏西湖生态平衡。南侧和西侧景区却因资源开发、整合程度低、吸引力不足造成资源的闲置,尤其是湖西地带,更因建设滞后、污染上游溪涧,成为西湖发展中的难题。"梅家坞"位于西湖风景区西部腹地,对其进行开发可以带动湖西地区的基础设施整治改造,树立湖西地区的旅游亮点,提升湖西地区旅游活动的竞争能力,推动"西湖西进",形成西湖"东热南旺西幽北雅中靓"的新格局。

(2)杭州成功申办了2006年世界休闲博览会,并着手打造"休闲之都",试图通过休闲经济全面拉动杭州的发展。"梅家坞"农家乐旅游的自发性发展充分体现了人们对休闲活动的需要,同时其将自然风光与茶文化相结合的休闲形式也是杭州打造"休闲之都"的重要内容。此外,"梅家坞"是杭州11条特色商贸街区之一,与丝绸街、清河坊历史文化街、南山路艺术休闲街、文三路电子信息街等,通过各具特色的主题推进杭州的商贸发展,促进城市面貌和品位的提升,是杭州建设成为休闲购物天堂的重要举措。

(3)"梅家坞"所在的长江三角洲地区历来被称为"鱼米之乡"。在长三角地带,类似"梅家坞",具有良好自然条件并且有一定种植特色的农村还有不少,其中一些也准备开发"农家乐"活动。"梅家坞"无疑是这类地区中的一个典型,

---

① 杭州旅游再创新高,杭州日报,2003年10月8日。
② 杭州市统计局.杭州统计年鉴2003年版.北京:中国统计出版社,2003年7月第1版.p363.

它的发展经验可以为其他许多地方所借鉴,对于长三角地带开展农家乐活动有着重要的意义。

3.2.2 湖州农家乐旅游发展概况

以"山水清远"著称的湖州,有着独特的地理位置,它西倚天目,北濒太湖,东西苕溪和运河水系贯流全境。趁周末的当儿,自驾车驶过高速公路,想过两天江南水乡的宁静生活,"鱼米之乡"湖州可是个不错的选择。上海出发沿沪青平公路到平望右转,往湖州方向,路程140千米左右。

湖州的农业旅游、乡村旅游是当地的旅游亮点之一,从目前来看,主要有如下三种类型。

(1)"农家乐"——以"农"字为主题。"吃农家饭、住农家屋、干农家活、享农家乐",简简单单16个字,形象地道出了"农家乐"以农民家庭为基本单位,以农业农村农事为主要载体的旅游实质。据了解,这种以"农"字为主题的旅游活动,因为其返璞归真,很受都市游客的欢迎。

目前,湖州全市已发展各种类型的"农家乐"3 000多家,其中达到吃农家饭、住农家屋,并能为游客提供一些参与性农事活动的,已经超过500家。

其中在安吉县的报福镇、天荒坪镇、长兴县的水口乡和德清县的莫干山区等发展得最好。特别是安吉县,比较规范的"农家乐"有400家,床位超过5 000张。

2005年,湖州市正式出台了《农家乐服务质量通用要求》,这是全省首个农家乐地方标准。随着湖州旅业业的发展,杭州、上海等地的客人前来旅游,当地的农家乐也随之兴起。地方标准出台就是为了规范"农家乐",让游客们玩得放心。这个由湖州市旅游局和湖州市质量技术监督局联合制定的标准规定,农家乐住宿接待设施以农民家庭为单位,每家农户至少有2个以上房间,4张以上20张以下可供游客留宿的床位。客房人均居住面积不小于4平方米。

同时,农家乐应有消防、防盗、救护等设施设备,应设有一定数量的卫生间,还应设置垃圾桶。在卫生方面,要求接待的家庭成员无传染性疾病,服务人员有健康证。餐具消毒、餐饮场所卫生应符合相关国家标准。该标准还对农家乐的服务质量作出要求。[1]

---

[1] 黄子秋. 都市快报,2005-07-20.

(2) 农庄渔庄——乡村休闲场所。与"农家乐"比起来,在生态农业的基础上发展起来的农庄、渔庄,集吃、住、娱、游于一体,更具综合性。既有良好的吃住环境,又有垂钓、捕捞、采摘等参与性活动,有的还能接待小型会议。

德清县雷甸镇的杨墩休闲农庄,占地 1 000 多亩,投资 500 多万元,内有大片的果园、鱼塘,还有 10 幢小木屋掩隐在丛林中,环境十分优美。

南浔区和孚镇的徐缘渔庄,投资 1 000 多万元,有 300 多亩生态鱼塘,周边还有河网密布,小桥流水,一派田园风光。

(3) 旅游景区——蜕变后的美丽。农业旅游景区,是湖州旅游的大卖点。在湖州市境内,安吉县的竹博园、大竹海、中南百草园等早已有了很高的知名度。

竹博园原来是林业部门的一个竹种研究机构,面积 600 多亩,各类竹子 300 余种,随着旅游业的发展,被开辟为旅游景点。

大竹海原来是浙江省毛竹高产示范基地,被开辟为旅游景点后,成了安吉竹乡旅游的一个品牌。

中南百草园原来是个林场,经过几年的树种林改造,成为四季满园春色的农业观光休闲旅游区。

据悉,目前全市规划及在建的农业旅游景区,还有白鹭谷、浮霞郡水上人家、白茶园休闲农业园和香雪海休闲园等。

 案例

新产业、新生活、新发展——安吉"农家乐"产业调查[①]

这似乎是一个奇迹。

不在临街喧闹的黄金地段,也没有店多隆市的商家效应,安吉县 400 余家散落在深山冷岙的"农家乐"生意却异常红火。江苏、上海等周边省市和浙江省杭州等地的数十万游客从远道寻迹而来,在体验"吃农家饭、住农家屋、干农家活"的过程中放松身心,其乐陶陶。

安吉农民由此收获了沉甸甸、金灿灿的四季。当地领导说,"农家乐"已不仅仅是能够让农民增收致富的休闲旅游业,而且成了新农村建设的重要内容。

---

① 浙江在线. 2005-11-13. 记者:王国锋,谭伟东;通讯员:陈东。

它的发展,将对全县"三农"工作产生全面而深刻的影响。

(1) 投资省、见效快,户均年获利4万多元——"农家乐"成了农村新兴产业。

近年来,随着生态立县战略的实施以及村庄整治、生态村建设的铺开,安吉县农村环境变美了。如何让广大农民享受其中的成果?县里引导农民经营环境,开办"农家乐",在直接或间接参与旅游休闲业中实现增收。

投资省、见效快,"农家乐"里好生钱。报福镇深溪村潘兰芹一家以采茶、挖笋为生,年收入只有一万多元。今年5月,她把新老房屋腾出来,开起了石浪山庄,短短半年间就有6万多元入账。"我这里包吃住,一人一天只需30元。价格低,环境又好,城里许多老年人都喜欢前来度假。"她算了一笔账:游客住宿短则一星期,长的两三个月。如果全住满,刨去成本,每天起码可赚300多元。

菜肴土里土气,环境清丽怡人,城里人纷至沓来。每到双休日、黄金周,天荒坪镇大溪村停满了大巴小车,汽车长龙沿着公路排到了二三公里外。去年全村"农家乐"税收就达90多万元。据了解,安吉县"农家乐"经营户去年户均纯收入高达4万多元。

"农家乐,农家乐,带动就业一连串,家家户户有事干"。大溪村的谭江洪开的"农家乐"长期请了两人烧菜,双休日还要再雇五六人端菜洗碗,光工资每月就得付数千元。他还与十多位村民建立联系:捕鱼的、养鸡的、种菜的……打个电话,他们就会送货上门;为方便与20多家"农家乐"开展业务,现年60多岁的张光仙配备了手机,开春起挖的野菜,立秋后酿的米酒,都以每公斤4元的价格卖给"农家乐"。她自得地说:"像我这把年纪,年收入也有万把块钱呢!"

体验"农家乐"后,很多人喜欢带些土特产回去。安吉县前些年的农产品"卖难"问题因此迎刃而解,去年茶叶、笋干、山核桃等的销售额高达3 800万元。时下正值山核桃销售旺季,安吉的许多乡镇早已销售一空,且每公斤售价60多元。"最多时我一个星期就卖了500多公斤。"谭江洪告诉说,现在离过年还有几个月,村民家里的笋干也收购不到了。他只好到临安订货,以解燃眉之急。

上门办证,小额贷款,减免税费……安吉县不失时机地出台政策,扶持"农家乐"发展。"农家乐"由此成了安吉县的新兴产业,直接从事"农家乐"的农民已达3 000人,经营床位5 000多张,占全县旅游饭店床位的一半;间接从事

"农家乐"或旅游"三产"的农民达到了3万多人。县领导说,排队申办"农家乐"的还有很多,产业规模还将进一步扩大。

(2)城市文明进乡村,农村陋习悄悄改——"农家乐"促进了乡风文明。

"农家乐"交换着城乡之间的信息。一个举止,一声问候,一条建议,都在无声、有声间促进了城乡融合。

安吉县领导说,"农家乐"是一项沟通城市与农村、市民与农民、旅游业与农业的复合型产业。游客在体验"农家乐"的过程中,把城里文明送下乡。

走访十多家"农家乐",但见家家户户收拾得干干净净。在深溪村翁美琴开的"农家乐"里,可以发现许多细节:每间客房都放置了烟灰缸、垃圾筒,还安装了抽水马桶,厨房里的洗碗布与抹桌布是分开的。她说,过去苏州、上海等地的游客来,反映纸屑、烟头没地方扔,洗碗、抹桌用同一块布不卫生,对上厕所要蹲粪缸也很不习惯,就添置了这些设施。"城里人这么爱干净,我们也不能乱扔垃圾、随地吐痰。"

一汪溪水从山川乡马家弄村村口流过,清洌可饮。"比两年前干净多了。"刚从上海带团来旅游的丁导游高兴地说。陪同的乡干部告诉她一个故事。两年前,同样来自上海的一位游客看到小溪里到处漂浮着垃圾,痛心不已,一边游玩一边捞垃圾,还拍照告诉了祖籍山川乡的上海同事。对方马上打电话回老家:"把河道清理好,我给你们立碑。"碑没立,却唤起了村民的荣誉感和卫生意识。结合村庄整治,大家把小溪清理得干干净净。

生活新风也在滋长。过去在农村,挣钱多为造房子、娶媳妇,谁要外出游山玩水就会被扣上不正经的帽子。如今,越来越多前来体验"农家乐"的城里人,潜移默化地影响着大溪村的消费观念,有20多户村民近年来每年都会相约开私家车到广东、上海等地旅游。他们说:我们不仅要会赚钱,还要懂得消费、享受生活。

"农家乐"撩拨着村民的市场意识。有几个上海人来马家弄村游玩后要捎带土特产回去,看到塑料袋散装的茶叶和竹笋说:"要是能有小包装、打上自己的品牌,产品会更值钱。"正在为农产品卖不到好价钱发愁的村民开了窍。如今,村里的茶叶有了精美的小包装,"身价"比以往翻了三倍;冬笋也注册了"白胖子"商标,每公斤售价从过去的10元涨到了20元。

文化交流也时有开展。走进深溪村"小桥流水人家",文化气息扑面而来:一楼客厅、餐厅的墙上挂着几幅字画,二楼的小型会议室则成了"博物馆"——10多张招贴画详细介绍了安吉的地理位置、旅游景点、出土文物以及茶叶、竹笋等生产情况。主人邵光平说,楼下的字画是上海、杭州等地来度假的几位书画家留下的墨宝,挂出来提高家里的经营档次。楼上挂招贴画是从与外地人的交谈中得到启发的,游客入住后,就能从中详尽了解安吉的风土人情、历史文化。

(3)避免恶性竞争,污水达标排放——"农家乐"新发展模式。

"让握惯了锄头的农民学会旅游经营,政府得多花点心思,引导他们诚信经营、规范服务,实现可持续发展。"安吉县领导如是说。

一段时间来,一些"农家乐"经营户只考虑眼前利益,私自抬价宰客,游客投诉增多。为此,安吉县成立了"农家乐"协调管理办公室,并在报福、天荒坪、山川等乡镇设立了10个"农家乐"服务中心,统一接团,统一指导价格,避免恶性竞争。山川乡有关负责人告诉说,他们对"农家乐"的收费价格设了上限和下限。对诚信经营的农户,政府每年给予一定奖励;出现宰客现象的农户将暂缓安排客源,直至吊销营业执照。

吃住安全是游客最关心的事。安吉县规定,开办"农家乐"的经营户必须定期体检,厨房要配备消毒柜,并做到生食与熟食分开,卫生部门将不定期检查。床单则要一客一换。此外,每年还免费进行旅游、厨艺、安全等方面的知识技能培训。报福镇今年还对"农家乐"实行了星级评定。镇领导说:"现在经营户都憋着一股劲,更新硬件设施,改善服务环境。"

洁净的环境是"农家乐"的生命力所在。来到山川乡高家堂村,但见一口被村民称为"污水处理厂"的池塘里布满了一根根粗粗长长的水草。这些是乡里和省环科院合作,从美国引进的一种人工水草,能以10倍于一般水草的附着面积,促进微生物和藻类大量繁衍,对污水和富营养化的水体起到生物过滤和生物转化的作用,从而达到净化水体的目的。村干部说,"农家乐"经营户的房前屋后都有硬化的明沟,生活污水排入明沟后,先汇集到一个密闭池内沉淀隔油,然后进入池塘生物处理。记者看到,池塘排水口排出的水十分清澈,许多村民正在引水灌溉菜地。

其他乡镇也有办法。报福镇"农家乐"比较分散,政府就给每户经营户造了小型的三格式处理池。天荒坪镇大溪村的"农家乐"比较集中，就在村口统一进行处理。大溪村村干部陈军说："过去村民把污水直接排入溪里，溪水浑浊，如今溪水变清了，鱼虾又游回来了。"

3.2.3 台州农家乐旅游发展概况

台州拥有良好的山海自然生态风光、悠久的农耕民俗文化和美丽的田园风光。全市森林面积803.7万亩，有8处省级以上森林公园和34个自然保护小区；海域面积8万平方公里，大小海岛687个，海岛海岸线长900多公里。台州经济发达，民资丰厚，机制灵活，具有投资和消费的双重潜力。因此，大力发展农家乐休闲旅游，时机成熟，潜力巨大，前景广阔。

台州"农家乐"起步于20世纪90年代末期，当时有零星的几家景点，1996年开办的路桥区桐屿小稠村枇杷观光园算是台州比较早的农家乐景点之一。这几年以来，在市里的重视和大力推广下，全市的"农家乐"有了突破性的发展。据不完全统计，截至目前，全市已有农家乐经营户517户，农家乐休闲旅游村点60余家，已接待游客240万人次，营业收入上亿元。2006年全市共评定农家乐星级经营户212户，其中一星级110户，二星级35户，三星级63户，推荐四星级2户，推荐五星级2户。在2006年全省首届农家乐特色菜大赛上，台州获得了团体一等奖，所组织的县（市、区）获齐了综合奖的金、银、铜奖。在2006年省农家乐和旅游局第二批命名中，台州共有9个获得了"浙江省农家乐特色村（点）"。种种迹象表明：台州"农家乐"正迎来蓬勃发展的春天。目前，台州市的农家乐休闲旅游业正进入快速发展阶段。越来越多具有浓郁农家风味的小村庄，成为人们休闲的好去处。农家乐，越来越为城里人所青睐，其影响力也越来越大。

台州"农家乐"已初步形成六大类型，即餐饮品尝型、农家旅馆型、农业观光型、民俗文化型、休闲度假型和科普体验型。

（1）餐饮品尝型。即以解决游客就餐为发展契机，以提供价廉、味美、惬意的饮食消费为经营策略，以原汁原味的当地农家菜为主要经营特色。如仙居的"八大碗"、黄岩长潭村的"胖头鱼"和"番薯庆糕"、椒江三甲和玉环鸡山的"滨海海鲜"等。

（2）农家旅馆型。即依托景区景点，农民利用自己闲置的房屋兴办起家庭旅馆，以提供吃、住、游为主要经营手段。如温岭市流水坑村、仙居县三溪村、黄岩区半山村、天台县九遮村等都办起了农家旅馆。

（3）农业观光型。即伴随高效生态农业发展和农村经济产业结构调整而产生的休闲观光农业。如玉环的漩门湾观光农业园、路桥的金泉农庄、黄岩的中国柑橘博览园、临海的涌泉柑橘观光园和仙居的杨梅采摘观光游基地等。

（4）民俗文化型。即充分挖掘传统的乡土文化内涵，有效利用历史人文景观，开展访古、品古、赏景等休闲活动，并由此带动传统农家餐饮产业的发展。如仙居县白塔镇高迁上屋古民居、玉环县东西文化村、临海桃渚城里村等。

（5）休闲度假型。即依托自然优美的乡野风景、舒适宜人的清新气候，为游客提供吃、住、游、购等服务。如天台石梁山庄、玉环大鹿岛、椒江大陈岛等休闲度假村，此外还有一些山野、水库、海滨的休闲度假农家乐也在逐步兴起，如天台嵩山度假村、黄岩富山的假期度假山庄和温岭松门钓浜海滨沙滩游泳等。

（6）科普体验型。集农业生产、科技示范和科普教育功能于一体，在参与中体验农家之乐、获取农耕知识。如玉环县海山乡和温岭流水坑村的海上捕鱼、椒江大陈镇的海上垂钓。

显然，台州的"农家乐"已从过去的个别地方、个别类型、零星闪射、服务单一的状态进入到现在的全面启动、类型丰富的崭新阶段，政府主导、市场推动、规划有序的良好发展氛围正在初步形成。

 案例

避暑、垂钓、饕餮——台州农家乐大搜索[①]

小满节气过了，芒种节气到了，天气是一天比一天热了，对于每天忙于工作的人来说，找个合适的地方既能避暑又能远离城市的喧嚣，那是多么惬意的事啊！而近年来如雨后春笋般涌现的台州各地"农家乐"，正好满足了大家的愿望。

下文将台州各地的农家乐作了简单的归类，以便大家挑选自己喜欢的地方出游。

---

① 台州日报. 2007-6-19. 作者：林静.

（1）关键词：休闲度假型

以休闲度假为主的农家乐，自然要集吃、住、游、购等服务于一体，又能为市民提供自然优美的乡野风景、舒适宜人的环境。这一类型的代表有天台石梁山庄、玉环大鹿岛、椒江大陈岛等休闲度假村等，此外还有一些山野、水库、海滨的休闲度假农家乐也在逐步兴起，如天台嵩山度假村、黄岩富山的假期度假山庄和温岭松门钓浜海滨沙滩等。

① 推荐一：玉环大鹿岛度假村

大鹿岛位于玉环县东南屿披山洋海面上，由大鹿、小鹿两岛组成，互以浅滩相接，合称大鹿岛。岛因传说而得名，也因山形似花鹿昂首于海面而命名。鹿岛的森林，四周浩瀚的大海和沿岸的礁滩岩雕，组成了独具风韵的山海形胜。目前已形成 20 处名胜景观，77 个景点。其中龙游洞、索桥风月、八仙过海、五百罗汉、寿星岩、渔翁老洞、乱石穿空、千佛龛为岛上八大景观。大鹿岛四周海天辽阔，烟波浩渺，岩礁上生长着众多的海螺、藤壶、牡蛎、观音手等海生贝类，可供观光者拾取，烹煮品尝，别具情趣。

大鹿岛还有一绝，就是野生海鲜！墨鱼、海虾、梭子蟹，还有那些连名也叫不出来的海螺等，鲜活鲜活的，让人食指大动，胃口大开。

② 推荐二：椒江大陈岛卫星村

椒江大陈岛有"海上明珠"之称，那段悲壮的历史让大陈岛被海峡两岸的人民所铭记。它位于东海大陈洋面，有甲午岩海滨、美龄亭等"十景四忆"景观，岛上遍布独特的蚀岩造型，号称"海上盆景"。夏季正是适合沙滩玩水的季节，你还可以观海景、钓海鱼、采海贝、食海鲜、购海货，欣赏壮美的海上日出，而且还可以品尝到独特的"海鲜鸡"滋味，还有大陈岛养殖黄鱼。

（2）关键词：避暑休闲型

夏日炎炎，空调冷气固然舒适，但怎能比得上大自然的清风碧水来得畅快呢？一边呼吸着新鲜空气，一边享受着自然的凉爽，令人心旷神怡的同时又能充分地放松自己，枕着农家的气息甜甜入睡……台洲市各地都有此类农家乐，如温岭市流水坑村、仙居县三溪村、黄岩区半山村、天台县九遮村、集云村等都办起了农家旅馆。

① 推荐一：天台石梁镇集云村

集云村位于天台县石梁镇中心，全村共有农家乐经营户12家，每年接待游客达到10万人次以上，是个名副其实的农家乐特色村。该村海拔千米，地理位置得天独厚，东北临近华顶国家森林公园和石梁飞瀑，西近万年寺、桃源春晓，西南有琼台双阙、桐柏宫、"赤城霞起"，正面是国清寺、高明寺和智者禅院，东南还有螺溪沟艇等。抬头举望，群峰环抱，低头近睬，溪水潺潺，云雾缭绕，山明水秀，是个非常适合避暑的地方。

该村的特色在于利用高山蔬菜、茶叶、笋竹、蘑菇、水果等基地，重点发展农业观光和休闲旅游，推出了春采茶叶、秋摘柿子、夏纳凉、冬赏雾凇、晨观日出、夜赏星月等活动，客人在此可以"住农家屋、吃农家饭、干农家活、享农家乐"。

② 推荐二：黄岩富山农家乐

黄岩富山是近年来新开发的景点，以农家乐为主题。富山农家乐，位于黄岩西部的富山乡半山村，到这里可以观看风景秀美的富山大裂谷，还有飞流直下的富山大瀑布，深谷异洞，堪称"人间奇观"，同时也可以感受一下原始的农耕文化和石文化。

半山村农家乐是由黄岩假日旅行社投资兴建的，目前已建起两座农家乐宾馆，一座风格时尚，一座风格古朴，在这里市民们可以参观红军时期的建筑物，游完景区后，可坐电瓶车、人力车或牛车，继续一路览胜，直通"农家乐"。走进农家小院，要吃鲜菜，可到菜园里自己去拔；要尝卤酸味的菜蒂儿，坛中去拈；要品鲜鱼，池塘里自己去钓；要喝老酒，罐中去倒……完完全全农家的感觉，还可以吃到高山稻田红鲤鱼、卤水豆腐、紫石药、红花菜等一批富山特色的农家菜，让人大饱口福。

有兴趣的还可以在农家体验一下干农活的乐趣，下田摸鱼，竹林挖笋，赶鸡放鸭，甚至犁地耕田，锄草打柴……听着鸡鸣、狗叫、牛哞，看着炊烟流云，牧归晚景，真的会有一种返璞归真的感觉。夜晚，可以聚集到院子里，一边烤着红薯一边围着火堆聊天，真的是非常幸福，深夜听听窗外的风声、竹影摇曳，在大自然的"催眠曲中"一夜好梦，你会发现睡得特别甜！夏日清凉宜人，是个避暑休闲的好去处！

(3) 关键词：垂钓型

台州靠海，与海有关的农家乐也非常具有台州特色。如玉环县海山乡和温岭流水坑村的海上捕鱼、椒江大陈镇的海上垂钓等都别具风情，在参与中体验农家之乐，获取农耕和渔家文化知识。

① 推荐一：温岭流水坑村渔家乐

最近不少朋友都提起到温岭出海打鱼去，想自己体验一下渔家的生活。口碑不错的地方就是温岭的流水坑村。流水坑村位于温岭石塘镇，为半岛型渔村，凭借得天独厚的旅游资源，该村大力发展"渔家乐"旅游观光、休闲渔耕文化项目。这个村有30多户渔民从事"渔家乐"经营活动，可同时满足100多人的吃住，7条渔船专供游客出海捕捞和观光。去过流水坑的人对那里海鲜的美味赞不绝口，尤其是渔民自酿的米酒，喝了后，酒不醉人人自醉。

② 推荐二：三门三特渔村

三特渔村北邻三门旗门港，沿岸海塘养殖面积2万余亩，盛产的沙柳青蟹以壳薄、肉嫩、味美享誉各地。这里三面环山，在主峰笔架山顶可以欣赏到整个三门湾海景。

三特渔村有咸、淡水养殖塘5口，面积近60亩，淡水养殖有鲫鱼、鲤鱼等十来个品种，咸水养殖有红星鱼、青蟹等七八个品种，该地的渔业休闲、垂钓活动在市内小有名气。餐饮以小海鲜为主，有几十个特色菜肴，可以供大家选择，鱼塘里放上几只小游艇，可供娱乐，另外还有棋牌等玩乐项目。

(4) 关键词：采摘型

目前各地都在"叫嚣"着，要推广生态休闲旅游，大打"绿色"牌，而台州早就有了属于自己的绿色生态旅游基地，如玉环的漩门湾观光农业园、路桥的金泉农庄、黄岩的中国柑橘博览园、临海的涌泉柑橘观光园和仙居的杨梅采摘观光游基地等都颇受欢迎。或举家出行、或约上三五家好友，驾上爱车，到农业观光园区充分放松，采摘新鲜的水果，享受闲暇时光。

① 推荐一：玉环漩门湾观光园

玉环漩门湾观光农业园位于玉环清港镇，园区总占地面积近万亩，有以当地特色果树"玉环柚"成片种植为基础的绿色果品生产和果园生态旅游观光区。

园内环境宜人，花树环绕，亭轩错落，回廊曲折，园区内还设有神农坛广场、舞台、精品果园、水景园、垂钓园等十三处景点与青少年活动基地，并设置推磨、水车、多人自行车等多项富有农家气息的活动项目。游人可以在园区内采摘时令的新鲜水果，乐趣无穷。

② 推荐二：路桥金泉农庄

位于路桥区省级农业高新技术示范园内的台州金泉农庄具有独特的地理优势，依山傍海、环境清幽，有"天然绿色氧吧"之称，从园区出去不远就是金清港，可以和大海近距离接触。金泉农庄保持了原生态的环境风貌，其特色概括起来就是"土、野、乐、趣"。

农庄推出了高新农业观光游、休闲教育认知游、休闲度假亲农游、农家乐欢乐体验游等几大主题休闲游项目，园区的主要景点有金泉渔村、绿篱迷宫、农家小园、百嬉场、百花园、百果园、垂钓走廊、烧烤岛、认知园、索桥探幽、野炊露营、宝岛水果园、江天一览、螺旋藻养殖基地、柑橘采摘乐园、葡萄采摘乐园、绿色果蔬基地等。

③ 推荐三：黄岩柑橘观光园

园区内辟有入口广场、咏橘碑林、诗意游步小道、柑橘品种园、大型橘神雕塑以及中国柑橘博物馆等景点。游客可以手提橘篮、橘剪，到园区内采摘、品尝，还可以登上近在咫尺的松岩山，极目俯瞰脚下绿色的橘海和弯弯的永宁江。

(5) 关键词：餐饮品尝型

"民以食为天"，具有特色风味的食品总是比较受欢迎，因此提供价廉、味美、惬意的饮食消费，以原汁原味的当地农家菜为主要经营特色的农家乐深受市民喜欢。如仙居的"八大碗"、黄岩长潭村的"胖头鱼"和"番薯庆糕"、椒江三甲和玉环鸡山的"滨海海鲜"等。

① 推荐一：到黄岩长潭村品尝"胖头鱼"

说起黄岩长潭水库的鱼头，恐怕没哪个台州人不知道的，不过公认烧得好的要数长潭村的"水库鱼庄"了。就在长潭水库的附近，交通也比较方便，这里的菜烧得非常好吃，特别是鱼头，可以说是长潭所有饭店里烧得最好的一家，在当地名气也比较响亮，而且价格实惠，和市区大排档的价格差不多。另外，这家饭店对面有一家专卖"番薯庆糕"的店，据说味道是"长潭第一"，已经经营 11 年了。

② 推荐二：椒江三甲滨海渔村

三甲的海鲜，特色在于"鲜"，现捞现煮，而且纯正无污染！

③ 推荐三：仙居的"八大碗"

这已经是打出品牌的农家菜了，关于仙居八大碗的美味，用不着笔者多啰嗦了，反正是一句话：吃了还想来。有兴趣的还是自己去尝一尝。

另外还有以充分挖掘传统的乡土文化内涵，有效利用历史人文景观，开展访古、品古、赏景等休闲活动的民俗文化型农家乐。如仙居白塔镇高迁上屋古民居、仙居皤滩山下村道渊古宅、玉环东西文化村、临海桃渚城里村等。

3.3 浙江省乡村旅游供求分析

本研究通过问卷调查的方式来了解目前浙江省乡村旅游发展中供求关系状况，共设计了两套问卷，一套是针对浙江省乡村旅游地所接待的旅游者（亦即需求方）设计的问卷，另一套是针对浙江省乡村旅游经营户（亦即供给方）设计的问卷。希望通过两方面关于浙江省乡村旅游发展状况的调研，比较全面地获取相关的第一手资料，为实证分析做好充分的准备。

3.3.1 调研设计

1. 问卷设计

（1）需方问卷设计。

① 样本变量描述。需方问卷调查表（见附录1）内容上分为以下几个部分。

- 游客主观意识：包括旅游动机、旅游预期、旅游体验等；
- 对乡村旅游的评价：包括乡村旅游服务质量、乡村旅游资源的评价，以及对当地乡村旅游的总体评价等；
- 对分时度假模式的接受度：包括对分时度假的了解程度、途径及接受意愿等；
- 游客属性：包括被测试游客的常住地、性别、年龄、受教育程度、职业、家庭规模、收入等。

② 抽样调查。旅游需求市场既包括现实的游客，也包括潜在的游客，这两者的总量和结构共同决定了旅游需求市场的发展前景。本调研主要向正在浙江省内从事乡村旅游活动的人群发放问卷，以当场填写的方式进行，尽可能地避免人为干扰，减小误差。但是考虑到旅游需求调研不仅是对现实游客的需求进行调查，也需要了解潜在游客的需求，因此课题组将部分问卷投放到大学、企事业单位等，以期充分获得潜在市场的信息。

本次需求方调查于2007年9月~10月共发放问卷500份，收回问卷463份，最后得到有效问卷412份，有效问卷回收率达到82.4%。

（2）供方问卷设计。

① 样本变量描述。供方问卷调查表（见附录2）内容如下。

- 经营户主观意识：包括判断游客的旅游动机、旅游预期、旅游体验等；
- 对乡村旅游的评价：包括乡村旅游服务质量、乡村旅游资源的评价，以及对当地乡村旅游的总体评价等；
- 对分时度假模式的接受度：包括对分时度假的了解程度、途径及接受意愿等；
- 供方受访者信息：包括性别、年龄、教育程度、收入等；

② 抽样调查。供应方调查问卷共发放150份，回收有效问卷128份。样本以乡村旅游经营户为单位，并且主要是农家乐、渔家乐等形式的经营单位。

2. 资料分析方法

本研究根据问卷回收所得资料，经整理，利用统计软件SPSS 14.0来进行资料处理与统计分析，说明如下。

（1）描述性统计分析。以频次分布来分析问卷的基本资料，了解全体被访者基本资料的分布状况。

（2）信度与效度分析。由于采用量表设计，故必须进行信度与效度分析。问卷信度分析以Cronbach α 系数作为衡量指标；效度分析是采用因子分析对问卷的理论构思效度进行验证。对理解测量结果的含义而言，构思效度是最重要的效度指标之一。

(3)因子分析。本研究在需方问卷中设计了若干有关乡村旅游发展的评价因素,通过因子分析,把各因素进行浓缩和分类,找出影响乡村旅游发展的几大因子。

(4)相关分析。将因子分析中得出的影响因子与游客心目中"当地是一个乡村旅游休闲度假胜地"进行相关分析,找出能够显著影响乡村旅游发展的几大因子。

(5)回归分析。假设显著影响乡村旅游发展的几大因子可以有效决定当地是乡村旅游休闲度假胜地,使用逐步回归进行分析。

3.3.2 浙江省乡村旅游需求现状和潜在需求分析

1. 描述性统计分析

(1)样本特征描述性统计。样本特征描述性统计汇总见表3-13。

表3-13 样本特征描述性统计汇总表(N=412,N为回收的有效问卷数)

		频次 Frequency	频率 Percent	有效频率 Valid Percent	累计频率 Cumulative Percent
性别	男	219	53.2	53.2	53.2
	女	193	46.8	46.8	100.0
	Total	412	100.0	100.0	
年龄	15~24岁	87	21.1	21.1	21.1
	25~34岁	113	27.4	27.4	48.5
	35~44岁	138	33.5	33.5	82.0
	45~64岁	61	14.8	14.8	96.8
	65岁以上	13	3.2	3.2	100.0
	Total	412	100.0	100.0	
教育程度	初中及以下	28	6.8	6.8	6.8
	高中或中专	114	27.7	27.7	34.5
	大专或本科	255	61.9	61.9	96.4
	硕士研究生及以上	15	3.6	3.6	100.0
	Total	412	100.0	100.0	

（续表）

		频次 Frequency	频率 Percent	有效频率 Valid Percent	累计频率 Cumulative Percent
职业	学生	131	31.8	31.8	31.8
	个体户或私营业主	87	21.1	21.1	52.9
	企业管理人员	84	20.4	20.4	73.3
	专业技术人员	14	3.4	3.4	76.7
	离退休及待岗人员	20	4.9	4.9	81.6
	公务员或事业单位人员	57	13.8	13.8	95.4
	其他	19	4.6	4.6	100.0
	Total	412	100.0	100.0	
家庭构成	未婚	157	38.1	38.1	38.1
	已婚但无子女	79	19.2	19.2	57.3
	已婚且有子女	172	41.7	41.7	99.0
	离异或丧偶	4	1.0	1.0	100.0
	Total	412	100.0	100.0	
来自省市	浙江	325	78.9	78.9	78.9
	上海	33	8.0	8.0	86.9
	江苏	21	5.1	5.1	92.0
	安徽	6	1.4	1.4	93.4
	北京	5	1.2	1.2	94.6
	江西	4	1.0	1.0	95.6
	山东	4	1.0	1.0	96.6
	陕西	3	0.7	0.7	97.3
	河南	3	0.7	0.7	98.0
	云南	2	0.5	0.5	98.5
来自省市	贵州	2	0.5	0.5	99.0
	湖南	2	0.5	0.5	99.5
	湖北	2	0.5	0.5	100.0
	Total	412	100.0	100.0	
近一年到乡村旅游次数	1次	85	20.6	20.6	20.6
	2~3次	221	53.6	53.6	74.3
	4~5次	69	16.7	16.7	91.0
	5次以上	37	9.0	9.0	100.0
	Total	412	100.0	100.0	

（续表）

		频次 Frequency	频率 Percent	有效频率 Valid Percent	累计频率 Cumulative Percent
每次乡村旅游的天数	1天	186	45.1	45.1	45.1
	2~3天	149	36.2	36.2	81.3
	4~5天	59	14.3	14.3	95.6
	5天以上	18	4.4	4.4	100.0
	Total	412	100.0	100.0	
到乡村旅游选择的出游方式	自助游	107	26.0	26.0	26.0
	家庭游	154	37.4	37.4	63.3
	单位组织	80	19.4	19.4	82.8
	旅游团	56	13.6	13.6	96.4
	其他	15	3.6	3.6	100.0
	Total	412	100.0	100.0	
到乡村旅游选择的交通方式	公交车	54	13.1	13.1	13.1
	旅游专线	166	40.3	40.3	53.4
	自驾车	150	36.4	36.4	89.8
	火车	21	5.1	5.1	94.9
	自行车及其他	21	5.1	5.1	100.0
	Total	412	100.0	100.0	
月可支配收入	1 000元以下	134	32.5	32.5	32.5
	1 001~3 000元	141	34.2	34.2	66.7
	3 001~5 000元	96	23.3	23.3	90.0
	5 001~10 000元	38	9.2	9.2	99.3
	10 000元以上	3	0.7	0.7	100.0
	Total	412	100.0	100.0	

① 按性别分组。本次受访者中，男性219人，占样本总数的53.2%，女性193人，占样本总数的46.8%，男性游客比例稍高于女性，但相差不大。可见，参与乡村旅游的旅游者中并没有因性别差异表现出明显的偏好，不管男性还是女性，对乡村旅游有着相同的兴趣。

② 按年龄分组。被调查者中，35~44岁者最多，占总人数的33.5%，其次是25~34岁者，占27.4%，25~44岁者合计达到全体样本的60.9%，15~24岁及45~64岁者分别占21.1%和14.8%，65岁及以上者较少，仅占3.2%。

对比2005年我国城镇居民国内旅游出游者年龄分布（见表3-14），15~24岁和25~44岁这两个年龄段游客比例明显偏高（因为在2005年国内旅游者统计中，15岁以下游客也被纳入调查范围，所以两者对比存在一定误差，但因15岁以下游客仅占7.3%，不影响结论），可见中青年游客是乡村旅游者的主体。乡村旅游地多在城市近郊，路途短，交通方便，出游花费时间短，且消费相对低廉，适合闲暇时间少的中青年人；同时，该人群日常生活节奏快，工作学习压力大，乡村旅游可以满足这类游客放松心情、舒缓压力的需要，符合了大学生喜好登山、远足的偏好。

表3-14　乡村旅游游客与2005年国内旅游游客年龄分布对比

	15~24岁	25~44岁	45~64岁	65岁及以上
乡村旅游游客（%）	21.1	60.9	14.8	3.2
2005年国内旅游游客（%）	9.0	35.1	41.0	7.6

③ 按受教育程度分组（如图3-1所示）。样本的受教育程度指其具有的最高学历，如果样本为学生，指其在读学历。初中及以下学历者占总人数的6.8%，高中、中专学历者，占27.7%，大专、本科学历者，占61.9%，硕士研究生及以上学历者，占3.6%。大专以上学历者合计达到样本总数的65.5%，由此可以看出，乡村旅游吸引的大多数是具有相当学历的人群，正好符合这部分人群在闲暇之余摒弃繁杂的工作事务到野外放松身心的需求特征。

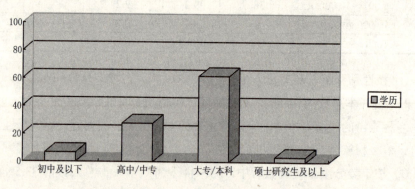

图3-1　接受教育程度分组的样本特征描述性统计

④ 按职业分组。职业呈现出多元化，但主要以学生、个体户或私营业主、企业管理人员、公务员或事业单位人员为主，这四类占了总人数的 87.1%，如图 3-2 所示。

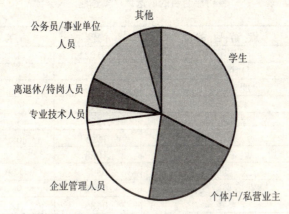

图 3-2　按职业分组的样本特征描述性统计

⑤ 按婚姻状况分组。被调查者中未婚者占 38.1%；已婚且无子女者，占 19.9%；已婚且有子女者，占 41.7%。其他婚姻状况者为最少，占 1.0%。调查中我们发现，多数旅游者是整个家庭出游，且以放松度假为主。

⑥ 按居住地分组。在受访游客中，共来自国内 13 个省市，其中，浙江本地人 325 人，占 78.9%；其次是上海，占 8.0%；再次是江苏，占 5.1%。长三角地区（浙江、江苏、上海）的游客占绝大多数，说明乡村旅游主要接待周边游客。

⑦ 按月可支配收入分组。月收入为 1 000 元及以下的被调查者比例为 32.5%，与学生的比例相当；月收入为 1 001～3 000 元的为 34.2%；月收入 3 001～5 000 元的为 23.3%；5 001～10 000 元的为 9.2%；10 000 元以上的也有 0.7%。从这样的可支配收入比例可以看出，除去没有收入来源的在校学生外，绝大多数乡村旅游者有着稳定的收入，手中的"闲钱"可以让他们有资本去享受不同休闲方式。

（2）浙江省乡村旅游者旅游行为分析。

① 乡村旅游者动机分析。本次调查列出了 12 种旅游目的，此题为多选题，选中为"1"，未选中为"0"，因此均值越大，表明被调查者中选择此项的人数越多。表 3-15 的统计表明，游客进行乡村旅游的目的依次为缓解压力（.4102）、休闲度假（.3932）、朋友聚会（.3786）、家庭度假（.3010）、疗养身体（.1529）、

户外运动（.1505）、追寻回忆（.1068）、土特产购物（.0898）、特殊培训或交流（.0631）、寻求差异（.0485）、其他（.0388）、商务会议（.0218）。

表3-15　乡村旅游目的的选择（多选题，N=412）

旅游目的	均值	排序
缓解压力	.4102	1
休闲度假	.3932	2
朋友聚会	.3786	3
家庭度假	.3010	4
疗养身体	.1529	5
户外运动	.1505	6
追寻回忆	.1068	7
土特产购物	.0898	8
特殊培训或交流	.0631	9
寻求差异	.0485	10
其他	.0388	11
商务会议	.0218	12

可以发现，乡村旅游者主要关注的是自身的放松与减压，带有休闲度假的性质，同时也有不少旅游者选择与家人、朋友相聚，在不同于城市的环境里舒缓神经。与此相对比的是，培训交流、商务会议并不是人们到乡村的主要目的。

② 休闲度假的需求分析。对于乡村旅游者的休闲度假需求分析结果如表3-16所示。

表3-16　乡村旅游者的休闲度假需求分析表（N=412）

		频率	百分比	有效百分比	累计百分比
有效	有	324	78.6	78.6	78.6
	无	88	21.4	21.4	100.0
	总计	412	100.0	100.0	

选择"有"休闲度假需求的占78.6%；"无"休闲度假需求的占21.4%。这说明被调查者休闲度假的需求比较强烈，多数旅游者对参与休闲度假非常重视，已将其放于需要考虑的地位。

③ 获得乡村旅游产品信息的途径分析。同样，此题为多选题，选中为"1"，

未选中为"0",因此,均值越大,表明被调查者中选择此项的人数越多。表 3-17 的统计表明,游客获得乡村旅游产品信息的途径依次为亲朋好友(.4223)、媒体广告(.3568)、亲身体验(.2816)、网络平台(.2791)、其他(.1432)、邮寄或电话(.0680)、展销会(.0607)。

表 3-17 获得乡村旅游产品信息的途径分析(多选题,N=412)

获得乡村旅游产品信息的途径	均值	排序
亲朋好友	.4223	1
媒体广告	.3568	2
亲身体验	.2816	3
网络平台	.2791	4
其他	.1432	5
邮寄或电话	.0680	6
展销会	.0607	7

以上途径中,通过亲朋好友的推荐和传播是旅游者获得乡村旅游产品信息的最主要途径,亲朋好友的推荐也是旅游者最可靠的信息来源。同时,众多的媒体广告宣传也发挥着重要的作用。另外,许多旅游者是通过亲身体验的方式获取信息,表明这部分旅游者是故地重游,从另一个侧面说明乡村旅游地对一部分人有着独特的吸引力。相反,通过邮寄或电话、展销会的途径达到的效果并不理想。

④ 乡村旅游吸引力分析。乡村旅游对人们有着与众不同的吸引力,通过调查,我们发现超过一半的旅游者认为乡村旅游最吸引人的是因为它是一种生态旅游,风景好,可以获得充足的阳光和新鲜的空气;排名第二的是乡村旅游可以体验与都市不一样的生活。这两项都是乡村旅游所特有的,分别从物化角度和精神角度概括了乡村旅游的特征,如表 3-18 所示。

表 3-18 乡村旅游吸引力分析(多选题,N=412)

乡村旅游吸引力	中选频次	中选频率	排序
是一种生态旅游,风景好,可以获得充足的阳光和新鲜的空气	238	57.8	1
可以体验与都市不一样的生活	100	24.3	2
是一种与朋友聚会交流的休闲方式	49	11.9	3
休闲项目多,趣味多,参与性强	25	6.1	4

⑤ 农家乐（渔家乐）类型喜欢程度分析。在调查中我们发现，对旅游者而言，乡村旅游最吸引人的是好的生态环境，可以获得充足的阳光和新鲜的空气。而这也是旅游者最喜欢的乡村旅游类型（以风景为主，可观赏秀丽风景、田园风光），参与性强也是评判乡村旅游受欢迎程度的标准之一，如表3-19所示。

表3-19　农家乐（渔家乐）类型喜欢程度分析（多选题，N=412）

农家乐（渔家乐）类型喜欢程度	中选频次	中选频率	排序
以风景为主，可观赏秀丽风景、田园风光	144	35.0	1
娱乐项目比较多，如棋牌、麻将、水上游艇等	122	29.6	2
乡村体验性活动比较多，如可垂钓、采摘、烹制等	90	21.8	3
风俗习惯较多，如可体验农村乡俗、渔家风情等	56	13.6	4

⑥ 现有旅游地休闲度假符合程度分析。旅游者对现有乡村旅游地的评价代表了旅游者总体感知水平，在认为"当地是一个乡村旅游度假胜地吗？"的问题中，分别有18.2%和52.4%的游客作出了"非常符合"和"基本符合"的评价，总体符合的比例达到70.6%，这表明现有的乡村旅游地已基本具备休闲度假地的功能，旅游者也能从中切身感受到，如表3-20所示。

表3-20　现有旅游地休闲度假符合程度分析表（N=412）

		频率	百分比	有效百分比	累计百分比
有效	非常符合	75	18.2	18.2	18.2
	基本符合	216	52.4	52.4	70.6
	一般	94	22.8	22.8	93.4
	不太相符	22	5.3	5.3	98.8
	完全不相符	5	1.2	1.2	100.0
	总计	412	100.0	100.0	

（3）乡村旅游者潜在需求分析。

① 乡村旅游者利用网络情况。对于旅游者出游前选择上网查询相关信息的意愿分析如表3-21所示。

表 3-21　乡村旅游者选择网络意愿分析表（N=412）

		频率	百分比	有效百分比	累计百分比
有效	是	228	55.3	55.3	55.3
	否	184	44.7	44.7	100.0
	总计	412	100.0	100.0	

更多的旅游者（55.3%）在去往目的地旅游之前，会选择上网查询相关信息，利用网络辅助旅游者作出判断和选择，这也是乡村旅游发展趋势之一。

旅游者对现有旅游网站满足需求与否分析如表 3-22 所示。

表 3-22　乡村旅游者对旅游网站满足需求与否分析表（N=412）

		频率	百分比	有效百分比	累计百分比
有效	是	204	49.5	49.5	49.5
	否	208	50.5	50.5	100.0
	总计	412	100.0	100.0	

从调查结果可以看出，对于现有的旅游网站，有 50.5%的旅游者认为不能满足自己的需求，说明现有的大多数旅游网站还不能很好地为旅游者提供他们需要的帮助和服务，也就阻碍旅游者作出正确的判断和选择，更不能给旅游者提供更多的、有效的旅游辅助。

本次调查列出了 5 种旅游者可从网络得到的相关服务，此题为多选题，选中为"1"，未选中为"0"，因此，均值越大，表明被调查者中选择此项的人数越多。表 3-23 的统计表明，游客希望网络提供的服务依次为个性化线路设计（.5485）、浏览当地信息（.4684）、预订包间或客房（.3956）、购物（.3350）、投诉或建议（.1917）。

表 3-23　网络服务项目的选择（多选题，N=412）

相关服务	均值	排序
个性化线路设计	.5485	1
浏览当地信息	.4684	2
预订包间或客房	.3956	3
购物	.3350	4
投诉或建议	.1917	5

可以发现，乡村旅游者最希望从网络上得到关于旅游的个性化线路设计服务，表明常规的大众观光旅游已不再是旅游者的最佳选择，更多的旅游者希望有次以体验为中心的个性十足的旅游经历。浏览当地信息仍然是旅游者出行前重要的信息来源。同样，预订服务也被旅游者看作是网络服务中的重要环节，这也得益于网络的便捷性和实效性。而购物、投诉或建议等服务项目暂时没有引起旅游者的关注。

② 乡村旅游者对分时度假模式的了解及意愿情况。对接受个性化、定制化的乡村旅游服务的意愿分析如表 3-24 所示，结果显示，有 72.6%的旅游者愿意接受个性化、定制化的乡村旅游服务，这为探索乡村旅游新的经营模式奠定基础。表 3-25 为分时度假了解与否分析表，表 3-26 为购买住房使用权与否的分析表。

表 3-24　接受个性化、定制化的乡村旅游服务意愿分析表（N=412）

		频率	百分比	有效百分比	累计百分比
有效	是	299	72.6	72.6	72.6
	否	113	27.4	27.4	100.0
	总计	412	100.0	100.0	

表 3-25　分时度假了解与否分析表（N=412）

		频率	百分比	有效百分比	累计百分比
有效	是	208	50.5	50.5	50.5
	否	204	49.5	49.5	100.0
	总计	412	100.0	100.0	

表 3-26　购买住宿使用权与否分析表（N=412）

		频率	百分比	有效百分比	累计百分比
有效	是	181	43.9	43.9	43.9
	否	231	56.1	56.1	100.0
	总计	412	100.0	100.0	

2. 相关分析

考察被调查对象的社会人口统计特征，包括年龄、职业、受教育程度、月收入、婚姻状况与其参与休闲度假及接受个性化服务的意愿的关系。

(1) 个体特征与休闲度假意愿的相关分析。在个体的两个特征中,若至少有一个是名义级的变量,则必须用品质相关来处理(马庆国,2002,P.254),由于"休闲度假的意愿"属于名义级变量,因此采用品质相关进行分析,如表3-27 所示:被调查者的年龄、可支配收入与其休闲度假的意愿在 0.05 的水平上呈显著相关。

表 3-27　个体特征与休闲度假的意愿的相关分析

		休闲度假的意愿
性别	Pearson 卡方值	0.035
	Sig.(双尾)	0.852
年龄	Pearson 卡方值	14.943
	Sig.(双尾)	0.005
学历	Pearson 卡方值	2.987
	Sig.(双尾)	0.394
职业	Pearson 卡方值	11.330
	Sig.(双尾)	0.079
可支配收入	Pearson 卡方值	12.075
	Sig.(双尾)	0.017

注:Pearson 卡方值的含义为简单相关系数,Sig.(双尾)的含义为显著性概率(双尾)。

(2) 个体特征与接受个性化服务意愿的相关分析。由于"接受个性化服务的意愿"属于名义级变量,因此采用品质相关进行分析,如表 3-28 所示:被调查者的职业、可支配收入与其接受个性化服务的意愿在 0.05 的水平上呈显著相关。

表 3-28　个体特征与接受个性化服务意愿的相关分析

		接受个性化服务的意愿
性别	Pearson 卡方值	0.183
	Sig.(双尾)	0.669
年龄	Pearson 卡方值	6.565
	Sig.(双尾)	0.161
学历	Pearson 卡方值	5.825
	Sig.(双尾)	0.120
职业	Pearson 卡方值	12.858
	Sig.(双尾)	0.045
可支配收入	Pearson 卡方值	9.887
	Sig.(双尾)	0.042

3. 因子分析

本书从研究的核心出发,针对调查问卷中列出的20项涉及假设评价因素的问题进行测度。为了获得旅游者评价因素认知的一般概括性的模式,剔除不重要的信息,合并重要信息,探索其基本结构,笔者采用因子分析法对各评价因素变量进行分析。

在提取因子前,首先使用 KMO 样本测度(Kaiser-Meyer-Olykin Measure of Sampling Adequacy)和巴特莱特球体检验(Bartlett Test of Sphericity)两种方法来验证是否适合做因子分析。表 3-29 显示了数据检验分析后的结果。

表 3-29 KMO 和 Bartlett 检验

KMO		.947
Bartlett 球度检验	近似卡方	3514.109
	自由度	190
	显著性	.000

注:KMO 与 Bartlett 检验结果,适合进行因子分析,KMO=0.947,Bartlett 球形检验的卡方值为 3514.109,达到显著。

按照特征根大于 1 的标准,可以提取 3 个因子,碎石图如图 3-3 所示(由于篇幅所限,因子萃取碎石图在今后的几次因子分析过程中不再列出),可以看出,因子提取的结果较为理想(Scree Plot 表示碎石图,Component Number 表示因子数,Eigenvalue 表示特征值)。旋转后的因子提取结果如表 3-30 所示。(在选择测量项目时,均以因子负荷值(Loading)大小作为保留和删除该项目的标准。本研究以 0.5 作为删除的临界值,据此,可删除"娱乐活动"这一项目,过程略)

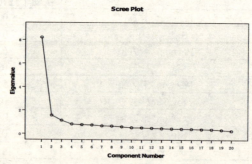

图 3-3 3 个等作向因子的碎石图

表 3-30　旋转后的因子萃取结果

项目	因子		
	1	2	3
住宿环境	.035	.331	.741
客房功能	.228	.351	.713
交通条件	.169	.685	.194
购物条件	.198	.185	.779
餐饮特色	.294	.654	.214
卫生条件	.194	.592	.441
社会治安	.124	.712	.241
服务质量	.284	.684	.198
乡村整体情况	.489	.530	.130
山水风光	.694	.258	-.001
资源保护	.635	.187	.309
传统民俗	.665	.006	.276
乡土建筑	.619	.247	.325
土特产品	.526	.236	.284
宗教文化	.242	.092	.616
生态环境	.693	.204	.126
乡村特色	.628	.302	.027
休闲氛围	.528	.458	.115
乡村生活方式	.426	.540	.152

根据这些因子对应的项目，结合实际，对各因子进行命名，见表 3-31。

表 3-31　因子命名

项目	因子		
	因子 1: 乡村特征	因子 2: 基础服务	因子 3: 拓展功能
山水风光	.694		
生态环境	.693		
传统民俗	.665		
资源保护	.635		
乡村特色	.628		
乡土建筑	.619		
休闲氛围	.528		
土特产品	.526		

（续表）

项　目	因子		
	因子1: 乡村特征	因子2: 基础服务	因子3: 拓展功能
社会治安		.712	
交通条件		.685	
服务质量		.684	
餐饮特色		.654	
卫生条件		.592	
乡村生活方式		.540	
乡村整体情况		.530	
购物条件			.779
住宿环境			.741
客房功能			.713
宗教文化			.616

关于各大因子的命名，综合考虑其作包含的影响因素内容，笔者将其命名如下：

因子1由山水风光、资源保护、传统民俗、乡土建筑、土特产品、生态环境、乡村特色、休闲氛围指标组成，描述了乡村旅游活动中最能体现"乡村性"的实质，将其命名为乡村特征因素。

因子2由交通条件、乡村生活方式、餐饮特色、卫生条件、社会治安、服务质量、乡村整体情况指标组成，将其命名为基础服务因素。

因子3由住宿环境、客房功能、宗教文化、娱乐活动、购物条件指标组成，将其命名为拓展功能因素。

从表3-32中可以看出，因子分析萃取出的3个因子的信度均在0.70以上，说明本部分问卷的测度数据具有较好的可靠性，每个因子均可以保留，不必删除。

表3-32　各因子的Cronbach's α 值

因子名	测量项数	Cronbach α系数
因子1：乡村特征	8	0.849
因子2：基础服务	7	0.856
因子3：拓展功能	4	0.788

4. 回归分析

假设：乡村特征、基础服务、拓展功能3个因子能有效判断浙江省已经发展成为乡村旅游休闲度假胜地，它们之间存在因果关系，使用逐步回归进行分析，如表3-33～表3-35所示。

表3-33 模式摘要

模式	R	R平方	调过后的R平方	估计标准误差
1	0.368（a）	0.136	0.134	0.77815
2	0.459（b）	0.211	0.207	0.74460
3	0.520（c）	0.270	0.265	0.71678

a 预测变量：（常数），基础服务
b 预测变量：（常数），基础服务，乡村特征
c 预测变量：（常数），基础服务，乡村特征，拓展功能

表3-34 方差分析

模式		平方和	自由度	平均平方和	F检验	显著性
1	回归	38.969	1	38.969	64.356	.000(a)
	残差	248.264	410	.606		
	总和	287.233	411			
2	回归	60.469	2	30.235	54.532	.000(b)
	残差	226.764	409	.554		
	总和	287.233	411			
3	回归	77.610	3	25.870	50.353	.000(c)
	残差	209.623	408	.514		
	总和	287.233	411			

a 预测变量：（常数），基础服务
b 预测变量：（常数），基础服务，乡村特征
c 预测变量：（常数），基础服务，乡村特征，拓展功能

表3-35 回归系数

模式		未标准化系数		标准化系数	T检验	显著性
		B的估计值	标准误差	Beta分配		
1	（常数）	2.189	.038		57.107	.000
	基础服务	−.308	.038	−.368	−8.022	.000

(续表)

2	（常数）	2.189	.037		59.681	.000
	基础服务	−.308	.037	−.368	−8.384	.000
	乡村特征	−.229	.037	−.274	−6.227	.000
3	（常数）	2.189	.035		61.997	.000
	基础服务	−.308	.035	−.368	−8.709	.000
	乡村特征	−.229	.035	−.274	−6.469	.000
	拓展功能	−.204	.035	−.244	−5.776	.000

因变量：乡村旅游休闲度假胜地

回归方程中的各系数见表 3-36，各个系数都是显著的。通过 Beta 值，可以判断，3 大因子的影响程度从大到小依次是"基础服务"（0.368），"乡村特征"（0.274），"拓展功能"（0.244），回归系数均小于 0，分别为 −0.308、−0.229、−0.204，说明这 3 大因子负面影响当地的乡村旅游发展。根据回归的结果可写出回归方程：

当地是乡村旅游度假胜地 = 2.189 + (−0.308)*基础服务 + (−0.229)*乡村特征 + (−0.204)*拓展功能

回归分析结论验证了假设，乡村特征、基础服务、拓展功能与当地能否成为乡村旅游休闲度假胜地存在因果关系。

3.3.3 供需方一致性分析

（1）一致性判断。由图 3-3 及表 3-30 可知，影响浙江省乡村旅游发展的主要影响因子有 3 个，与它们对应的 19 个因素分别为：山水风光、资源保护、传统民俗、乡土建筑、土特产品、生态环境、乡村特色、休闲氛围、交通条件、乡村生活方式、餐饮特色、卫生条件、社会治安、服务质量、乡村整体情况、购物条件、客房功能、宗教文化、住宿环境，将这些纬度的需求及供应的程度计算出来，然后对它们做回归分析，看它们是否一致。问卷对这些题均采用了 5 点量，表示供需方对浙江省在这些方面发展的满意程度，"5"代表非常满意，"1"代表非常不满意，因此可以用均值来反映供需方的现状。所有数据如表 3-36 所示。关系图如图 3-4 所示。图中过原点的 45°直线，表示供需完全一致。因此，如果供需完全一致，那么供需关系图就应该与这条线重合；若比较一致，供需关系图就应接近这条线。从图 3-4 中可以看出，回归线的斜率为 0.608，回归线与供需一致线偏离较大，说明乡村旅游供需较不一致。

表 3-36 供需方比较数据

维　　度	需求方	供给方	T 检验	显著性水平
住宿环境	3.5655	3.7266	-1.905	0.058
客房功能	3.2937	3.3047	-0.148	0.883
交通条件	3.3981	3.2422	2.024	0.044
购物条件	3.0534	3.3203	-3.278	0.001
餐饮特色	3.4563	3.6719	-2.985	0.003
卫生条件	3.3714	3.4219	-0.720	0.472
社会治安	3.5267	3.7188	-2.680	0.008
服务质量	3.4733	3.6797	-3.058	0.002
乡村整体情况	3.4587	3.2813	2.235	0.026
山水风光	3.9126	4.2109	-4.143	0.000
资源保护	3.6820	3.9844	-4.013	0.000
传统民俗	3.3447	3.4063	-0.888	0.375
乡土建筑	3.4612	3.6172	-2.426	0.016
土特产品	3.5728	3.8438	-3.750	0.000
宗教文化	3.0607	3.1484	-1.141	0.255
生态环境	3.5995	3.8672	-3.538	0.000
乡村特色	3.5898	3.8203	-3.083	0.002
休闲氛围	3.6602	3.7578	-1.383	0.168
乡村生活方式	3.6311	3.4531	2.424	0.016

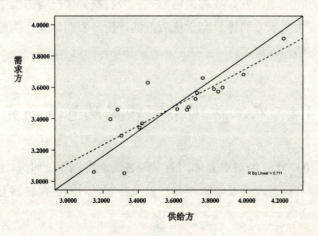

图 3-4 供需方关系图

(2)一致性分析。由表 3-36 可以看出,需求方对这 19 个指标的评价均在"3"以上("3"表示一般),说明乡村旅游现阶段的总体发展势头较好,其中,山水风光(3.9126)、资源保护(3.6820)、休闲氛围(3.6602)发展更佳。

供需方在住宿环境、客房功能、卫生条件、传统民俗、宗教文化、休闲氛围这 6 个方面没有显著差异。而在山水风光、资源保护、乡土建筑、土特产品、生态环境、乡村特色、交通条件、乡村生活方式、餐饮特色、社会治安、服务质量、乡村整体情况、购物条件这 13 个方面存在显著差异,导致了供需回归曲线与标准线的较大偏离。

结果显示:供需双方在乡土建筑、生态环境、土特产品、餐饮特色、社会治安、服务质量、购物条件等方面的评价存在偏差,主要表现为供应方高估了自身的供应能力,没有为游客提供他们所期望的产品和服务。具体是:当地的建筑、饮食、土特产的地方特色略显不足;购物不够便利或者物品不够齐全;由于环境的陌生,而对社会治安信心不足;整体服务质量有待提高。总体来说,还没有针对性的满足需求方的休闲度假需求,导致了供需不一致。

在山水风光、资源保护、休闲氛围、生态环境、乡村特色方面,供应方的评价虽高于需求方,但需求方的评价相对较高,旅游者较满意,同时从另一侧面说明需求方的需求还不是很大,以待进一步发掘,供应方应以保持为前提,着力完善,促进乡村旅游的发展。

供需双方在交通条件、乡村生活方式、乡村整体情况等方面的评价存在偏差,主要表现为需求方的评价高于供应方的评价,表明这些方面旅游者较经营户有着更好的感知评价。

3.4 农家休闲茶室顾客满意度研究

笔者在 2007 年曾经对农家休闲茶室顾客满意度进行过研究,主要研究了农家休闲茶室顾客满意度各要素的重要性以及各因素对顾客总体满意度和行为忠诚的影响。

3.4.1 研究背景

1. 农家休闲茶室发展潜力大

国家旅游局表示,当人均国民生产总值为800~1 000美元时,表明该国已进入旅游时代,旅游已经成为35岁以下的年轻人最追求的生活内容之一,作为一种生活要素已经开始在民众生活中有了地位。伴随着国内旅游业的迅猛发展,我国旅游产品呈现出多元化的发展趋势。

自20世纪90年代以来,"农家乐"旅游发展成为国内旅游产品的一个新亮点。"农家乐",这种中国特色的旅游,具有时间短、路途短、价格低廉、重游率高等特点,满足我国城市居民返璞归真、回归自然的旅游需求,深得城市游客的喜爱。目前,在我国许多大、中、小城市的附近分布有不同规模和档次的"农家乐","农家乐"旅游对农村的经济、社会、文化、环境等方面产生了深远的影响(田喜洲,2002)。

近几年我国"茶文化旅游"也发展迅速。这可从以下3个方面得到体现。

(1)从2000年开始,我国茶叶面积改变了在100万公顷上下徘徊的局面,开始出现了增长。从2000年到2005年5年间,我国茶叶面积增加了26万公顷,增长幅度为24%。尤其是在2003年以后,我国茶叶迎来历史最好的发展机遇,除了国家政策支持茶叶类协调发展,名优茶产量快速增长进一步提高了茶叶生产的经济效益,激发了茶农发展茶叶生产的积极性,茶叶面积增长速度也在逐年加快。受到茶叶面积增加的影响,茶叶产量也出现较快增长速度。从2000年至2005年,我国茶叶产量增加了25万吨,增长了37%。2006年,我国茶叶面积、产量均增加。我国茶叶的面积达到145万公顷,比2005年增长6.8%。总产量突破100万吨,居世界产量第一(吴锡端,2007)。

(2)自1995年起,国家实行五天工作制,1999年又实施春节、"五一"、"十一"3个7天长假日,全年节假日休息时间从7天增加到10天,加上周末双休日已达114天,一年有三分之一的休假期,从此开始进入休闲时代。据民众节假日最梦想活动的调查显示,旅游休闲高居榜首,旅游正成为城市人休闲的新时尚。休闲方式日趋多元,除旅游休闲、体育健康、读书、艺术欣赏、插花和收藏外,茶文化休闲在人们生活中所占比例增大,包括去名山名茶产地旅游,欣赏茶艺表演,去茶馆品茗,参观茶博物馆和茶文化展等,显示出茶文化休闲特色。

(3)一些地区已开始将茶文化旅游纳入旅游规划,各地纷纷推出了"茶文化旅游"线路。浙江茶文化旅游线有3条:一是中国茶叶与佛教文化及龙井之源,线路是杭州—新昌(中国名茶之乡)—宁波;二是中国茶叶瓷器与民俗民居和绿茶珍品之地,线路是杭州—景德镇—婺源(茶乡)—南昌;三是中国茶叶与佛教文化与乌龙茶之乡,线路是杭州—厦门—安溪—厦门。福建已形成9条旅游专线,其中第6条是茶乡品茗线:考察安溪中国名茶大观园、安溪全国茶叶批发市场,观看铁观音、大红袍工艺制作,欣赏武夷山、安溪、福安、福州茶艺表演,品尝大红袍、铁观音茶(刘清荣,2005)。

在农家乐和茶文化旅游迅速发展的大背景下,农家休闲茶室也必然有着大的发展潜力。而从顾客满意度的角度出发,探讨产品、服务及价格等因素是如何影响顾客满意度,进而影响顾客的消费意向,成为本书研究的出发点。

2. 农家休闲茶室经营中存在的问题

虽然农家休闲茶室规模不断扩大,初步形成以规模求效益的发展趋势,但也存在着一些问题,具体如下。

(1)服务设施档次低。总体来说,目前农家休闲茶室的服务设施档次较低,未根据不同消费者的消费层次进行规划建设,且规模小、硬件设施差、卫生条件有待改善(李学东,2001)。

(2)娱乐方式单一。农家乐娱乐方式单一,无法吸引游客长久注意力。其娱乐方式主要为麻将、棋牌、茶艺表演、跳舞、唱歌,真正能吸引游客的娱乐方式很少。

(3)文化内涵挖掘深度不够。在农家,休闲茶室消费不仅是一种物质消费,也是一种精神文化消费。提高农家休闲茶室的文化品位、丰富文化含量,可使其获得蓬勃生机和高附加值。目前制约农家休闲茶室发展的瓶颈因素就是文化内涵挖掘深度不够,不仅表现在硬件设施建设上,还表现在产品的开发、项目的策划创意及专题活动的设计上,从而阻碍了农家休闲茶室的进一步发展(刘清荣,2005)。

(4)营销意识薄弱,宣传力度不够。虽然一些农家休闲茶室凭借当地深厚的旅游基础和鲜明的茶文化特色,取得了极大的发展,但竞争越来越激烈,如果不加大营销宣传力度,传统知名品牌就难保长盛不衰。

(5)内部整合机制尚未建立。农家休闲茶室往往聚集经营,有时一个村会聚集上百个农家休闲茶室,如此宏大的规模,从客观上讲,必将产生聚焦效益,即各茶室均能分享共同的基础设施、服务设施、旅游资源、信息以及知名度所带来的利益。然而,这种效益目前表现得并不突出,主要是因为内部整合机制尚未建立,对于各种基础设施、服务设施的建设,旅游项目的开发,以及营销宣传等公益活动,大多数农户认为不能得到短期经济效益,不愿投资共建,往往各自为政、自行建设,造成资金浪费和资源重复,阻碍了整体经济效益的提高(马艳霞,2003)。

由这些问题可知,顾客对农家休闲茶室的满意度还不尽如人意。从农家休闲茶室的发展趋势看,提升农家休闲茶室的产品和服务质量不仅是满足农家休闲茶室消费者日益增长的需求,也是农家休闲茶室经营者提高销售业绩的有效手段,更是提升农家乐和茶文化休闲旅游的方式之一。

3.4.2 研究领域

1965年,美国学者Cardozo首次发表论文研究顾客满意度。从20世纪70年代中期开始,一些发达国家的消费心理学家、市场营销研究人员和顾客行为研究者对如何测量顾客满意度的问题作了广泛的研究,并逐渐形成顾客满意战略理论(CS战略)。20世纪90年代后,CS理论已经成为在全球工商界开始盛行的一种新型的企业文化和管理哲学。与此同时,许多国家或地区先后对顾客满意的理论、模型和方法开展了全面深入的研究。顾客满意度研究日益成为市场调研工作的热点,并被著名的《广告研究》杂志称为市场研究中发展最为迅速的领域。

从理论上看,顾客满意研究在国外的发展都取得了很大的成就。1977年开始,美国学者Hunt、Oliver等相继发表了多篇论著,提出了顾客在购买产品或服务前的期望的不确定性,影响了顾客在购买之后的主观感受以及二者相比较后而产生的满意程度(Oliver,1980)。由于服务业质量在竞争中的重要性不断增加,促使质量学家和数理学家加入这一课题的研究,尤其是20世纪80年代初计量经济学的发展和成熟,把计量经济模型逐步引入顾客满意程度的分析和计算过程。1989年，美国密歇根大学商学院质量研究中心的Fornel博士提出了把顾客期望、购买后的感知、购买的价格等多方面因素组成了一个计量经济学的模型，即Fornel模型和计算方法，设计了"瑞典顾客满意度测评标准"（Sweden' Customer Satisfaction Barometer，SCSB），瑞典统计局公布的顾客满意度指数，成为第一个全国性的顾客满意度指数。1992年，德国开始收集全国范围的顾客满意度的数据，建立了德国顾客满意度指数（简称DK）。美国从1990年开始进行关于建立顾客满意度指数（American Customer Satisfaction Index，ACSI）的调查和研究，并于1994年正式启动ACSI，正式确立其在顾客满意度指数测评理论和实践方面的权威地位。

此外，国际标准化组织（ISO）在2000年12月正式发布的2000版ISO 9000族标准中，"以顾客为关注焦点"被列入其八项质量管理原则的第一条并得到广泛认同，在欧洲质量奖的九大指标中，仅"顾客满意"一项的分值就定位200分，占整个质量奖总分（1000分）的20%，是九大指标中分值最高的一项重点指标（Oliver，1980；Anderson，1995）。

而我国起步较晚，在20世纪90年代末才开始认识和接受CS经营理念和CS战略。所以，顾客满意度研究在我国的发展还处于探索和借鉴阶段。从市场实践来看，随着我国市场经济的向前发展，中国已经进入买方市场，消费者的需求日益提高，企业间的竞争也更加激烈。同时，伴随改革开放的逐渐深入，全球经济一体化程度的进一步加深，海外商品和跨国企业的进入，我国市场已经逐步进入了"顾客满意经营"阶段。强调以顾客满意为目标，充分把握顾客需求，适应市场变化，及时满足顾客期望，实现顾客忠诚已经成为许多企业的共识。国内目前开展顾客满意度测评的企业为数不多，但是，一批知名企业，如上海宝钢集团、海尔集团、国际航空公司和上海三菱电梯有限公司等已经走在前列。他们对CS战略高度重视并切实将其融入企业的生产经营活动当中，因此在赢得顾客和市场方面占据了领先地位，获得了良好的经济和社会效益（唐晓芬，2001；刘宇，2003）。

同时，因为本部分研究的是农家休闲茶室顾客满意度，为了研究方便，这里对"茶室"和"顾客"的概念进行界定。

茶室是人们专门用作饮茶的场所，也是人们休息娱乐、买卖交易、聊天会友的地方。与其他娱乐场所相比，茶室多了几分静雅，少了几分聒噪，多了几分淡泊，少了几分功利。茶室可称得上是一个"浓缩了的小社会"。历代茶室大致分为三类:一是茶饭兼营的茶室,它有些类似广东的茶楼。茶客可以在茶室内品茶尝点,饮酒吃饭。它们座位宽敞,窗明几亮,摆设时尚,茶具雅致,当属上乘。二是只卖茶的茶室,但可进行"手谈"(下围棋、象棋)、"笔谈"(猜谜语),有的还有专门艺人说书唱曲。三是设在大道旁、树荫下的"野茶室",虽然坐的是台土凳,用的是粗陶简碗,喝的是大口凉茶,但具"田野风味"。而当今的茶室,大致可分为四种形式:一是历史悠久的老茶室,多保存旧时风格,乡土气息浓厚,是普通百姓特别是老年人休憩、安度晚年的天地。二是近年来新建的茶室,通常采用现代建筑,四周辅以假山、喷泉、花草、树木,室内陈列鲜花字画,除供茶水外还兼营茶食,可谓是一种高雅的多功能的饮食、休息场所,适合高层次的茶客光顾。三是设在交通要道两旁、车船码头、旅游景点等处的流动性茶摊,主要是为行人解渴,也受到人们的欢迎。四是露天茶座、棋园茶座和音乐茶座。这类茶座,坐的是软垫靠椅,摆的是玻璃面小桌,用的是细瓷或玻璃茶杯,喝的是茶中极品。这种供品茗约会、切磋技艺、休息娱乐的地方,特别受到青年人的欢迎(江流水,2001;陈露,2005)。

本文中的茶室是指设在乡村或城郊产茶地带,主要由当地农户经营的茶室,它可能兼具上述四种形式茶室的一些特点。

在顾客满意度研究中,"顾客"一词是指广义范围的顾客,涉及的内容比较广泛。一方面是指组织内部的顾客,即企业内部的成员,包括企业的员工和股东;另一方面是指组织外部的顾客,即凡是消费和可能消费本组织的产品/服务的个人和团体消费者。本文中所谈论的顾客是单指组织外部的顾客。

由上述两个定义的界定可知,本文研究的对象将是已有的和潜在的农家休闲茶室消费者。

3.4.3 以往研究回顾与总结

1. "农家乐"旅游

伴随着国内旅游业的迅猛发展,我国旅游产品呈现出多元化的发展趋势。
(1)"农家乐"的界定。
① 田喜洲(2002)从狭义和广义的范围提出了"农家乐"的概念。狭义的

"农家乐",从购买者的角度来讲,它是指游客在农家田园寻求乐趣,体验与城市生活不同的乡村意味的旅游形式;从经营者的角度来讲,它是指农民利用自家院落所依傍的田园风光、自然景点,以低廉的价格吸引市民前来吃、住、玩、游、购的旅游形式。

广义的"农家乐"源自广义的农业,包括农、林、牧、副、渔,因此,广义的"农家乐"概念不仅包括狭义的"农家乐",还包括林家乐、渔家乐等形式。它是以城郊农民家庭为依托,以田园风光和别有情趣的农家生活等为特色,吸引市民来此休闲度假、观光娱乐、体验劳作的一种新型旅游活动。

② 李学东(2001)认为"农家乐"是以农民家庭经营为基础,以田园风光和农家情趣为特色的一种新型旅游、休闲和度假方式。

③ 胡卫华(2002)认为"农家乐"就是久居城市的居民到农村农家大院休闲。具体来说,"农家乐"大多是郊区或郊县的农民结合自己的种植、养殖,如葡萄、果木、花卉、鱼塘等,同时对其加以修饰改造,再利用院落、小溪、小池营造出小桥流水,或花鸟虫鱼的田园美景。游客至此,赏田园风光,闻泥土芳香,品农家风味,观民风民俗,可谓其乐无穷。

④ 谭力(2000)认为"农家乐",即农家休闲旅游,是农业经济和旅游经济的结合体。

⑤ 马艳霞(2003)认为"农家乐"是一种集观乡村景色、尝乡村淡饭蔬食、体农家生活习俗、品乡村文化底蕴为一体的旅游产品,它是以"乡村农家"为外形,以"乡村文化"为主脉,其旅游内容反映着"乡村文化"的内涵。

以上几个定义都指出了:"农家乐"是以与城市截然不同的田园风光和自然的农家情趣为特色,正是这一特色吸引着城市人到农家去休闲度假。相对来说,田喜洲的"农家乐"的概念较为全面。

笔者认为"农家乐"旅游,是为了满足人们"回归自然、返璞归真"的旅游需求,凭借特殊的地理区位,利用城郊乡村风貌和农家生活、生产资料,为游客提供具有乡村特色的"吃、娱、游、购、住"服务,是集休闲、娱乐、观光等功能于一体的活动。

(2)"农家乐"旅游的性质。

在学术界,关于"农家乐"旅游的定性问题主要有3种观点。

① "农家乐"旅游是休闲度假旅游产品。"农家乐"旅游是借助于大中型城市庞大而稳定的客源市场,为城市游客提供具有乡村特色的"吃、娱、游、购、住",集休闲、度假、娱乐、观光等功能于一体的旅游活动。调查资料表明,我国城市居民普遍有着潜在和现实的休闲需求。城市居民选择"农家乐"旅游的主要动机是休闲(马艳霞,2003)。

② "农家乐"旅游是乡村旅游在我国发展的初级阶段。乡村旅游是以农业文化、农业生态环境、农事生产活动以及当地居民传统的习俗为资源,融观赏、考察、学习、参与、娱乐、购物、休闲、度假于一体的旅游活动。许多国家将乡村旅游称为"绿色旅游",强调以保护自然环境和人文环境为前提,实质上是规定了"乡村旅游"属于"生态旅游"的范畴(Fleischer A. & Felsenstein D, 2000)。我国居民有参与乡村旅游的需求,但是这种需求还处于浅层次,因此,我国的"农家乐"旅游还不是真正意义上的乡村旅游,它是乡村旅游在中国发展的初级阶段。

③ "农家乐"旅游是民俗风情旅游的一种形态。"农家乐"旅游为城市居民提供"吃、住、游、娱、购"一体的旅游产品,可以说乡村文化贯穿于旅游活动的始终,而乡村文化大多属于民间文化,即民俗风情。在农村,游客不仅可以领略青山绿水的田园风光,感受绚丽多姿的乡风民俗,还可以参与以"吃农家饭、喝农家酒、住农家屋、做农家事、享农家乐"为主要内容的民俗风情旅游(谭力,2000)。

(3)"农家乐"旅游发展模式。

① 从资源组合配置上来说,主要存在如下两种模式。

一种是以纯粹的农业景观为资源依托开发的"农家乐"旅游模式。模式主要选择现有农业基础非常好的农业基地开发,如大规模的农田带、多种类的经济果林、花卉苗圃基地以及高效的生态农业区内等。

另一种是以农业景观和旅游景观组合资源开发的"农家乐"旅游模式。该模式借助已有的旅游景点开发"农家乐"旅游,把观光旅游与乡村休闲结合起来,它对农业基础条件和农业发展模式的要求低于前一种形式(胡卫华,2002)。

② 从产品涵盖的范围来说,主要有如下两种模式。

一种是综合性"农家乐"模式,为游客提供吃、住、娱、购、游系列的农家产品,属于综合性休闲农庄。

另一种是专业型"农家乐"模式,往往依托某一项农村特色而发展起来的"农家乐"。例如,庭院"农家乐"、瓜果"农家乐"、茶产品"农家乐"和水产品"农家乐"(刘清荣,2005)。

③ 从开发主体来说,主要也有如下两种模式。

一种是当地农户经营"农家乐"的模式(独资、合伙),由当地农户利用自家院落和当地农产品来经营"农家乐",他们是"农家乐"旅游的开创者、管理者和服务员,由于资金有限、经营素质提高有待一个过程等,当地农户经营"农家乐"往往是边滚动边发展的经营模式(胡卫华,2002)。

另一种是外来投资者经营"农家乐"的模式,外来"农家乐"经营户是一支新军,一般他们起步和进入较晚,往往在市场已经竞争激烈的时候才进入,但是,其起点较高、规模较大、档次较高、有自己的品牌。因此,外来"农家乐"经营户从一开始就是规模化的经营模式。

农家乐分类如表3-37所示。

表3-37 农家乐分类

按从业性质分类	农家乐——以大众乡村文化为主的农家乐 渔家乐——以渔村文化为主的农家乐 牧家乐——以畜牧文化为主的农家乐 林家乐——以农林文化为主的农家乐
按特色主题分类	果农乐——以果文化为主的农家乐 花农乐——以花文化为主的农家乐 茶农乐——以茶文化为主的农家乐 酒农乐——以酒文化为主的农家乐
按民族乡村分类	汉家乐、苗家乐、土家乐、傣家乐、侗家乐、回家乐等

资料来源:文献整理

2. 茶文化旅游

茶文化旅游是指将茶业资源与旅游有机结合的一种旅游方式。它是将茶叶生态环境、茶生产、自然资源、茶文化内涵等融为一体进行旅游开发。其基本形式是以秀美幽静的环境为条件,以茶区生产为基础,以茶区多样性的自然景观和特定历史文化景观为依托,以茶为载体,以丰富的茶文化内涵和绚丽多彩的民风民俗活动为内容，进行科学的规划设计，涵盖观光、求知、体验、习艺、娱乐、商贸、购物、度假等多种旅游功能的新型旅游产品。茶文化与旅游的众多共通之处是茶和旅游能够结合的原因（陈露，2005；江流水，2001），详述如下。

（1）旅游是对美的探求、美的寻访，从这一角度说，在产茶的地区发展旅游有先天的优势。茶的自然属性决定了茶的生长环境往往是风景秀丽的地区。我国的茶区多分布在南方的丘陵，那里气候湿润、植被丰富、环境清新，具有很高的审美价值，许多名茶的产地同时也是著名的景区，如产西湖龙井的杭州、产黄山毛峰的黄山、产庐山云雾的江西庐山、武夷岩茶的产地福建武夷山等。

（2）旅游类型的其中一种就是民俗旅游，以见识各地风俗为目的。多数茶乡有悠久的种茶历史，采茶的歌舞手口相传，极具地方特色。饮茶的习俗、茶的传说、茶礼是长期积淀的精神财富。所有这些现象都是一个地区民俗的鲜活表现。

（3）从旅游心理的角度来讲，人类到居住地之外的地方旅行，往往带着冲破精神枷锁、获得心灵超越的目的，现代生活给人们带来的压力、困惑、痛苦、疲倦在旅行活动中能得到一定程度的释放。而追求宁静淡泊的茶文化在历史上一直都是失意者的心灵抚慰剂，从这个角度讲，在旅游中穿插茶文化能够使游客获得某种程度上心灵的契合。我国各地区都有传统茶文化的历史遗迹，成于各个历史时期的茶具、地方名茶、茶诗、茶文以及生产茶具的官窑遗址、茶事摩崖石刻、壁画不仅有很强的审美特征，同时还是传统茶文化的实证依据。茶，这种原本普通的植物最终被赋予文化意蕴的品格，体现了中华民族宁静、恬淡、和谐的性情。从某种程度上说，那些历史遗迹也是人类这种价值观念、审美情趣的体现。寻访这些历史遗迹使游人获得精神的陶冶。

我国现有的茶文化旅游按照旅游资源的特征可分为：自然景观型、茶乡特色型、农业生态型、人文考古型（陈露，2005；江流水，2001；田喜洲，2002）。

（1）自然景观型。我国在开发旅游事业之初，主要是以风景秀丽的名山大川为主要旅游资源。随着旅游事业自身的发展，单一的旅游产品无法满足人们日益增长的旅游文化需求，面对高层次、多元化的旅游市场的变动，原本开发较成熟的旅游区纷纷开设改造第一代以观光为主的旅游产品，设计开发内容丰富、形式多样、参与性强的第二代第三代旅游产品。例如杭州是名茶西湖龙井的产地，有"十八颗御茶树"和关于龙井茶的文化积淀，有我国最早建立的茶文化机构"茶人之家"、最高级别的茶文化研究团体中国国际茶文化研究会，也有中国茶叶博物馆，茶文化氛围浓厚。近年来，杭州市发展旅游的过程中，又先后建立龙井山园，改造梅家坞茶文化村，和杭州市的中国茶叶博物馆以及西湖沿线改造的新景点有机结合起来发展成为我国重要的茶文化旅游专线之一。

（2）茶乡特色型。我国的茶叶产区虽并不尽是名胜，但胜在环境优美。茶文化历史资源经过创新发展，再注以旅游的活力，呈现出茶和旅游业双赢的局面。

安溪是出产乌龙茶的产茶大县，近年来在发展茶文化旅游中取得了良好的绩效。2000年12月安溪举办了茶文化旅游节。当地茶文化旅游的主要亮点是茶叶大观园、茶叶公园、铁观音探源和茶园生态探幽。借助安溪铁观音发源的"王说""魏说"的传说、"斗茶"的历史传统、创新的安溪茶艺等茶文化资源，以试验茶园、假日旅游区、生态茶山为场地，用茶歌、茶艺表演、茶菜品尝等形式为游人提供全方位的享受。

新昌是我国新发展起来的产茶强县，茶产业的繁荣与茶文化的发展同步。趁上海国际茶文化节之际，通过举办茶乡摄影采风、茶乡游、承办闭幕式的形式，奠定了当地茶文化旅游的基础。新昌强调当地有浙东名茶市场、浙江第一大佛和知名连续剧拍摄外景等特征，结合当地茶艺表演、茶叶制作，茶文化旅游的热度升高。由于当地具有环境优美、离大都市上海较近等优势，在今后的茶文化旅游发展中会有可观的前景（吴锡端，2007）。

（3）农业生态型。我国一些茶乡发展茶文化生态旅游是不错的选择。茶叶是农产品中文化品位最高的一种，开发茶文化生态旅游可以提供良好的自然环境（茶园、茶舞、品茗、品尝茶菜茶宴），以及提供学习茶业文化（茶的知识、典故、赏鉴）的机会。目前在我国发展形势较好的主要有广东英德和重庆永川。

广东英德是广东省最大的茶叶商品出品基地，在农业生态旅游发展的带动下，于1998年建立了茶趣园，以茶叶良种示范基地为基础，设计了观赏茶园风景、讲解茶文化知识、安排采茶、做茶、表演茶艺、品尝茶餐、销售名茶和茶具等一系列活动。

永川是重庆西部的地区性中心城市，历来是重庆西部和川东南地区重要的物资集散地、文化教育中心。永川境内箕山山脉是我国古老的产茶区，箕山上现存的2万亩连片茶园,规模居亚洲第一。永川市的茶山竹海景区的5万亩竹海与2万亩的连片茶园相互映衬,融为一体,形成独特的茶竹旅游景观,景区内有集休闲、观光为一体的大型观光茶园,游客可以观赏传统的茶艺、茶道表演,可以亲自参与采茶、制茶,可以品尝到茶、竹系列特色菜肴,可以在茶博览馆里领略茶的起源、茶的品种和茶文化知识。

(4) 人文考古型。茶文化的形成历史悠久,茶与宗教的关联、茶人的逸闻趣事、具有考古价值的茶具、茶文化的交流传播并不受产茶与否的限制。茶在每个时代几乎都与一种或几种艺术形式相结合,呈现美德特征。这类资源多是精神的、无形的,具有较高的文化品位。与观光型和生态型相比,这类旅游资源能更好地满足人们旅行时增长见识、文化寻根、体会异样文化的需求。

将茶这一古老行业和旅游这种朝阳产业结合起来,不仅是旅游领域的拓展,也给茶在现代社会找到了新的文化表现形式。茶与诗、书法、绘画、歌舞的结合最终是通过这些表现形式把茶引发的人类之价值取向、道德标准、审美情趣方面的共鸣表达出来(马艳霞,2003)。

3. 关于"农家休闲茶室"的界定

综上所述,本书将"农家休闲茶室"界定为休闲度假旅游产品,从发展模式上来说,将其归类为专业型"农家乐"模式产品,它是以茶资源为基础,与茶文化旅游相结合而发展起来的"农家乐"产品。所以农家休闲茶室一般处于风景秀丽、茶资源丰富的旅游地区。

茶资源丰富的地区有浙江、福建、安徽、云南、四川、湖北、湖南等地,一些名茶,像杭州龙井、安徽的黄山毛峰和六安瓜片、福建的武夷岩茶和安溪铁观音以及白毫银针、云南的普洱茶、湖北恩施的恩施玉露也盛产在这些地方。同时因为这些地方的茶资源丰富,所以有不少以茶产品为主的"农家乐",像浙江杭州梅家坞、龙坞等。

4. 关于旅游服务行业顾客满意度的研究

(1) 关于旅游服务行业顾客满意度要素体系的研究。

在旅游服务行业中,有许多研究都进行顾客满意度要素体系的研究。进行这个研究的前提假设是：研究者认为总体满意度是构成某次经历的各单个要素满意度的总和。利用这个假设范式的最经典的研究就是 Parasuraman 等人于 1988 年关于 SERVQUAL 量表的研究。该研究把服务质量的要素体系定为 5 个维度：可靠（Reliability）、责任（Responsiveness）、保证（Assurance）、公情（Empathy）和有形（Tangibles）（Parasuraman, 1988）。

1988 年以来，SERVQUAL 已经被应用于上千项研究中，这其中也包括许多在旅游服务行业中的研究（Fleischer D. & Felsenstein, 2000; Huang C. T., Beaman J.& Shelby L. B., 2002; Hudson S., Hudson P. & Miller G. A., 2004; O'Leary S. & Deegan J., 2005）。Hudson S., Hudson P.& Miller G. A.（2004）曾根据 SERVQUAL 修订了一个专门应用于旅馆业的量表——LODGSERV，该量表包含 26 个项目、6 个因素，用来测量顾客对旅馆业服务质量的满意度。但是在旅游服务行业中，LODGSERV 的应用并不如 SERVQUAL 普及，应用 LODGSERV 的研究数量非常有限（O'Leary S. & Deegan J., 2005）。

也有很多研究者分别对不同行业的顾客满意度要素体系进行研究。1996 年，Terrence Levesqueh 和 Gordon H. G. Mcdougall 通过对零售银行顾客的研究，得出零售银行的顾客满意度维度包括以下几个因素：核心因素（Core），关系因素（Relational），有形因素（Tangibles），业务能力（Engibling），竞争力（Competitive）。2000 年，Tat y. Choi 和 Raymond Chu 通过对宾馆游客满意度的研究，得到游客评价宾馆满意度，主要从以下 7 个因素进行：服务人员的服务质量（Staff Service Quality），房间质量（Room Quality），一般服务条件（General Amenities），商务服务（Business Services），价值（Value），安全性（Security）以及长途直拨电话装置（IDD Facilities）。

在未来的研究中，顾客满意度的维度很可能会得到越来越多的关注。以前的研究已经表明了这样一种趋势：大多数研究者都基于顾客满意度的维度来测量顾客满意度的认知评价。

（2）旅游服务行业顾客满意度调查信息分析工具——顾客满意状态矩阵。

通过顾客满意度调查收集到的众多信息中，其中有两类：一是顾客对影响产品满意度的主要因素的重要程度进行评价；二是对各个具体指标的满意程度做出评价。顾客满意状态矩阵就是对两者进行对比分析，并由此得出对产品和服务改进的措施（Hudson S., Hudson P. & Miller G. A., 2004），如图3-4所示。

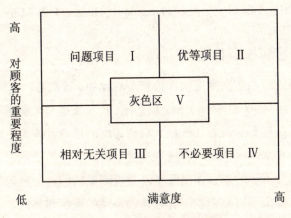

图3-4　顾客满意状态矩阵图

该矩阵是以产品或服务的各因素对顾客的重要程度为纵坐标，以对这些因素的评价的满意程度为横坐标。

对于Ⅰ区，在此区内的因素都是对顾客满意的影响较为重要的因素，如果做得不好将会影响到顾客对产品或服务的整体反映，但实际上企业在这些方面并未做好，因此这些因素就是企业努力的方向，是要解决的关键问题，企业要努力将上述因素向Ⅱ区转化。

Ⅱ区是优等项目，是重要程度高、实际评价也很好的区域，进入该区域的因素越多越好，是企业营销的优势，应保持。

Ⅲ区是相对无关项目，其重要程度低，评价也不高，一般不会对产品或服务的总体评价产生太大的影响，但企业也不是对这些因素视而不见，因为顾客的需求是变动的，这样就有可能发生相对不重要的因素变得重要而企业却没做好的情况，从而影响顾客的满意度。

Ⅳ区是不必要的项目，对于顾客这些因素并不重要，但企业却做得很好，顾客满意。但其实这些项目企业就是没有做好，顾客也不会不满意，不太会对顾客的总体满意程度产生多大影响，企业没有必要花太大的力气对待。当然如果做好它不费什么成本，那么可以将它做好。

Ⅴ区是灰色区，顾客评价对于这些因素是不好不坏，而重要程度而言，其也处于中等地位。这个区是一个不稳定区,有可能会向其他4个方向转化,因此对于这些因素,应注意不能只安于现状(Hudson S., Hudson P. & Miller G. A., 2004)。

3.4.4 研究构思和模型构建

在对国内外关于顾客满意度的评价模型对比中,我们可以发现:无论是"期望—实绩"模型还是ACSI模型、ECSI模型,其本质都是分析影响顾客满意的因素,以及顾客对接受的服务(产品)满意程度的推理过程。由此我们可以借鉴这一思路建立农家休闲茶室顾客满意度模型。

首先,我们分析影响农家休闲茶室消费者满意的因素。参照欧洲顾客满意度指数(ESCI)模型,再结合我国农家休闲茶室的现状和特点,笔者认为有如下4个因素影响消费者对农家休闲茶室的满意程度。

(1)农家休闲茶室的环境。包括农家休闲茶室所处地区的自然环境、人文环境、交通、茶室的知名度等外部环境,以及茶室本身的内部环境,如茶室的装潢设计等。

(2)顾客期望。人们的需求是不断变化和增长的,相对来说,人们很难对未来的需求做出预测,所以对目前的期望是影响顾客满意的主要因素之一。

(3)顾客的现实感受。这是指消费者对某次消费的感受。

(4)顾客对价值的感知。感知价值体现了顾客在综合环境、产品和服务之后,对实际所得利益的主观感受。

根据以上4点,笔者构建了农家休闲茶室顾客满意模型,如图3-5所示。

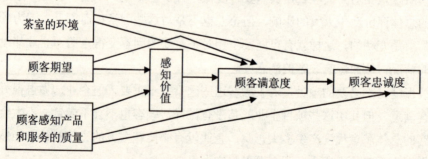

图3-5 整体研究模型

此模型框架可以被解释为：顾客满意度是由顾客在茶室的消费经历中，产生的对各项产品和服务的质量和价值的感知，并将这种感受同消费前的期望值相比较而得到的感受和体验所决定的。若顾客满意度低就会降低顾客的忠诚度，若顾客满意度高就会提高顾客的忠诚度。

本模型由三部分组成，包括初始变量、中间变量和输出变量。其中初始变量包括茶室的环境、顾客期望和顾客感知产品和服务的质量，中间变量为顾客感知价值，输出变量为顾客满意度和顾客忠诚度。

根据第2章的综述内容，结合相关理论研究，我们对模型中各变量维度进行描述，并同时构建我国农家休闲茶室顾客满意度指标体系（见表3-38）。

表3-38　我国农家休闲茶室顾客满意度指标体系

零级指标	一级指标	二级指标	三级指标
顾客满意度	环境	1 外部环境	1) 自然环境 2) 人文环境 3) 交通 4) 茶室的形象、口碑
		2 内部环境	5) 茶室的规模、档次 6) 茶室的布局、装潢 7) 客流疏导顺畅性和茶室宽敞度 8) 员工的仪表 9) 茶室的气氛 10) 茶室及各种用具清洁卫生状况 11) 配套设施状况
顾客满意度	产品	3 茶水、茶点、菜品	12) 茶水、茶点、菜品的可选择性 13) 茶水、茶点、菜品的口味 14) 茶水、茶点、菜品品种的搭配 15) 茶水、茶点、菜品的卫生状况 16) 产品的价格 17) 产品的性价比
		4 娱乐活动	18) 娱乐活动的多样性 19) 娱乐活动安排的合理性

(续表)

顾客满意度	服务	5 服务态度	20)	服务的主动性
			21)	对顾客的建议/投诉的重视程度
			22)	礼貌礼节
		6 服务水平	23)	员工的素质
			24)	对顾客需求反应的及时性、有效性
			25)	个性化服务
		7 服务的便捷性	26)	营业时间
			27)	可以打电话或网上预订座位
	茶室总体满意程度	顾客感知与期望的比较 对茶室的总体满意程度		对茶室的总体印象 茶室的总体感受是否达到预期
	顾客忠诚	顾客忠诚度		重复购买的可能性 做正面宣传或负面宣传的可能性

资料来源：文献综述整理

初始变量描述见表3-38中的三级指标描述；中间变量描述见表3-39。

表3-39 中间变量各维度的定义描述

中间变量	维度	定义描述
顾客感知价值	效用价值	消费者从茶室所提供的产品、服务中获得的价值
	娱乐价值	消费者在茶室所体验到的愉悦感
	关系价值	消费者能认同与卖方建立关系有助于自身获得某种利益

资料来源：文献综述整理

对于输出变量顾客满意度，本研究参考"期望差异理论"将其定义为"顾客（游客）通过比较自己消费之前的预期值和消费后的实际感受值之间的差异而得到的一致性与否的结果，如果结果与预期值相等或者比预期值大，顾客（游客）就把这次消费经历知觉为满意，反之知觉为不满意"。

3.4.5 研究问题的提出及研究假设

任何一家农家休闲茶室想实施"顾客满意战略"时，首先要弄清楚目前顾客评价我国农家休闲茶室的产品和服务质量的满意度时普遍基于哪些要素。所以，本研究的第1个问题就是探索我国农家休闲茶室的顾客满意度评价要素体系。

现有的研究已经证明：顾客的总体满意度和忠诚度对公司的盈利率有着重

大的正向影响(John T. Bowen & Shiang-Lih Chen.,2001;Jay Kandampully & Dwi Suhartanto.,2000;Graham Gould,1995;Banwari Mittal, Walfried M. & Lassar,1998)。因此，茶室在实施"顾客满意战略"时，首先也必须了解清楚哪些因素对顾客满意度和忠诚度的影响最大。同时，在时间和资源有限的情况下，由于企业希望把好钢用在刀刃上，如果我们能够为茶室提供"顾客满意战略"，那么茶室在实际管理中就可以节省资源，少走弯路。本研究希望帮助农家休闲茶室优先解决在实施顾客满意度战略、提高顾客满意度的过程中，那些对顾客来说最重要的问题。所以，探索顾客满意度要素体系中的各个构成要素对总体满意度和行为忠诚度的预测作用和影响大小就成为本研究的第2个问题。

(1)农家休闲茶室顾客满意度各要素的重要性。

通过调查问卷的方法，对农家休闲茶室顾客满意度测评体系中二、三级指标各项的重要程度进行分析。

(2)各因素对顾客总体满意度和行为忠诚的影响研究。

本研究也是利用问卷调查得到的有关农家休闲茶室顾客总体满意度和行为忠诚的数据，并且利用研究1中得出的重要程度大的因素的数据，以顾客总体满意度和行为忠诚度分别为因变量，各个重要程度大的因素为自变量，采用回归分析来分别探索这些重要程度大的因素中哪些要素会对顾客总体满意度的变化产生影响，影响大小的差异；哪些要素对顾客忠诚度的变化会产生影响，要素影响大小的差异。

基于本研究的假设模型，根据文献整理，笔者做出了以下5条研究假设：

研究假设1：我国农家休闲茶室顾客满意度可以用"外部环境"、"内部环境"、"茶水、茶点、菜品"、"娱乐"、"服务态度"、"服务水平"、"服务便捷性"这七大因子来测量，这七大因子即农家休闲茶室顾客满意度测评体系的三项二级指标，每项二级指标下又有若干三级指标。

研究假设2：我国农家休闲茶室顾客满意度指数偏低。

研究假设3：顾客对"环境"、"产品"、"服务"这三大指标的满意程度与顾客感知价值、顾客总体满意度均有较强的相关关系。

研究假设4：顾客对农家休闲茶室的总体满意度与顾客忠诚度之间具有较强的相关关系。

研究假设 5：农家休闲茶室顾客满意度测评体系三级指标的满意程度与顾客感知价值之间存在着一定的回归关系，顾客感知价值和顾客满意度之间存在着一定的回归关系。

3.4.6 研究总结

1. 设计农家休闲茶室顾客满意度测评指标体系

笔者通过理论和实证研究，设计出了符合我国农家休闲茶室的顾客满意度测评指标体系。该指标体系是由 4 个层次组成的框架结构：零级指标即顾客满意度；一级指标即环境、产品、服务这 3 个方面；二级指标为一级指标的细分，为：自然环境、人文环境、茶水等产品、娱乐等产品、服务水平、服务态度、服务的便捷性这 7 个项目；三级指标共包含 27 个小项，识别了农家休闲茶室经营过程中的主要顾客接触点。经过实证的检验，该指标体系被证明具有较高的准确性和可靠性，可直接应用于我国农家休闲茶室顾客满意度的测评。

2. 测量我国农家休闲茶室顾客满意度指数

笔者将我国农家休闲茶室顾客满意度测评指标体系应用于实践之中，通过问卷调查获取了相关的数据，经过加权平均计算，最终得到当前我国农家休闲茶室顾客满意度指数为 65.18，属于一个中下的水平，表明了当前规范我国农家休闲茶室市场、设计出符合消费者需求的产品、提高服务质量的重要性。

3.4.7 农家休闲茶室顾客满意度改进策略和实施措施

顾客满意度调研的目标之一就是为了提高顾客满意水平而提供改进策略或改进建议。从国内外企业推行顾客满意度调研的实践来看，提高顾客满意度的根本途径归纳起来主要有两个方面：在战略上要实施顾客满意战略，在行动上要推进顾客关系管理。

1. 农家休闲茶室顾客满意度改进策略

顾客满意战略是 20 世纪 90 年代在国际上广泛流行的一种新型的战略管理

理念。所谓顾客满意战略,即 CS 战略,是指企业为了不断满足顾客的需求,通过客观地、系统地测量顾客满意程度,并针对测评和分析的结果,一体化地改进产品、服务质量和企业文化,从而获得持续改进的业绩的一种经营战略(Oliver, R. & Desarbo, W. S., 1988; Juhl, H. J., Kristensen, K. & Ostergaard, P., 2002; Johnson, M. D., Nader, G. & Fornell, C., 1996)。

(1) 追求顾客满意和顾客忠诚。顾客满意战略强调,企业的整个经营活动要以顾客满意为核心,要从顾客的角度和观点,而非企业自身的观点和利益来分析考虑顾客的需求,尊重和维护顾客的利益。顾客满意战略的特征是以顾客为核心,以最有效的方式服务顾客,最大限度地满足顾客需求,力求获得顾客满意和顾客忠诚(John T. Bowen & Shiang-Lih Chen., 2001; Jay Kandampully & Dwi Suhartanto., 2000)。

一般来说,满意的顾客会给农家休闲茶室带来以下的好处。

① 更大的购买量。满意的顾客会比较多地购买茶室产品和服务,而且随着他购买的产品和服务的增多,他对茶室的满意度就会提高,而顾客对茶室满意度的提高又意味会促使顾客产生更多的购买动机,从而给茶室带来大量的商机和利润。据美国统计局调查,一个满意的顾客在有需要的时候再次购买原服务的概率大约为 32%。

② 容易接受新产品和新服务。基于对某地某茶室的信赖,满意的顾客会比不满意的顾客或满意度较低的顾客更容易听从茶室人员的介绍,也更有可能购买茶室所提供的附加产品和服务。

③ 顾客满意可以减少顾客对于价格的敏感程度,降低价格弹性。满意的顾客通常倾向于愿意为他们的利益付出较高的价格,而且对价格上涨的容忍度也会增加。这可以反映为较高的毛利,毛利的增加使得农家休闲茶室有更多的资源用于对顾客满意的提高上,从而形成良性循环。

④ 顾客满意可以降低失败成本。这里的失败成本是指茶室处理顾客不满意的成本。如果顾客不满意,顾客的行为会给茶室带来损失。不满意的顾客会产生购买后的心理不平衡的感觉,为了消除这种不平衡,顾客就会采取行动,如要求退茶水、菜品,公开投诉等,使茶室的经营活动受到阻力。因此,茶室必须花费时间、人力,有时候也包括金钱来处理顾客的这些不满意行为。而顾客

满意则意味着较低的顾客不满,也就意味着在处理顾客不满上花费更少的资源。

⑤ 顾客满意能为茶室带来良好的口碑效应和学习效应。营销学家 Philip Kotler 说:"满意的消费者是最好的广告。"满意的顾客会把他们愉悦的消费经历告诉别人,他们会向其他人宣传该企业及其服务。A. V. Feigenbaum 博士在其论文中写道:"今天,当顾客对商品的质量满意时——即他喜欢他所购买的物品时,他会告诉 8 个人;而当他不满意时,他会告诉 22 个人。"《财富》也报道说:"研究表明,人们会把他不满意直接告诉 8 个人,然而道听途说的人却超过 20 人。"可见,顾客满意能产生巨大的口碑效应。通过满意顾客对服务的良好评价并向其周边的群体传播来影响其他潜在顾客的方式,特别是在服务没有差异,或者即使存在差异,但消费者在购买之前不清楚这些差异的情况下,口碑效应能产生极大的威力和效果。另外,满意顾客使用服务所显示出的示范效应和意见的带头作用也给其他潜在顾客提供了一种学习效应。茶室可以通过满意顾客的口碑效应和学习效应来实现顾客延伸,使现在的潜在顾客变成将来的现实顾客,从而扩大顾客范围。可见,顾客满意不但增加了茶室获取新顾客的可能性,而且大大降低了茶室吸引、获取新顾客的成本。

⑥ 对茶室的忠诚。满意的顾客往往会忽视企业竞争对手的品牌和广告,他们会有意无意地维护企业形象。顾客对某个农家休闲茶室及其产品和服务认同后,在一定程度上使得这些顾客对其他家服务的低价不是很敏感,从而保证茶室拥有比较稳定的客源。

⑦ 提出建议。满意的顾客由于对某个茶室比较认同,往往在消费的过程中向茶室提供自己感觉到的或者从别的顾客那里了解到的信息,并能提出对产品和服务的一些建议。这些信息和建议对茶室来说是相当有价值的,它能使茶室比较客观地评价自己。

顾客忠诚可以导致顾客在态度取向和行为上有利于茶室的发展。态度取向代表了顾客对茶室的积极态度,也反映了顾客将产品和服务推荐给其他顾客的意愿,茶室的营销行为与消费者的生活方式或价值观相吻合,消费者对茶室产生情感,甚至引以为豪,并将它作为自己的精神寄托,进而表现出持续购买的欲望;行为上顾客将出现行为重复,行为重复是指消费者在实际购买行为上能持续购买某茶室产品和服务的可能性,可以用顾客购买茶室产品和服务的比例、购买的可能性等指标来衡量,这种持续的购买行为可能出自对茶室服务的好感,也可能出自于购买冲动或茶室的促销活动。只有态度取向程度高而且行为重复程度也高才是真正的忠诚;只有行为重复而无态度取向则是虚假的忠诚;只有态度取向无行为重复则是潜在的忠诚;既无积极的态度取向也无重复的购买行为则是不忠诚。真正意义上的顾客忠诚是顾客对产品怀有的积极态度与重复购买行为的完美结合,结果是顾客将该茶室作为唯一或首选的购买对象。

(2) 定期进行顾客满意度测评。要使顾客满意的经营观念转化为切实可行的经营方式,就必须定期对顾客满意度进行综合测评。通过对顾客满意度的测评和分析,了解和把握顾客的需求和期望,了解顾客对产品质量和服务质量及其价值的感知和评价,从而把握顾客的满意程度。进行顾客满意度测评,必须是客观的和定期的。测评内容的选择,应该是从顾客的角度入手,而不是站在企业的立场上来考虑,必须真正把握顾客认为最重要的测评指标(Grigoroudis, E. & Siskos, 2004)。同时,顾客对产品和服务的评价是在不断变化的,随着新产品的出现、竞争者的改变、顾客需求和期望的变化而变化。因此,顾客满意度的测评一定要定期进行,持续实施,并与过去的测评结果进行比较,与竞争者进行比较,从中发现问题,并及时采取相应的措施进行改进(Forza, C. & Filippini, P., 1998)。

顾客满意度的测评对农家休闲茶室来说有着重大的意义,详述如下。

① 有利于产品和服务质量的持续改进和创新。顾客的需求和期望不是一成不变的,顾客满意是一种动态的、相对的概念,从时间意义上讲,今天你的顾客满意是相对于昨天的不满而言的,更不能代表明天的顾客对你也一定满意;从空间意义上讲,你的顾客满意可能是相对于你的竞争对手的不满意而言的,如果茶室的竞争对手提高了顾客满意度,顾客就可能会对你不满意。通过开展顾客满意度指数测评,使茶室可以及时把握顾客满意或不满意的因素,可以分析预测顾客隐含的、潜在的需求,从而有力地推动茶室对产品和服务质量的持续改进和创新。

② 有利于企业竞争力的不断增强。茶室开展顾客满意度指数测评的一个主要目的,是把握与其竞争者满足顾客期望和需求的程度,了解竞争者在提高顾客满意度等方面的经验和做法,寻求自己与竞争者之间的差距,从而采取有效的措

施和对策，不断提高顾客满意度，赶上并超过竞争者，增强其本身的竞争能力。同时，通过开展顾客满意度指数测评，可以引导帮助茶室建立起以顾客满意度的提高为目标的新的经营战略、企业文化、员工队伍和创新机制，大大增强企业在市场经济体制下的适应能力和应变能力，从而在各方面增强茶室的竞争力。

③ 有利于茶室内部顾客素质的提高。茶室新的经营战略和文化理念被茶室内部顾客（茶室内部员工）认同和接受之后，员工队伍的素质将发生巨大的变化。通过外部顾客满意度的测评，茶室员工可以了解到顾客对产品的需求和期望，有助于增强市场观念和质量意识；员工们可以感觉到竞争对手及本茶室所处的位置，有助于增强危机感和紧迫感；员工们可以感受到顾客对产品的不满和抱怨，有助于增强事业心和责任心。

（3）一体化改进。影响农家休闲茶室顾客满意的因素是多方面的，涉及茶室的产品质量和服务质量，也涉及茶室的经营目标、茶室的经营文化等。因此，茶室要从与顾客接触的每一个环节入手，依靠全体员工以及政府、社团力量的共同努力，综合地、一体化地加以改善，才能够收到实际效果。可见，实施顾客满意度战略是一项系统工程（Ronin, J.J., Brady, M.K., Hult, G.T. M., 2000）。

2. 农家休闲茶室顾客满意度改进措施

在当前的买方市场条件下，顾客的回应力是有限的，这种有限性的直接表现就是多数营销活动的结果总是小于企业的预期。因此，在制订顾客满意度改进措施之前，必须花费一番工夫来切实了解顾客到底想要什么，这样才能根据顾客需求和顾客期望来有的放矢地实施改进措施，提高顾客满意水平。

（1）切实了解顾客期望，把握顾客感受。

① 顾客期望。农家休闲茶室从事服务活动应当重视自身的长期利益，提供给顾客的服务不仅应能满足顾客的最低需要，更应当使顾客感觉到服务给他们带来的实际效果超过或等于顾客期望，从而产生顾客满意、顾客忠诚，提升顾客价值。通常的顾客满意公式为顾客感知减顾客期望，从中可以看出顾客期望对顾客满意起到非常重要的作用。研究顾客期望是研究顾客满意度的基础（Arjan Burgers，Ko de Ruyter，2000）。

顾客期望是在顾客产生购买动机以后，经过各种渠道获得信息，通过比较鉴别，对茶室及其提供的产品和服务形成一种"标准"，进而对茶室及其所提供的产品和服务形成主观期望，并决定是否购买，这就是顾客期望（Forehlich, G. S. & Welch, H., 1996）。

但顾客期望是一把"双刃剑"：一方面，通过宣传及有吸引力的承诺，顾客对茶室的服务、价格、促销形成了一定的期望，以达到吸引顾客的目的；另一方面，在茶室树立顾客期望的同时，也为自己的行动设立了最低标准。如果农家休闲茶室使顾客期望很高，自己却无法满足，那么肯定会使顾客失望，起的作用就不大了。因此，在两者之间寻求一个平衡点是顾客期望管理的一个主要目的，即茶室创造的顾客期望既能吸引顾客，又能保证自己有能力兑现，达到顾客满意的最终目的。关于这方面的研究，有不少定性和定量的方法，本书在此仅作定性分析。

期望层次。KANO 提出了 3 种类型的顾客期望：基本型期望、期望和兴奋型期望。3 种不同期望的满足与否导致顾客不同的满意效果，该模型被称为 KANO 期望三度理论（同质量三度理论）。

1992 年，Arthur R. Tenner 及 Irving J. Detoro 在他们的著作《全面质量管理改善三步走》一书中将 KANO 期望三度理论发展成为顾客期望理论，把顾客期望分为：基本期望、规格与需求期望和愉悦期望。

本书在 KANO、Tenner 等人的研究基础上，提出了顾客对产品和服务的期望层次理论：

顾客的期望可以从低到高分为 3 个层次，这 3 个期望层次分别对应于产品和服务质量特性的 3 个层次，如表 3-40 所示。

表 3-40 期望层次

层次	产品和服务质量特性	顾客对服务的期望层次
层次 1	理所当然的基本质量特性	当然期望
层次 2	和消费支出档次高低相关的顾客可以选择的特性	关联期望
层次 3	使顾客欣喜的高价值产品和服务质量特性	感到欣喜

当然期望：是指顾客认为农家休闲茶室应该提供的产品和服务功能，又可称之为理所当然的质量特性。茶室提供了这些功能后，顾客也不会感到特别满

意。但若茶室没有提供这些功能,则顾客马上就会对服务感到很不满意。

关联期望:这种期望高低和顾客消费支出档次的高低相关联,顾客支出得越多,其期望越高。在所提供的服务中实现关联期望越多,顾客的满意程度就越高;反之,如果实现得越少,顾客的满意程度就越低。

欣喜期望:这类期望是指顾客希望得到额外收获、额外满足的要求,如果茶室没有提供满足这类期望的产品和服务,顾客不会感到不满意,但一旦提供了满足顾客这类期望的服务,顾客往往就会格外地满意,从而增加了顾客忠诚和顾客价值。

影响顾客期望的因素分析。顾客期望的形成或改变取决于顾客所能够得到的茶室及其产品或服务的信息。这些信息一般来源于以下几个方面:过去使用产品和服务的体验;茶室传递的信息,如广告、公共宣传等;从亲朋好友、同学、同事等处得到的信息;从竞争者——别家或别的地区的农家休闲茶室那里得到的信息;新闻报道、消费者协会等机构宣传的信息。

尽管各种信息来源对顾客期望的影响有很大的差别,但农家休闲茶室绝不能忽视自身在影响、改变或创造顾客期望方面所起的根本性作用。茶室一般可以通过直接方式或间接方式来影响或改变顾客期望。

直接的方式。直接方式主要包括:广告及媒体选择,企业的宣传材料以及信息咨询服务等。广告在传递信息方面有迅捷、及时、覆盖面广的特点。不同的广告媒体也会影响顾客对企业产品或服务的看法。某地的农家休闲茶室可以整体集中起来在当地的旅游集散中心、新闻媒体、观光游览车上和交通广播频道做广告,这样既省了广告费又达到集中吸引目标顾客前来的目的。

间接的方式。间接方式主要包括:销售动机、人员态度以及环境因素。如果茶室的销售动机是尽力向顾客提供尽可能多的产品,而对顾客要求的服务质量等不予重视,则会降低顾客的期望;人员态度对顾客期望亦有很大影响,如果茶室员工训练有素,能够热情、主动地为顾客服务,势必会提升顾客对茶室的评价和认可;环境因素主要包括场所的设计、面积、色彩、气氛、清洁程度等,这些因素的好坏一般会深深作用于顾客的潜在意识,间接左右顾客对茶室产品和服务的感受和评价。

② 获知期望的途径。一般来讲,茶室可以从以下几个方面获取顾客的期望。

- 直接与顾客接触。与顾客接触，直接了解顾客的需要与期望。
- 顾客投诉分析。虽然顾客投诉分析不足以使茶室充分理解顾客的期望，因为大多数不满的顾客不会向茶室投诉，但通过顾客投诉分类、整理、分析能不断地促使茶室改进产品和服务。而且对投诉管理得好，也是建立一个茶室与顾客良好关系的机会。农家休闲茶室应当鼓励顾客投诉、方便顾客投诉甚至奖励投诉的顾客。茶室可以在固定的场所建立投诉点、建立免费投诉体系和在 Internet 上开辟投诉网站等，这些可以由政府部门（例如农家休闲茶室所在的村委会）来统一管理。
- 对代表性顾客的调查。选择一批有代表性的顾客，组织顾客咨询委员会，定期举行专题座谈会，征求顾客意见，有针对性地了解他们对产品和服务的满意程度。

③ 有效的顾客期望管理。有效的期望管理要达到这样一个目的，茶室创造的期望既能保持对顾客的吸引力，又能使茶室有能力兑现，达到顾客满意的最终目的，一般应做到以下几个方面。

- 创造能够兑现的顾客期望。茶室在通过广告等方式影响、改变顾客期望时，一定要保证自己有能力兑现，既不夸大自己的能力，也不歪曲、隐匿与服务有关的对顾客非常关键的信息，做到实事求是。
- 与顾客进行广泛的交流沟通。沟通就是"共享信息的概念"，是影响他人的态度。最简单的沟通模式是 AIDA，即注意（Attention）：让潜在消费者了解到你的产品和服务。兴趣（Interesting）：关于服务存在的信息刺激潜在购买者获取其他有关该信息服务的信息。欲望（Desire）：如果在潜在购买者的感受中，服务能够解决一个问题，满足一种需求，就会出现购买欲望。行动（Action）：消费者采取购买行动（Grigoroudis, E. & Siskos, Y., 2004）。可见农家休闲茶室与顾客进行广泛的沟通与交流，对于顾客期望管理有如下重大的意义。

广泛的交流沟通可以让顾客感到，茶室确实在为他们服务，而不是在敷衍，使顾客相信茶室有能力兑现它的承诺。

交流沟通可以帮助茶室了解并纠正不能兑现的顾客期望。例如，提前告知顾客服务中存在的问题及解决方法，可以使顾客纠正其过高的期望，缓解顾客不满意的情绪。

交流沟通可以使顾客形成现实正确的期望。茶室要进行正确的沟通，一定要主动与顾客联系，并使用各种联络方式和沟通服务，例如提供免费电话和建立网络投诉系统，使顾客便于和茶室进行沟通。

- 注意间接因素对顾客期望的影响。如前所述，间接因素（环境因素、销售动机、产品和服务品质等）对顾客期望有很大的影响，茶室一定要认真对待，特别是一些茶室由于受各种主客观条件的限制，其硬件措施在短时间内无法提升档次，但其完全可以从间接因素方面考虑。例如，统一着装给顾客以醒目的标识，对茶室经营者及服务人员进行培训，使其在提供产品和服务时不但满足顾客的需求，而且给顾客带来快乐。
- 产品和服务的顾客感知与顾客期望的两个维度。提供增值产品和服务，是企业满足或超越日趋多变的顾客需要和期望、提高顾客的满意度、留住顾客、维持或提升企业竞争地位的重要手段之一。顾客满意度的高低取决于顾客的服务感知与其服务期望之间的正负缺口的大小。图3-6从产品和服务的顾客感知与顾客期望两个维度，清楚地揭示了增值产品和服务的重要性（Holbrook, M.B., 1999; Parasuraman, A., 1997; Roger, J.B., 1997; Sinha, I.& DeSarbo, W.S., 1998）。

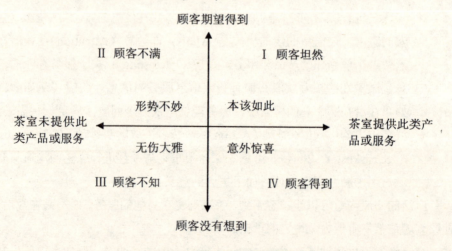

图3-6　顾客感知与顾客期望

第Ⅰ象限：如果茶室提供符合顾客期望的基本产品和服务，顾客通常认为这种基本的产品和服务的满足是理所当然的，并不会因此对该茶室产生特别的偏爱。

第Ⅱ象限：如果茶室未能满足顾客的要求，为其提供期望的产品和服务，就会因顾客不满意而失去顾客。

第Ⅲ象限：如果茶室未提供顾客没有期望的产品和服务，顾客也不会有所察觉。

第Ⅳ象限：如果茶室为顾客提供了意想不到的产品和服务，就会提高顾客的满意度，使顾客表现出惊喜。这种增值项目能使茶室的整体服务明显区别于其他竞争对手，使顾客对茶室产生关注和偏爱，从而有助于实现顾客保留和顾客忠诚。

（2）开展以顾客为导向的市场营销组合。

20世纪50年代末，迈卡锡（Jerome McCarthy）提出4P（产品、价格、渠道、促销）营销策略，对市场营销理论和实践产生了深刻的影响，被营销经理们奉为营销理论中的经典。然而，随着市场竞争日趋激烈，媒介传播速度越来越快，以市场为导向的4P理论越来越受到挑战。到了20世纪90年代，美国劳特朋（Lauteborn）针对4P存在的问题提出了4C营销理论：把产品搁置一边，赶紧研究消费者的需求与欲望（Consumer wants and needs），不要再卖你所生产的产品，而要卖别人想购买的产品；暂时忘掉定价策略，快去了解消费者满足其欲望所想付出的成本（Cost）；忘掉通路策略，应当思考如何给消费者方便（Convenience）以购得商品；最后忘掉销售促进，20世纪90年代正确的词汇是沟通（Communications）。4C总体上虽是4P的转化和发展，但被动适应顾客需求的色彩较浓。根据市场的发展，需要从更高层次以更有效的方式在企业与顾客之间建立起有别于传统的新型的主动性关系，如互动关系、双赢关系、关联关系等。

针对上述问题，21世纪伊始，美国西北大学唐.E.舒尔茨教授（Don E. Schultz）提出了4R营销理论，即Related（关联）、Response Speed（反应）、Relation（关系）、Return（回报）；艾略特·艾登伯格（Elliott Ettenberg）也提出类似的4R营销理论。他认为营销应以关系营销为核心，重在建立顾客忠诚。

其在《4R营销：颠覆4P的营销新论》一书中，阐述了4个营销组合要素：即Relationship（关系）、Relevancy（关联）、Retrenchment（节省）、Reward（报酬）。

4R理论以关系营销为核心，重在建立顾客忠诚。它阐述了4个全新的营销组合要素：即关联（Relativity）、反应（Reaction）、关系（Relation）和回报（Retribution）。4R理论强调企业与顾客在市场变化的动态中应建立长久互动的关系，以防止顾客流失，赢得长期而稳定的市场；面对迅速变化的顾客需求，企业应学会倾听顾客的意见，及时寻找、发现和挖掘顾客的渴望与不满及其可能发生的演变，同时建立快速反应机制以对市场变化快速作出反应；企业与顾客之间应建立长期而稳定的朋友关系，从实现销售转变为实现对顾客的责任与承诺，以维持顾客再次购买和顾客忠诚；企业应追求市场回报，并将市场回报当作企业进一步发展和保持与市场建立关系的动力与源泉。

以上述4R理论指导农家休闲茶室，则农家休闲茶室的营销策略如下。

① 实行关系（Relationship）营销。关系营销是美国营销学者巴巴拉·杰克逊于1985年首先提出的，菲利普·科特勒在其《营销管理》第六版也有论述。关系营销是指企业为了建立、维系、发展与其运作过程中相关的外部市场和内部市场的长期友好关系，而制订详细、适当的营销计划，实施直接、有效的营销活动。它是以系统论为基本思想，将企业置身于社会经济大环境中来考虑企业的营销活动，认为企业营销乃是一个与消费者、竞争者、供应者、分销商、政府机构和社会组织发生互动作用的过程。通过识别、建立、维护和巩固企业与顾客及其他利益群体的关系的活动，以诚实的交换及履行承诺的方式，使活动涉及各方面的目标在关系营销活动中实现。

默林·斯通（1998）对关系营销做了如下的描述：关系营销就是我们将如何 A. 找到您；B. 认识熟悉您；C. 与您保持联系；D. 尽可能保证您想从我们这儿得到和能得到的全部——不单是产品，而且包括您在我们与您的业务活动中所要求的各个方面；E. 检查我们对您承诺的实现情况。当然实施所有这些做法的前提是值得我们去这样做。

默林·斯通（1998）认为关系营销的主要原则在于：在任何时间都满足所有顾客的需求是十分困难的，所以必须优先考虑重要顾客的最重要需求。只有通过这种方式，满足顾客在你竞争对手那里未得到满足的需求，才能取得竞争优势。有鉴于此，需要 A. 很好地了解不同的顾客群体的需求；B. 优先考虑重点顾客及其需要；C. 决定应与哪些顾客群建立关系。

农家休闲茶室经营能否成功，关键在于顾客，因此建立顾客关系和维系顾客是农家休闲茶室关系营销的核心。德国营销学权威迈福特（Meffert）教授认为：组织应当把一个单一的顾客当作一个长期投资来看待，保持一个老客户要比赢得一个新客户容易得多，也便宜得多。帕累托原理：企业的80%利润来自20%的顾客（忠诚消费者）。按照帕累托原理，企业应当对20%的顾客进行重点管理与维持，与他们建立长久稳定的关系，从交易变成责任，从管理营销组合变成管理与顾客的亲密互动关系，减少顾客的流失率。建立良好的顾客关系网，是企业的一笔宝贵财富，通过这张网向外传播，还可为企业开拓市场，吸纳新客户起着促进作用。从问卷调查也可以看出，那些光顾农家休闲茶室频率比较高的人，他们的人均消费额度一般在70元以上，同时他们倾向于光临同一家农家休闲茶室并向亲朋好友推荐。

农家休闲茶室要实现关系营销，首先要从过去被动地"消费者请注意"转向主动地"请注意消费者"；关系营销，不仅强调一次赢得顾客，更重要的是强调长期拥有顾客；从重视顾客服务转向高度承诺。其次，要合理运用维持营销理论，如5A理论[①]，以较低的营销成本和较高的营销效率培养一批对农家休闲茶室高度满意和高度忠诚的顾客群。最后，要有完善的信息畅通渠道、健全的顾客档案，掌握顾客需求动态，随时与顾客保持友好联系。

② 建立快速反应（Reaction）机制，满足顾客个性化需要。个性化营销即各企业把对人的关注、人的个性释放及人的个性需求的满足推到空前中心的地位，企业与市场逐步建立一种新型关系，建立消费者个人数据库和信息档案，与消费者建立更为个人化的联系，及时地了解市场动向和顾客需求，向顾客提供一种个人化的销售和服务，企业尽可能迎合消费者个别需求和品味，并应用信息，采用灵活战略适时地加以调整（陈祝平，2001；Jack D. Ninemeier，2002；J·保罗·彼得、杰里·C·奥尔森，2000）。

个性化消费正在成为市场环境的主要特点，与目标对象建立长期共存的情

[①] 5A是指认识顾客（Acquainting）、答谢顾客（Acknowledging）、欣赏顾客（Appreciating）、分析顾客（Analyzing）、为顾客满意而行动（Acting）。

感纽带，通过持续性多样化的接触与服务，一方面加深目标对象对产品和企业的深入了解，进而提高信心，增加购买率和忠诚度；另一方面也可以根据目标对象的个性化需求，不断推出为满足需求而打造的精神愉悦和价值实现。因此，满足不同消费个体的差异化需要的能力是企业生存发展的一种重要能力，营销特征全面转向个性化，企业需要在消费者的个性化需求和规模效益之间找到最佳契合点（亨利·阿塞尔，2000；唐·E·舒尔茨，2005）。

农家休闲茶室可通过完成下列三步来实现对自己产品或服务的"个性化营销"：

- 建立目标顾客数据库。茶室对顾客资料要有深入、细致的调查和了解，掌握每一位顾客的详细资料对茶室来说相当关键。对于准备实施"个性化营销"的茶室来讲，关键的第一步就是能直接挖掘出一定数量的顾客，且至少大部分是具有较高价值的顾客，建立自己的"顾客库"，并与"顾客库"中的每一位顾客建立良好关系，以最大限度地提高每位顾客的价值。仅仅知道顾客的名字、住址、电话号码是远远不够的，茶室还须掌握包括顾客习惯、偏好在内的所有其他尽可能多的信息资料。茶室可以将自己与顾客发生的每一次联系都记录下来，例如顾客购买的时间、价格、顾客特定的需要、业余爱好、家庭成员的名字和生日等。

其中针对茶室顾客购买行为的分析有：

  ➢ 顾客对产品和服务的评价及反馈意见
  ➢ 顾客对某家茶室/所有茶室的意见和要求
  ➢ 顾客的消费观
  ➢ 顾客消费心理（偏爱、好奇、经济、便利、美观、求名等）
  ➢ 顾客的消费方式
  ➢ 顾客的消费兴趣，相当于顾客最关注内容（如：产品、服务、价格、功能、新特点、季节时令）
  ➢ 顾客受环境影响程度
  ➢ 顾客的心理价位分析
  ➢ 顾客对促销的认可程度
  ➢ 顾客购买时间分析

- 顾客购买动机分析（属于习惯、理智、感情、冲动、经济、随意等）
- 顾客综合价值判定
- 顾客对休闲茶室的忠诚度
- 顾客分布分析（地域、行业等）
- 顾客特性分析（年龄、收入、职业等）

"个性化营销"要求茶室必须从每一个接触层面、每一条能利用的沟通渠道和非竞争性企业收集来的资料中去认识和了解每一位特定的顾客。个性化营销，不仅增加了人性化和亲和力，提高了茶室的服务质量，同时，它也把茶室对人的关注、支持人的个性释放及强调对人的个性需求满足，提到了重要的地位。这样，茶室在经营过程中与顾客逐步建立了一种新型关系，建立了与顾客更为个人化的联系，为顾客提供了更快速、更贴切的产品和服务。这必将有助于茶室在经营上的成功。

- 茶室顾客差别化。"个性化营销"较之传统目标市场营销而言，已由注重产品和服务差别化转向注重顾客差别化。从广义上理解顾客差别化主要体现在两个方面：一是不同的顾客代表不同的价值水平；二是不同的顾客有不同的需求（亨利·阿塞尔，2000；唐·E·舒尔茨，2005）。因此，"个性化营销"认为，在充分掌握了顾客的信息资料并考虑了顾客价值的前提下，合理区分顾客之间的差别是重要的工作内容（亨利·阿塞尔，2000；唐·E·舒尔茨，2005）。顾客差别化对开展"个性化营销"的茶室来说，一者可以使茶室的"个性化"工作能有的放矢，集中有限的资源从最有价值的顾客那里获得最大的收益，毕竟茶室不可能有与所有的顾客建立关系的能力，也不可能从不同的顾客那里获取相同的利润；二者茶室也可以根据现有的顾客信息，重新设计产品和服务，从而对顾客的价值需求做出及时的反应；三者茶室对现有"顾客数据库"进行一定程度和一定类型的差别化将有助于茶室在特定的经营环境下制定合适的经营战略。
- 目标顾客沟通。面对"个性化营销"，我们熟悉的一些大众媒介已经不再能满足需要，这就要求茶室寻找、开发、利用新的沟通手段。计算机产业以及信息技术的高速发展，为茶室与顾客提供了越来越多的"一对一"沟通选择,例如现在有些茶室通过网络站点向他们的目标客户传输及获取最新、最有用的信息。当然,传统的沟通途径如人员沟通功效仍不能忽视。

③ 实行关联(Relevancy)营销策略。关联是指企业为顾客和用户提供的产品和服务不是独立的,而是形成一揽子的、集成化的整套解决方案;满足顾客需求也不仅仅是产品的功能,而是要从顾客实用需求、个性心理需求及潜在需求等多方面实现;或者产生某种利益回馈机制吸纳消费者,使用户与企业达成长期的契约式关系等。总之,以种种方式在供需之间形成价值链,为企业和用户之间建立长期的、较为固定的互需、互助和互求的关联关系(艾略特·艾登伯格,2003;默林·斯通,1998)。

在现代激烈的市场竞争中,顾客有很大的自主选择权。统计表明,现在顾客长期购买某种品牌的产品和忠实于某一企业情况越来越少,易变和高动态成为现代顾客流动的特点。由于顾客忠诚度是变化的,他们随时会转移到其他企业,因此要提高顾客的忠诚度,稳定顾客,赢得长期而稳定的市场,重要的营销策略是通过某些有效的方式在业务产品、需求等方面与顾客建立长期的关联,形成一种互助、互求、互需的关系,把顾客与企业联系在一起,这样就大大减少了顾客流失的可能性(艾略特·艾登伯格,2003;默林·斯通,1998)。

在实际中,关联的方式是多种多样的,茶室可以根据自己的经营情况进行选择:

- 出售方案——顾客关联。传统的销售是一次性的,营销活动具有一维特征,交易的孤立性,使得供需双方难以建立长期的交易关系。方案出售是一个连续交易的过程,它是利用系统集成的模式为用户提供一体化、系统化的解决方案,以保证整体最优(唐·E·舒尔茨,2005)。它与产品销售不同的是,方案销售是多维度的,在方案营销的过程中,茶室将顾客纳入到了经营过程之中。与顾客可进行相互交流,以丰富和提高顾客价值为目的,提供对于顾客来说最具价值的产品、服务和信息的组合体,从而使茶室与顾客之间建立起长久的互需互求、利益共享的牢靠关联纽带。
- 对位需求——产品关联。传统的营销活动主要是通过提高产品性能,以合适的售价和方便的营销渠道来促进顾客的购买。产品对顾客的需求对位是以大众化的需求为准则的,它的主要特征是产品品种单调缺乏个性化,对顾客的需求层次对应程度低。对位需求的产品关联,是将产品层次与顾客的需求层次进行关联,提供符合客户特点和个性的具有特色或独特性的优质产品和服务,以满足不同顾客的需要(唐·E·舒尔茨,2005)。在茶室中,如果顾客的需求为使用需求、心理需求和潜在需求三个层次,那么茶室提供产品的三个层次,核心产品、有形产品和无形产品应该与之关联并对准层位。对位越准、关联性越强。

- 消费联盟——利益关联。消费者联盟也称消费者会员制,是企业以回报消费者利益为驱动机制的一种新型营销方式(唐·E·舒尔茨,2005)。茶室与顾客建立利益关联的手段有:茶室将顾客的累计消费金额换成消费积分,根据积分的多少进行现金或其他奖励的利益回馈;累计数量折扣,累计让利销售等。

④ 4R营销策略之报酬(Reward)策略。"回报"兼容了成本和双赢两方面的内容。重视营销回报,就决定了差异化营销策略将成为我国农家休闲茶室的最优和必然选择(艾略特·艾登伯格,2003)。所谓差异化就是指茶室向顾客提供的产品或服务在行业范围内独具特色,而这种特色可以给产品带来额外的价格。如果农家休闲茶室的产品或服务的溢出价格超过因其独特性所增加的成本,那么这种差异化将使茶室取得竞争优势。因此,差异化营销策略的实质就是创造产品和服务的独特性,以获得竞争优势。

差异化营销的作用在于:A. 容易使顾客对茶室产生品牌忠诚,降低顾客对产品价格的敏感性,从而使茶室最大限度地缓冲竞争抗衡;B. 产品的差异化程度越大,所具有的特性或功能就越难以替代和模仿,茶室所获得的差异化优势也就越大;C. 差异化可以明显地削弱顾客讨价还价的能力。总之,差异化营销策略可以使我国农家休闲茶室跳出竞争模式雷同的怪圈,会极大地提高茶室的竞争实力和营销回报,从而使茶室为消费者提供价值和其所追求的回报相辅相成,达到一种双赢的效果(艾略特·艾登伯格,2003)。

(3)创建良好的农家休闲茶文化旅游环境。

① 创建良好的旅游环境。发展农家休闲茶文化旅游环境需要一定的物质和

社会基础，政府应予以扶持，做好软硬两方面的环境建设，为农家休闲茶文化旅游的发展提供条件。首先，旅游部门应加大投资，为茶文化旅游发展投入硬件建设，如选择适当的旅游点，兴建一批能展示茶文化魅力的饮茶场所，同时鼓励当地居民发挥本土特色以多种经济形式来运作。建筑的风格要与当地的风景、文化相一致，使游人产生身临其境的感觉，扩大茶文化和休闲文化的魅力和影响力。其次，旅游管理部门、旅游企业和科研部门应通力合作，根据当地茶文化的特点和现状，研究和建立起一套科学缜密的理论框架，指导农家休闲茶文化旅游健康发展。同时，旅游管理部门和旅游企业应加大支持科研工作者进行茶产业研究，并构建起将研究成果转化为现实利益的合理机制。充分认识到发展农家休闲茶产业的有利条件，通过大力发展茶产业来推进茶文化旅游的发展。再次，旅游管理部门应充分发挥监督和引导职能，加强对茶文化旅游场所的科学管理和茶文化旅游资源的保护，完善茶文化旅游中的规章制度建设。同时，还要帮助培训农家休闲茶室旅游区的工作人员，提高他们的文化素质、旅游意识、市场意识，从而提高农家休闲茶文化旅游的服务水平和服务质量。

② 加大宣传促销力度，不断开拓农家休闲茶文化旅游市场。现代人越来越意识到健康的重要性，同时也更加注重休闲。茶叶中含有众多的营养成分，某些成分的含量又如此之高，有的还是茶叶所特有的。茶具有独特的药用和保健功能，茶和天然药物在人类生活中的应用是中华民族在探索大自然的奥秘中获得最伟大、也最具有创造性的科学发现。从传说四、五千年前神农时代发现和利用茶、认识到茶有利于健康开始，历代医书先后记载了茶叶有20项、219种药效，诸如提神明目、止渴生津、清热消暑、杀菌解毒、去腻醒酒、利肠消食、通便利尿、去疾治痢、祛风解表、坚齿止痛、疗疮治瘘等。现代医学对茶的科学分析更指明茶叶中含有有机化合物450种、无机矿物质15种以上。它含有人体所必需的营养成分（如蛋白质、氨基酸、脂类、维生素类等咖啡碱、脂多糖、茶多酚等），对防止血管硬化、减少高血压发病率、抑制动脉粥样硬化，对放射损伤、肿瘤、细菌性病毒、免疫功能降低的防治都有功效。特别是茶多酚，更具有抗癌、防癌和延缓衰老的作用。寓养生、保健、防病功能于休闲品茗中，这是其他饮料无法取代的。因此倡导以茶养生，多喝茶、喝好茶已为越来越多的人所接受，现在人们追求的是健康的休闲，这与休闲茶文化旅游不谋而合。

如今再也不是"酒好不怕巷子深"的时代了,再好的东西不宣传很难被人们所认知,因此,要加强对农家休闲茶文化旅游的宣传。

③ 加强农家休闲茶文化旅游商品的开发工作。购物是旅游中的一项重要内容,农家休闲茶文化旅游的发展,必须注重茶商品开发研究工作。茶商品从狭义上说是指各种品牌的茶叶,从广义上讲是指以茶为龙头的包括茶具、茶点、农家菜肴、茶画、茶书法、茶工艺品、饮茶休闲时的娱乐活动等。有关部门可以编辑出版茶故事、茶传说、茶谚语等加深人们的印象,经营者和相关部门也可以制作一些反映民间饮茶生活的木雕,按比例缩小的茶具、茶桌椅、茶建筑等。

第4章 浙江省乡村旅游创新发展的突破口——分时度假

4.1 分时度假研究综述

4.1.1 分时度假的内涵

1. 分时度假的界定

分时度假英文为 Timeshare，又称 Vacation Ownership 或 Holiday Ownership。关于分时度假，国际上还没有统一的定义，可谓众说纷纭，归纳起来主要有以下几种：

致力于分时度假研究的兰德尔（Randall S. Upcherch）指出，分时度假通常指的是在规定的时间间隔里购买者所得的度假权。早期观点认为，当一个人购买了分时度假的一段时间，他们将消费一星期或更多。在这种购买方式中，消费者收到一份属于他们的部分产权的客房财产契约。当该产业逐渐演变时，出现了其他购买方式（如没有契约的方式）——使用权的安排。在这种购买方式中，买方所拥有的只有某个房间的一段住宿时间及配套的服务设施的使用权而没有房产所有权。有相同需求的顾客互相之间可以交换，即向分时度假交换公司支付一定的交换费用就可以在全世界范围内选择相同等级的度假场所进行消费。

兰德尔（2002）的研究进一步指出，分时度假（Timeshare）是指人们在某个度假地购买住宿设施（如公寓或酒店客房等）的一段时间（一般一个星期或者更长一点时间），购买者在每年的这段时间拥有这处房产的使用权。从法律角度分析，兰德尔认为最根本的问题在于分时度假产品真正转让给消费者的是使用权还是所有权。从消费者的角度看，分时度假产品被认为是一种度假产品和住宿产品的结合，消费者在约定的期限内和约定的时间内在这一住宿单元内可以居住。从产品的角度看，分时度假产品可以由一种产品时间段的形式展示（如图4-1）。因此，从这个角度说，分时度假是介于酒店产品和房地产产品之间的一种产品形式。

短期		长期
饭店产品	分时度假产品	第二住宅（房产）

图 4-1　产品时间段

随着产业的发展，术语"分时度假"涵盖了较广的产品选择。分时度假产品可用多种方式来定义，包括按地点、按项目和单元设计、按原来用途的类型、按拥有权的合法结构、以时间区段等来划分。由小规模单独房产到综合型度假房产。它们可能由饭店、公寓改建而成或者是专门建设的分时度假房产。这些分时度假房产坐落于海滨、山区或一些世界著名城市的中心。购买者每年可以购买同一单元房产一星期的使用权，或者在世界范围的多种度假房产和度假交换系统中进行选择。由于建筑风格的多样性，单元房产由工作室到四卧室的房间大小不一。任何合法房产都可用于分时度假的销售。

所有的分时度假产品都利用度假住宿设施，这些合法房产可以使购买者暂时拥有单元房，使用那里一系列的娱乐和服务设施，度假地提供管理服务以及行政/预订服务系统。

"分时度假"一词常常与"时段所有权"互相交换着使用，或者更多地与"度假产权"互换使用。"度假产权"尤其适用于适用于度假俱乐部会员制，在俱乐部里的会员购买一系列的度假权利（尤其特指时间点），而不是像传统意义上的分时度假产品那样在特定时间购买特定住宿单元每年的使用权。

罗伯特（Robert A.Gentry）认为，分时度假就是把酒店或度假村的一间客房或一套旅游公寓，将其使用权分成若干个周次，按10至40年甚至更长的期限，以会员制的方式一次性出售给客户，会员获得每年到酒店或度假村住宿7天的一种休闲度假方式。并且通过交换服务系统，会员把自己的客房使用权与其他会员异地客房使用权进行交换，以此实现低成本地到各地旅游度假的目的。

实际上，关于分时度假的定义，目前国际上流传较广的分别来自于美国佛罗里达州《分时度假房产法案》（Real Estate Timesharing Act CH721 Florida）和《欧盟分时度假指令》（European Union Timeshare Directive）。

《分时度假房产法案》中对分时度假项目的定义是:"所有以会员制、协议、租契、销售或出租合同、使用许可证、使用权合同或其他方式做出的交易设计和项目安排,交易中购买者获得了对于住宿和其他设施在某些特定年度中低于1年的使用权,并且这一协约有效期在3年以上"。

《欧盟分时度假指令》中对分时度假的定义是:"所有的有效期在3年以上、规定消费者在按某一价格付款之后,将直接或间接获得在1年的某些特定时段(这一期限要在1周之上)使用某项房产的权利的合同,住宿设施必须是已经建成使用、即将交付使用或即将建成的项目"。

通过分时度假的形式,购买和管理整个度假住宿的费用由很多用户共同分担了,因此每个用户只要花少量的钱就能享受到类似酒店般优越舒适的住宿条件,并有权在某段特定的时间内使用度假客房及相配套的度假地的娱乐设施。

尽管目前还没有统一的定义,但是分时度假的核心要素可以概括为以下几点:

一是对某个分时度假产品的购买,消费者所购买到的是3年以上的使用某处房产或某项设施的权利。

二是消费者要获得未来的住宿权利,需要按照协约的规定提前支付所需的款项。

三是消费者购买的每年在某处设施住宿的时间不能低于7天。

2. 分时度假产品种类

关于分时度假产品分类(见表4-1),黛安(Diane R. Suchman)认为,分时度假产品根据给予顾客使用计划和安排的不同而进行分类。

表4-1 使用计划和间隔类型(1996)

使用计划	混合时间	60.8%	间隔类型	每周或点数	93.7%
	季节自由选择	21.1%		两年	12.1%
	全年自由选择	20.3%		分段时权	8.8%
	点数	5.9%		不分割	6.7%
	其他	8.8%			

（1）一周制或分割使用一周制。一般地，分时度假产品的使用是被分割成每周出售，提供给购买者每年中一个单周的使用住宿设施的权利。最早的和最普通的分时度假是混合周。今天，大约94%美国分时度假项目出售每年中一周的时权，或者以点数的形式出售时权。然而研究表明，越来越多的度假者更喜欢更短、更频繁的假期。迎合这种心理的结果是，许多分时度假发展商允许购买者分开几次来使用他们所购买的一周的时权。一些城市分时度假地甚至允许客人只预订一天的客房使用。

（2）两年制。另一种流行的分割方式是两年制购买，这种方式提供给购买者两年使用分时度假房产一次的权利，因此在购买每年时权的基础上多了一种更为经济的选择。两年制销售在夏威夷尤其普遍。一些购买者选择两年制不仅仅因为它是一种经济的选择，还由于其安排提供给他们奖励时间和其他利益。从发展商的立场来看，两年制带来的收入会少一些，但是却把同样的管理费用摊在购买者的身上。一些观察家相信随着点数制变得更为流行，并且允许购买者购买更多的或者更少的点数，两年制的做法会成为过去。

（3）分段时权。多于一周的时段提供给购买者每年超过一个星期的，通常是每两年12个星期、10个星期、3个星期的使用权；或者在可选择年份中的4个星期的使用权。总的来说，业主根据一张固定的或者旋转的表格安排，分几次使用几周的时权。这种安排迎合了那些喜欢在滑雪胜地拥有第二住宅但又不能或者不愿意为这个住宅付全部费用和责任的人的需要。这种方式销售的时权通常更加昂贵而且比较难以参加交换。

（4）没有经过时段分割的项目。一个没有经过时段分割的分时度假项目（UDI）创造了一种会员制结构，在这个组织中，会员平等地分享住宿和其他设施。在私人俱乐部形式的 UDI 里，组织提供高质量的住宿机会和设施。那种拥有一个特定单元的方式被取代，在这里，会员们立下契约成为整个项目的部分拥有者。比如，南卡罗来纳的梅尔罗斯（Melrose）俱乐部的一员作为俱乐部设施的 1/1550 的拥有者，这个成员被允许轮流使用设施的特定天数，轮流的秩序取决于预订的先后。不像度假俱乐部的策略（点数制），UDI 的成员也有机会住宿于梅尔罗斯旅店的 52 间房间的任何一间。通常地，UDI 组织提供比如网球、槌球、游戏等设施，以及其他方面的免费服务，然而像高尔夫和划船这类活动就可能要收取费用。UDI 在很多方面和乡村俱乐部相似，如果 UDI 能够深入到乡村俱乐部成员的市场，就能够频繁地得到成员的赞助款，那么 UDI 毫无疑问会获得成功。

市场已经倾向于青睐度假俱乐部，通过符合成员特殊需要的产品裁减，他们能够提供给会员更大的弹性。但是 UDI 仍然已经在高端市场建立了属于自己的领地。犹他州的鹿谷俱乐部，使用 UDI 策略提供给购买者 1/195 的俱乐部设施所有权，包括一些高质量的服务和乡村俱乐部提供的个人服务。虽然 UDI 组织的成员能够购买第二个家或者 600 000 美元的公寓的高端细分市场，但是他们宁愿花 150 000 美元去获得 1/6 的所有权，从而能够获得所有的软件服务的利益，比如高质量的豪华度假设施。许多度假地的开发商正把 UDI 概念看做是一项改善饭店和公寓经营不善的策略。

随着更多的可选择的使用方式的出现，加之经营者想要吸引更多高端购买者的欲望，一周以上的分段时权的销售方式越来越多，这种时权能够允许购买者在那些奢侈的度假村中一年呆上超过一周的时间。购买者能够通过支付与购买整个所有权相比很少的钱来获得一部分的所有权，但是却有资格享有如同拥有全部所有权一样所能拥有的权利。比如，最初的业主俱乐部是在希尔顿岛上发展起来的，这个项目是由一个当地的发展商梅尔罗斯公司和美国的达拉斯俱乐部公司合资，是国家最大的业主私人俱乐部。大约付四五万美元后，业主俱乐部的购买者会接到一份契约，拥有一定天数的使用某种档次客房的权利，使用的先后次序遵循先来先接受服务的原则。

业主们同时也可以分开使用时段，由于俱乐部在全国的其他地方也发展了度假地，业主门也可以分割他们的时段，在不同的地方使用。

由于其高度的弹性，点数已经成为越来越受欢迎的度假产品购销方式。分时度假发展商出售象征着一定价值的点数。购买者可以像使用现金一样使用所购点数，来获得分时度假设施的使用权，在一些情况下，还可以获得其他的旅游服务。这个概念类似于消费者熟悉的其他一般的奖励系统。

许多基于点数制的度假村销售等同于每周制价值的点数。随着组织的产业不断增加，点数应该被定期地重新估价。点数也可以在度假俱乐部里作为交换。

由于点数制越来越受欢迎，于是开展了点数的时权交换。显然，点数提供给消费者一系列的利益，最主要的是给消费者最大限度的自由度去安排自己的假期。并且，很多点数制的组织都允许顾客购买额外的点数，还可以借用下一年的点数来配合本年度的度假安排。尤其在那些提供其他类型的住宿和旅游服务的点数制组织中，消费者可以把自己的点数用许多种方式进行组合，以配合自己的选择习惯、地点和时间。同时，点数制组织的建立和操作是比较复杂和昂贵的，也比较难以向购买者解释。由于不断有购买者和资产的加入，定期的评估也是必需的。在点数制企业通过经营积累的经验之上，在未来的几年里，点数制有望得到进一步的完善。

（5）灵活选择时间和灵活选择单元。分时度假从购买者使用时权的自由度上有很大的不同。传统的做法是，分时度假地出售固定的一周和固定的一个住宿单元给消费者，而消费者作为业主可每年在同一周去享用同一个住宿单元。虽然由于管理的方便和购买者享受时权的确定性，这种制度依旧受到欢迎，但是市场还是呼唤更大的自由和选择。一些度假地出售灵活选择的多周时权，这种时权意味着购买者购买在一个特定的度假地一周的使用权，但是能够自己选定时间。在一些可灵活选择时间的安排中，这一周的使用可以在指定的季节内自由选择；在其他的安排中，甚至可以在一年之中自由安排。在一些度假地，住宿单元也可以自由选择，比如，购买者在每年同一周来到同一个度假村，但是单元可以自由挑选。一些度假地允许购买者同时自定时间和住宿单元。

综上所述，我们可以将分时度假产品归纳为以下6种类型。

（1）固定时间的标准产品。此类产品通常以预先固定的一周或几周为销售单位，也就是说顾客每购买一个或几个单位的分时度假产品，就购买了在某住宿单元中的每年住宿一周或几周的权利。

（2）灵活选择时间。此类产品以不固定的一周或几周为销售单位，由于时间的灵活性，顾客选择分时度假产品的自主性就增大。例如，购买连续3个月的季度分时度假产品的顾客可以根据个人的时间安排享用分时度假的权利。但需要指出的是，这类产品的销售单位会受到季节的限制。如4周往往要求在一年四季中各选一周，季度产品就是每年连续选择的3个月等。

（3）购买使用权。此类产品中顾客仅仅购买分时度假房产的使用权，而非所有权。一旦房产交付使用，顾客就获得了在某一特定年限内房产的使用权，一般为 20 年或 30 年。当年限到期后，开发商可以将房产的使用权重新出售。

（4）度假俱乐部。作为购买使用权的形式之一，俱乐部的会员不需要购买固定的一周，也不需要确定住宿单元、房间大小、季节或者每年的天数。他购买的是俱乐部提供的住宿和旅游的综合服务单位。

（5）签约所有权。通过签署合约的形式表明开发商和顾客之间的房产所有权的转移，以确保顾客的权益。

（6）点数制。点数制作为最新的灵活度假观念，已经逐渐取代了原有的以购买固定时段为特征的分时度假产品。购买点数的顾客可以随意选择任何时间、房间大小和度假地点。当然，点数也可以用来交换固定时段的分时度假产品。

近些年来，传统的以周为单位的销售分时度假住宿权利的方式已经呈现走下坡的趋势，而由于点数制的灵活性，它将在 21 世纪全球分时度假产业中扮演主导角色。

RCI 成立了名为 RCI Points 的全球点数体系，其成员可以用其拥有的、把固定时段折合后的点数交换其他固定的或者分割的分时度假时段，也可以用来交换航空、租车、高星级饭店住宿、高尔夫等其他旅游产品。

4.1.2　国外分时度假研究

国外分时度假发展已有 40 多年的历史，其研究成果涉及面广，包括对分时度假的界定、分时度假产业发展分析、分时度假市场分析、分时度假市场开发及管理、分时度假市场销售、分时度假交换网络系统、分时度假保障体系、分时度假法律法规等方面的研究。所发表的文章大多为住宿业（Hospitalite Management）杂志、每年举办的各种分时度假会议论文资料、分时度假行业协会如 ARDA（美国度假地发展协会）等主办的杂志以及网上文章、RCI 和 II（国际交换联盟）公司网上公布的调查报告。现仅根据已掌握的资料对国外分时度假研究文献加以综述。

分时度假由一位名叫亚历山大·奈特（Alexander Nette）的德国人首创。他将度假地房产的股份出售给消费者，然后给予每个购买者在度假地住宿的权利，所有购买者被称为股东或合伙人。当时分时度假的形式还是最原始的，因为它出售的是独立房产，顾客只能在某处房产购买指定住宿单元每年 1 周时间的使用权。其使用权是永久性购买或固定一段时间（一般为20~40年）。一旦确定购买之后，消费者对于使用时间、住宿单元等都没有调整的权利。

黛安（Diane R. Suchman）分析了分时度假的发展历史，指出分时度假历史开始于20世纪60年代法国阿尔卑斯地区的一个滑雪胜地。20世纪60年代的欧洲，度假风气兴盛，法国地中海沿岸开发了大量海滨别墅，欧美政要、贵族、富商蜂拥而至，成为欧洲乃至世界的休闲度假中心。由于房产价格高昂，多数家庭无力单独购买度假别墅，而部分有能力购买别墅的用户，每年的使用时间非常有限，最多只有几周，空置率很高，所以出现了亲朋好友联合购买一幢度假别墅供大家不同时间分别使用的情况，最早的分时度假概念由此产生。据此，聪明的开发商发明了以分时销售客房使用权的模式来招揽客户，取得了很好的效果，分时度假市场由此形成。

这种崭新的度假形式产生的背景来自于两方面：第一，消费者的需要。当时欧洲的生活水平较高，人们思想解放，观念更新，开始追求休闲的生活方式，于是度假成了人们休闲的第一选择。但由于自身经济条件的限制，大多数家庭仍无力单独购买别墅，只能住那些昂贵的酒店宾馆，这时，人们就迫切需要一种既舒适又经济的休闲模式。第二，房产开发商的需要。当时欧美一些发达国家的房地产商遇到了这样一种情况，即经济过热时期开发建造的大量物业，在经济冷却后大量闲置，房产商不但无法将它们销售出去，而且在维护保养上也耗费了大量的人力、财力，于是房产商们也试图寻求一种新的途径，来消化这些剩余的房产。此外，充足的观光、康乐等旅游资源也为分时度假的继续发展提供了条件。

分时度假最早在美国的发展是在20世纪60年代晚期的佛罗里达地区。过度的房地产建设造成了大量在建或者尚未销售的公寓、酒店以及汽车旅馆。房产开发商把这些财产的完整的住宿单元合法地以分成52周时段的形式而转变为分时度假产品。在20世纪80年代初，分时度假在欧洲发展，开始了它在全球市场的扩张。

对购买者而言，拥有一个分时度假产品与拥有一个传统意义上的第二住所相比，最主要的益处是经济上的可承受性。新型分时度假时段的价格从5000美元每套/周到10万美元每套/周不等，大多数在1万美元左右浮动；再者，购买者缴纳一笔年费用于度假地维护和管理。

分时度假所有权的另一个主要优势是灵活性。通过国际交换公司的参与,例如 RCI 或 II,分时度假所有者只需花一笔很小的交换费用就可以将自己的度假时段与全球其他地方价值相近的度假时段相交换。1997 年,根据 ARDA 的统计资料,42%的美国分时度假所有者选择交换他们的度假时段。近年来,由于新的分时度假产品经营模式的引进,例如点数制以及度假俱乐部形式,使分时度假产品的使用已经变得更加灵活。新的产品经营模式的引进使购买者获得了更广泛多样的度假体验以及享受与旅游度假相关的配套服务。

詹姆士(James J. Scavo)及圣·约翰(St. John)在《分时度假产品的销售:游戏的规则》(1999)文章最后总结出:同分时度假产业具有极高的赢利可能性的情况相一致,此领域正呈现出前所未有的繁荣景象,像希尔顿、万豪这样著名的酒店企业以及上市公司对分时度假的扩张也反映了这样一种繁荣的局势。

分时度假二十多年来在美国已以大约 10 倍的增长速度发展,那是其他传统的住宿业无法相比的。而且,ARDA 证实,从 20 世纪 60 年代发展到现在,已有 2 百万美国人在美国国内约 1 600 个度假区、89 000 多个分时度假地拥有自己的度假时间。相反,20 世纪 80 年代,155 000 个家庭只拥有大约 500 个度假区。当然,这种发展形势表明,分时度假行业是一种灵活的能满足各种消费者需求的度假行业,正得到消费者的认同。1998 年超过 3 亿的年销售额便能说明问题。分时度假业拥有 50 000 多员工,直接解决了 220 000 个岗位,通过就业、消费、商业开销和税收提供 18 亿美元给美国财政。毋庸置疑,分时度假总的来说在很多方面获得了巨大的进步。分时度假业为地方、州府和联邦经济做出巨大的贡献。为了使现在的分时产业能和它显赫的名声相符,ARDA 采取措施,努力提高分时产业的信誉度和社会形象。

20 世纪 60 年代和 70 年代的强制性销售策略已经过去。那时,潜在的买主被诱惑,他们被推销员告知将得到分时度假的奖赏。例如,一推销商通过一个小时的叫卖吹嘘自己能给潜在买主赠送一种地面交通工具,但结果购买者得到的是一张装有轮子的草椅。当然,如此压迫式的推销和不道德的欺骗行为导致分时度假产业发展的负面影响。结果,这种错误和误导性的推销活动促使消费者保护法的出台和发展。到目前为止,分时度假行业一直受到了联邦和洲际法的规制。

第4章 浙江现象·旅游创新

浙江省乡村旅游创新发展的突破口——分时度假

20世纪80年代，很多著名的饭店服务集团也开始纷纷介入该领域，由此带来了分时度假产品质量的提高，也形成了分时度假市场的竞争格局，如1984年，马里奥特加入，随后是迪斯尼，希尔顿也在1992年进入了这个市场。这些有着良好声誉的著名服务性品牌的介入，大大提高了人们对分时度假产品的信任度。此外，他们的介入也给这个成长中的产业带来了营销、销售、金融、会计、法律和房产管理等方面的经验。另外，1983年佛罗里达州通过的第一部分时度假法案，严格限制和约束了开发商的行为，美国的分时度假市场开始有了法律的规范，分时度假产业的整体形象也开始有所改善。

20世纪90年代不仅有很多房产巨商加入，也有部分经营业绩尚佳的分时度假公司开始上市。2001年2月，共有59家分时度假公司在市场上公开交易，这使得分时度假产业在纽约证券交易市场的有效监督之下变得更为规范。在这个阶段，点数制的出现让消费者在选择时获得了更大的灵活性。顾客不必支付一笔钱去购买某度假地一段时间的房产使用权来加入该交换系统，而只需购买一定的点数，用所购买的点数来选择已将价格折合成分数制的住宿和娱乐等产品。分数制的推出标志着分时度假系统更加科学和完善，适应现代人度假旅游的需要，也标志着饭店业一种经营模式的制度创新。但是，另一方面，从开发者的角度来说，对开发者在管理上增加了不少难度和复杂性。因为开发者在单元面积、停留时间、地点、季节、点数分配等方面必须得配备一套有效的预定管理系统。

分时度假成为度假发展产业中成长最迅速、演变最具有创造力的部分。如表4-2所示，1980年至1997年间，全球分时度假的年度销售总额从4.9亿万美元到60亿美元——全球范围内每年增长率达到16%。重要的是，甚至在经济或房地产业萧条的时候，比如美国1990—1991年萧条期，分时度假仍保持着扩张的趋势。由于交易及购买者变得更加有经验，分时度假正快速地从令人质疑的产业历史中脱颖而出。同时，分时度假交易也变得更为多样化、复杂化，更具有竞争力。

如今，该产业囊括了81个国家中的大约5 000个分时度假地，全球每年的销售额估计约60亿美元。174个国家中超过300万户主拥有分时度假产品。最大份额——大约占了一半——的分时度假地坐落在北美地区。欧洲拥有超过1 000个分时度假地，是第二大受欢迎的分时度假目的地。

表4-2 1998年欧洲（部分国家）分时度假产业发展[①]

国家/地区	度假地数目	套房数目	业主数目	估计总销售额（百万美元）
英国/爱尔兰	121	3 500	70 000～75 000	72
卡纳利群岛	161	13 000	290 000～300 000	345
法国	130	6 000	20 000	25～28.5
意大利	178	11 000	70 000～75 000	110
葡萄牙和马德拉	108	7 130	90 000	90
德国、瑞士、奥地利	98	4 000	70 000	68
西班牙和巴利阿里	239	10 500	225 000	345

1996年，美国的分时度假产业包括了1 204个度假地以及约64 300个分时度假住宿单元。300个分时度假地，即美国分时度假地的25%，处在活跃的销售中。1996年，平均以10 000美元/周的价格出售的周数总共是218 000（周），因此销售总额达到了21.8亿美元。销售额每年的平均增长大概是13.8个百分点。美国分时度假地的平均入住率为87.5%。

1997年，总共有177万户主，即全部人口的1.95%拥有在美国的分时度假时段。1998年，美国分时度假的拥有者总数超出了190万，美国分时度假产品的销售总值接近30亿。

RCI有关资料报道，1998年全球分时度假时权拥有者有425万，或者是大约有1 275万度假者，分布在200个以上的国家中。在全世界有5 000多个分时度假地。自1980年以来，这个产业已经显示出令人瞩目的增长态势。度假地和时权拥有者的数目都显著地增长了，而且分时度假产业在地域上已经波及了更多的市场，如拉丁美洲和亚洲。新的市场还包括最近的印度和东欧，而且随着产业的快速增长，还在不断地扩展之中。

1999年RCI报告分析指出，亚洲分时度假业在20世纪80年代起步，并在20世纪90年代获得了迅速的增长。由于1997年的金融危机，一些国家的分时

---

① 数据来源：RCI参考．分时度假产业综观1998；RCI参考欧洲版．1997年关于以上国家分时度假产业的未发表报告。

度假发展速度减缓。但是随着经济的复苏,分时度假产业也恢复得很快,分时度假的概念也得到了更广泛的传播。

截至1999年6月30日,亚太地区共有484家分时度假村处在经营之中。其中日本以拥有320个分时度假村而名列榜首,紧随其后的是马来西亚,拥有41个分时度假地,泰国有38个,印度尼西亚有25个。这些度假村共提供了34 000个住宿单元。这些度假村分布在类型十分丰富的不同环境中,包括滑雪地、高尔夫球场、海滩、市区和山脉等。

除了日本和韩国以外,在亚太地区最普通的分时度假产品是分时度假设施的使用权,而且提供在一年之内的时间自由选择权。然而,灵活机动的点数制也在亚太地区发展流行起来,尤其在南亚地区。在韩国,大多数的分时度假产品提供每年4个星期的使用权。在日本,95%的分时度假产品提供每年26晚的使用权,但同时每年使用13晚的分时度假产品也越来越受到欢迎;另外5%的产品提供每年一周的使用权。

不同于其他地区,日本和韩国的分时度假产品购买者在购买产品的时候,并不享有在一年之内自由选择时间的权利。在亚太地区,时权交换的情况有很大的差异性,在新加坡,交换率很高,而在马来西亚却很低。

在亚太地区,分时度假产品的价格应当说是最适中的,除了日本之外,平均每周的价格是4 700美元。在日本,一份26晚每年的时权价格为63 000美元,而西方式的每周使用权售价为7 200美元。使亚太地区分时度假产品价格偏低的原因是由于本地区大多数国家国民收入的偏低、近年的经济危机,以及一些国家的国民没有每年度假的习惯。韩国以4个星期的形式出售,而且每个星期的平均价格偏低,也影响了亚太地区分时度假产品价格的偏低。由于本地区分时度假产品的价格低,以及受相关法规和本地区经济发展水平的限制,亚太地区每年分时度假的总量约为36 900万美元,其中日本30 000万美元,其他地区占有6 900万美元。282 000个家庭或个人拥有777 000个星期的时权,或者等同价值的点数。平均每个家庭或个人拥有的时权或点数是相对比较高的,这是由于韩国4周制的流行,以及日本的26天、13天的产品占主流的原因。

与北美、墨西哥以及欧洲的时权拥有者相比,亚太地区时权的拥有者年龄要相对年轻,而且拥有更多的孩子。除了日本之外,亚太地区时权拥有者相对于世界其他地区，他们的家庭年收入要低得多，平均只有 36 000 美元。而日本的分时度假产品购买者的年收入则达到了 103 000 美元，相应地，26 晚的价格也比较高。比较而言，美国和墨西哥时权拥有者的年收入只达到 68 000 美元。亚太分时度假项目的市场大多在国内，但是泰国是个例外。

在亚太的大部分地区，度假的停留时间倾向于更短一些，包括一些周末和法定假日的短假期。在日本，每次度假的平均停留时段仅为 1.9 晚，在其他地区也只有 4.4 晚每次。

与世界其他地区一样，分时度假产业给度假地带来了社会的稳定、就业的增加和旅游收入的增长。在日本，分时度假者 99%表示一定会去度假，而对那些还未拥有分时度假时权的人们来说，这个百分比会更高。在亚太的其他地区，这个比率达到了 130%甚至更高。在除日本以外的其他亚太地区，平均每个住宿单元每年创造的收入是 6 260 美元。

2003 年分时度假研究报告指出，全世界共有 5 425 个度假地，美国 1 590 个度假地，分布在 95 个国家。度假地最多分布在：佛罗里达（366）、加利福尼亚（125）、南卡罗来纳（119）。2002 年全球分时度假销售额 94 亿美元；2002 年美国分时度假销售额 55 亿美元；全世界分时度假每周的平均价格 10 600 美元；美国分时度假每周均价 14 500 美元；全球平均维护费用：每年 325 美元/周；美国平均维护费用：每年 385 美元/周。

分时度假产品所有者常住地分布在 270 多个国家。全球有 670 万消费者拥有分时度假产品；美国有 300 万消费者拥有分时度假产品；全球共有 1 070 万周的分时度假产品被消费者拥有；美国有 490 万周的分时度假产品被消费者拥有。全球共有 325 000 个分时度假住宿单元；美国共有 132 000 个分时度假住宿单元；全球分时度假地的平均规模：60 个住宿单元；美国分时度假地的平均规模：80 个住宿单元。

20 世纪 80 年代，还没有正式的分时度假市场的细分，20 世纪 90 年代以后，就出现了家庭市场、体育市场、国际市场等的细分，也出现了豪华型、高级型、优质型、价值型以及经济型的市场细分。表 4-3 列出了不同层次的分时度假产品的销售价格，也反映了市场细分的趋势。

表 4-3　1998 年国际分时度假前 10 位公司的年营业额[1]

公司	估计平均美元销售价（每周）	营业额（百万美元）
马里奥特国际度假俱乐部	17 200	425
阳光土地度假公司	14 800	359
费尔菲德公司	14 000	301
西门度假公司	12 000	300
维斯塔娜发展集团	11 400	173
西方潮流度假公司	8 500	171
银叶度假公司	8 000	133
迪斯尼度假俱乐部	16 500	132
蓝绿度假公司	9 000	103
壳牌度假公司	10 300	103

　　由于交换系统的作用，分时度假房产分布于世界各地，显得极为分散。但就产业结构来讲，却日趋集中。大规模的著名经营商凭借它们充足的资金和雄厚的实力，不断扩大市场股份，增加市场份额。而事实证明，这些大公司的介入也的确有利于分时度假产品质量的提高和行业信誉度的提高。

　　1998 年，根据年销售额，最大的开发商马里奥特国际度假俱乐部（Marriott Vacation Club International，MVCI）有 6.6%的市场。而 1994 年，它只有 4.4%。2000 年，马里奥特在分时度假上的收入达到 6.9 亿美元，到 2003 年超过 10 亿美元。这种变化的重要意义在于它显示了一个集团日益加强的领导地位。1994 年，分时度假业的十大公司占了整个产业 18% 的销售额，到 1998 年，这个数字上升到 34%。销售额超过 2 000 万美元的 40 家公司，只占了所有开发商数目的 1%，却创造了全球 55%的销售额（见表 4-4）。

表 4-4　1994 年和 1998 年国际分时度假行业年销售额集中程度[2]

公司	1994 年销售额（百万美元）	份额（%）	1998 年销售额（百万美元）	份额（%）
前 1	212	4.4	425	6.6
前 5	591	12.3	1558	24.3
前 10	872	18.2	2200	34.4
前 20	1202	25.0	2875	44.9

[1] 数据来源：Vacation Ownership World, http://www.vacationownership.com/index.html.
[2] 数据来源：Vacation Ownership World, http://www.vacationownership.com/index.html.

（续表）

公司	1994年销售额（百万美元）	份额（%）	1998年销售额（百万美元）	份额（%）
前40	1553	32.4	3512	54.9
产业总计	4800	100.0	6400	100.0

这些大公司除了在国内不断占领市场外，也开始了国际扩张的步伐。从度假地的数目看，40家公司中有4家公司在国外都有度假地。欢乐迈格（Hapimag）公司是点数制度的发明者，在15个国家拥有51个度假地，除了一家在美国外，其余都在欧洲。而全球化扩张首屈一指的则是阳光土地（Sunterra）度假公司，它在11个国家有87个度假地，成功地突破了国内或地区模式（见表4-5）。

表4-5　1998年国际分时度假前10位的公司拥有的度假地数量[①]

公司	国家	区域覆盖	度假地
阳光土地度假公司	美国	全球	87
克斯达麦克斯假公司	墨西哥	地区性	60
欢乐迈格度假公司	瑞士	欧洲/美国	51
马里奥特国际度假俱乐部	美国	美国、加勒比海和欧洲	38
拉克斯达俱乐部	西班牙	欧洲地区	33
费尔菲德公司	美国	本地	28
蓝绿度假公司	美国	本地	27
西方潮流度假公司	美国	本地	24
银叶度假公司	美国	本地	20
希尔顿豪华假期集团	美国	本地	20

至1998年，全球10家大型分时度假公司所有者构成见表4-6所示。

表4-6　1998年全球10家大型分时度假公司所有者构成[②]

公司	国家	部分	所有者
阳光土地度假公司	美国	分时度假	240
费尔菲德公司	美国	分时度假	220
西门度假公司	美国	分时度假	130
马里奥特国际度假俱乐部	美国	连锁饭店	125

① 数据来源：Vacation Ownership World，http://www.vacationownership.com/index.html。
② 数据来源：Vacation Ownership World，http://www.vacationownership.com/index.html。

(续表)

公司	国家	部分	所有者
欢乐迈格度假公司	瑞士	分时度假	122
维斯塔娜发展集团	美国	分时度假	75
银叶度假公司	美国	分时度假	72
西方潮流度假公司	美国	分时度假	68
壳牌度假公司	美国	分时度假	61
橙湖乡村俱乐部	美国	分时度假	57

4.1.3 我国分时度假研究

1. 我国业界对分时度假的理解

迄今为止，我国业界对于分时度假的概念众说纷纭，笔者认为具有代表性的有以下几种：

刘赵平（2002）认为，分时度假是因制度创新而创造出现实生产力的典型代表。在消费者的购买力没有发生改变的前提下，简单地调整了度假住宿设施的供给方式，就出现了"分时度假"的概念，进而产生了一个充满生机与活力的行业。从本质上而言，分时度假实际上是介于房地产产品和饭店产品之间的一种中间产品。定义的核心要素一是对合同有效期的规定，通过这种合同的安排，消费者所购买的是3年以上的使用某处房产或某项设施的权利；二是预付款项，消费者为了获得未来的住宿权利，需要按照协约的安排提前支付所需的款项；三是有每年住宿天数的要求（如《欧盟分时度假指令》），规定每年在某处设施住宿的权利不能低于7天。

杨立娟等（2004）认为，分时度假是指开发商将度假地的房产分割成以周为基本度假单位，并分别将分割后的度假房产的使用权出售给多个购买者。当消费者购买了一周的房产使用权后便成为该度假房产的使用权人，并拥有了在其所购买年限和使用年度内到自己的度假房产中住宿的权利。由于会员在购买分时度假使用权时已经预先交纳了住宿费，因此，在以后的使用年限内无须再交纳住宿费。此外，购买者还拥有自由买卖、转让、出租、馈赠、继承等系列权益，拥有享受公共配套设施的优惠使用权利。

孟晓苏（2002）认为，分时度假是一套全新的销售理念与服务体系，它的基本内涵是：将房屋按时间切割成可以供多户人家拥有的使用权，一般是按星期为单位分割，并将其出售给不同的购买者。

徐栖玲等（2000）认为，传统的分时度假是指顾客在购买某一项分时度假产品后，在指定地点、指定时间可免费使用住宿设施。指定地点涵盖在某一度假地、某度假宾馆、某特定的住宿设施，指定时间是在一年中某特定的期限内。新型的分时度假就是顾客一次性购买一定数量的"分数"，这些"分数"就成为他们选购度假产品的"货币"，可以在不同时间、不同地点、不同档次的度假地中灵活选择其"分数"所代表的住宅设施。

笔者认为，我国分时度假处于产业萌芽时期和产品导入期，分时度假是我国旅游业与房地产业相互扩张的产物。综观分时度假业在国际上的发展历史，它的产生有两大因素：第一、消费者的休闲度假旅游需要。第二、房产开发商的需要。

2. 分时度假在我国发展的有利和不利因素分析

从我国目前的宏观背景分析，与发达国家推行分时度假系统的初期情况十分相似，不论是供给还是需求，都已经基本具备了发展分时度假的条件[①]：

（1）房地产积压和接待设施出租率低的大背景为分时度假的发展创造出良好的供给条件。我国各地建有大批房地产项目，许多盲目开发的房地产由于价格高、市场定位不准等因素出现了严重积压，据国家统计局城市社会经济调查总队对全国35个大中城市的调查结果表明，目前全国还有6 000多万平方米的商品房空置，商品房严重积压。在这些积压的房地产中，有相当大一部分位于度假地和旅游城市。而通过借鉴发达国家的经验，分时度假这种经营方式能在经济过热时期盘活存量房，而且也可以低成本发展分时度假系统。

（2）旅游业的迅猛发展为分时度假创造了优越的发展空间。我国度假旅游需求已形成了一定的市场规模。特别是城市周边的周末短期度假和节假日度假已具雏形。根据国际发展规律，度假需求从产生、发展到具备一定规模所需的时间并不长，预期我国在今后3~5年内，可望形成具有一定规模的旅游度假市

---

① 吕铮. 休闲度假新理念——"分时度假". 国际商业技术，2001(1)：30-31.

场。这一市场的形成和扩大，将为分时度假创造良好的前景。

但是，分时度假在我国发展也存在着以下几个方面的障碍因素。

（1）法律、法规不健全[①]。分时度假涉及许多法律和政策问题，特别是如何保护消费者权益至关重要。目前我国国内已有一些企业变相开展分时度假，甚至一些外国公司也参与其中。如果消费者权益不能得到切实保障，分时度假就不可能得到健康发展。目前我国尚无关于旅游度假的专门法律法规，但相关法律问题可依据《民法通则》、《合同法》、《消费者权益保护法》以及房地产、金融信托、外汇管理、信息网络和酒店、旅行社等领域的法律法规进行处理。由于对公司出境旅游、购置海外房产（涉及外汇管理）等方面的限制，我国旅游分时度假制度与国际接轨、实现国际化交换尚需时日。目前最大的问题是强迫性销售和欺骗性销售。欧盟关于分时度假产品销售的《指令》要求销售商在与消费者签订销售合同时，必须规定10天的"冷静期"，即消费者在购买产品后的10天之内，有权无因退回，不必承担赔偿责任。此外，印尼、马来西亚、新加坡和泰国都已建立分时度假行业协会，统一制定业内自律规范。中国入世将为旅游分时度假的发展带来巨大机遇，相关法律法规也应逐步健全。

（2）价格与国内消费水平脱节。由于我国整体社会经济发展水平与发达国家存在较大差距，分时度假产品在最初引入我国时几乎没有作任何适应性的调整，基本照搬了国外的经营模式，产品的销售价格有些甚至高出国际平均水平。同时，最重要的一点是分时度假产品价格超出大众市场的现实购买力。按照国际市场分时度假产品的平均价格 8 000 美元计算，约相当于人民币 6 万元。中国人把购买分时度假产品与参加包价旅游团的住宿价格相比较，这样一来，售价高达数万元的分时度假产品不论从直观价格还是相对价格而言都不能算是经济性的产品。大众对分时度假概念的陌生和分时度假产品独特的销售方式，更进一步使其丧失了经济性的特点而具有贵族化的色彩。

（3）国际化分时度假产品的交换缺乏灵活性[②]。一方面，目前我国与世界上大多数国家没有免签证制度。境外旅客，特别是国外的非商务考察旅行者在

[①] 张泽一. 浅析我国旅游创新中的分时度假 [J]. 重庆商学院学报，2001(4)：50-52.
[②] 徐栖玲，等. 中国旅游新亮点——本土化分时度假交换网络 [J]. 商业经济文荟，2001(3)：50-52.

入境时要办理许多手续,从而降低了在我国境内的国际化交换网络中的分时度假产品对他们的吸引力。另一方面,我国政府对本国公民出境旅游有许多限制性的规定,这些政策法规限制了参加国际交换组织的国内度假宾馆,使其难以招到国外的分时度假客人,而国内的旅游度假者也难以去国外度假。目前我国加入国际分时度假交换网络体系的度假村或饭店为数不多,据统计,其中加盟分时度假联盟 RCI 的只有 17 家,加盟国际交换联盟(简称 II)的只有 1 家。国际化分时度假产品的国内网络的组建存在网点少、规模小的弱点,令购买者在短期内无法自由选择国内的各类度假地,大大影响了分时度假产品的吸引力。

4.2 分时度假与乡村旅游结合的理论探讨

4.2.1 国内外旅游信息化的发展现状

20 世纪后 50 年,是现代旅游大发展的时期。伴随着各国经济的复苏、交通工具的革新、生产的自动化、城乡格局变化以及职工"带薪假期"制度的建立,出现了现代意义的旅游发展。国际旅游人数以每 5 年期增长 41.3%的速度发展;同时旅游消费以每 5 年期 77.8%高速增长。世界旅游组织(WTO)称旅游业为"世界上最富有活力的经济增长点"。

随着互联网和电子商务的不断发展,各旅游企业之间的信息交换和共享存在的问题也逐渐暴露出来。各企业在数据共享、交换和维护上的投入消耗了企业大量的人力和物力,企业间信息交换存在的共享能力弱、费用高等问题成为进一步发展电子商务和旅游企业信息化的瓶颈。当前 Web Services、XML 和 ebXML 等新技术兴起,为旅游业信息交换和共享提供了新的解决方案。国际旅游标准化组织 OTA(Open Travel Alliance)自 1999 年成立以来,就致力于协调包括航空、酒店、汽车、旅行社、旅游目的地等相关旅游供应商、机构和组织。OTA 自 2001 年开始制定以 XML 和 Web Services 为基础的旅游国际 IT 标准,以克服各旅游企业间信息共享存在的问题,至今已制定出旅游商务内容和客户信息交换、汽车租赁业、航空业、旅游保险业、旅馆等多种信息交换规范,如 Open Travel Alliance Message Specification。这些规范的制定为旅游企业间进行信息交换和共享提供了便利,奠定了建立全球统一旅游市场的基础。GLIN(the Great Lakes Information Network,北美五大湖地区信息网)提供了面向北美五大湖地区查找和提交数字信息的服务。这个网站主要由 4 个部分组成:GIS 数据库、在线地图发布、地图长廊和资源。用户可以依据主题、地理区域等进行数据查询;通过 Internet 来访问在线地图发布;地图长廊则提供了几张高质量的图片来免费下载,资源中将提供与 GIS 相关的资源信息;VirtualMalaysia.com,虚拟马来西亚站点中也使用了 GIS 地图来发布旅游资源相关的信息;南非的发展中国家津巴布韦通过 GIS 平台,面向世界发布他们的旅游信息和文化信息,同世界信息保持通畅的沟通渠道;哥伦比亚充分意识到 GIS 在旅游资源管理、分析和规划中的重要作用,就这方面的应用展开了深入的研究工作。

目前国际上主要有 RCI 和 II 两家度假交换系统,详述如下。

(1) RCI 交换系统。RCI(Resort Condominiums International,RCI)是目前全球最大的分时度假交换公司,这家总部设在美国印第安纳州的美国公司成立于 1974 年,在全球率先引进了分时度假交换的概念。分时度假交换允许购买者将其在自家饭店(度假村)购买的使用权在某一年与隶属于 RCI 分时度假全球交换网络的 3 400 家度假村中的任何一家进行交换。通俗地说,当你花一定的钱(肯定比平时住宿便宜许多)在一家已加盟 RCI 的饭店(度假村)买了 20 年(每年一周)的住宿权,那么每年的这个星期你就成为这间饭店(度假村)房间的主人,但一个酒店、一家度假村再好,也没有人愿意几十年里都在同一个地方欢度他们的假日时光。于是你可以通过 RCI 把你的这间饭店(度假村)的一周住宿权交换出去,如果签证允许的话,你就可以到世界各地旅游了。

目前,RCI 与全世界 100 个国家的 3 600 个饭店签订了分时度假联盟,为居住在 200 多个国家超过 260 万个家庭会员提供假期交换和旅游服务。RCI 在全球分时度假交换市场占有绝对的统治地位。世界上每 10 家分时度假村中有 7 家是由 RCI 负责交换,每年每 10 个度假交换业务就有 8 个是由 RCI 确认完成的参与分时度假计划的持有人中,有 75% 是 RCI 的会员。1999 年,RCI 处理了全球 200 万次的交换手续,完成 750 万人的度假梦想,该年度分时度假业的营业额达 67 亿美元。

要成为一个 RCI 加盟饭店(度假村)并不很难,在正式申请之后,只要接受

RCI 专业人员对其现场和周边环境的考察和检验便可以了。考察合格以后，酒店须向 RCI 交加盟费 3.5 万新元（合人民币 17.5 万元），以后每 6 年更换一次合同，但酒店无须再向 RCI 交钱了。每个饭店（度假村）的加盟费都是一样的，但如果是集团，无论下属多少家饭店（度假村），都只收一份钱。据 RCI 亚洲总部的有关人士介绍，饭店（度假村）办理加盟 RCI 所需的时间大约为 1 至 3 个月。RCI 只是为分时度假所有者提供交换服务而不负责管理度假村，也不代表度假村售卖度假时间。饭店在加盟 RCI 后，可以自行销售或请专门的销售公司帮助销售。

（2）II 交换系统。如前所述，II（Interval International）是由分布在世界各地的 2 000 个度假区和超过 1 500 000 个会员成员组成。自 1976 年起就一直以卓越而且高标准的服务质量在同行业中处于领先地位。II 为其会员（世界各地的旅游者）提供多种多样的交换服务和其他的优惠来丰富他们的度假体验，对于所有者来说，度假区的成员资格在 II 的交换网络中是有一定限制的，他们必须遵循 II 所制定的严格的质量标准。组织内所有度假区的所有权和经营操作都不归属于本组织。

我国旅游业的信息化建设取得了长足进步，但仍远远落后于西方发达国家，目前尚处于发展初级阶段。国家旅游局从 1990 年起开始抓信息化管理并筹建信息中心，1994 年，信息中心独立出来专为国家旅游局和旅游行业的信息化管理提供服务和管理技术。2001 年 1 月，国家旅游局在全国旅游工作会议上宣布启动全国旅游行业信息化工程——"金旅工程"，以推动我国旅游信息化进程。目前，全国旅游部门的国家、省（自治区、直辖市）、重点旅游城市、旅游企业四级计算机网络的建设初见规模。比如由国家旅游局和国家统计局共同开发的"假日旅游预报系统"实现了全国参报单位的网上数据交换，及时准确地完成数据汇集、传输、审核、分析功能，保证了审核和信息的发布，为黄金周的预报工作提供了有力的技术手段。"办公自动化系统"、"假日旅游预报系统"、"导游员 IC 卡管理系统"、"旅行社年检网上填报管理系统"等一批全国性应用网络系统的推广应用，初步实现了行政办公和行业管理部分功能的电子化。旅游网站的发展也很迅速。例如，截止到 2001 年，通过 e 龙网（www.elong.com）预订的酒店、机票等各种旅游产品接近 3 亿元人民币；e 龙的消费旅行卡能提供全国 120 多个城市 1 000 余家酒店的预订服务及 4 000

第4章　浙江现象·旅游创新
浙江省乡村旅游创新发展的突破口——分时度假

余家消费、娱乐场所的打折优惠；浙江省旅游局是国内首家建立全省旅游 GIS 系统的样板单位，浙江省旅游资源丰富，为了进行旅游行业的现代化管理，经过平台软件选型，最后采用了 ESRI 全系列平台软件，建立了全省旅游 GIS 系统，为推动全国旅游行业的 GIS 应用起到了积极的示范作用。浙江省旅游局开发的旅游 GIS 系统，包含两个部分：旅游资源采集、管理 GIS 系统和全省旅游资源信息 WebGIS 发布系统。两个平台面向不同的用户群，前者主要面向管理部门，普查、采集全省的旅游资源，同时提供基于 GIS 平台的旅游资源统计和管理的功能；后者面向一般企业和游客，向他们发布已有的旅游资源基本信息，并且提供简单的地图浏览、数据查询、定位的功能；中国电信"商务领航"从化旅游信息平台（域名：http://conghua.gz168.com）是由广东市旅游局和市电信局共同打造，面向广州、珠三角及港澳地区的广大用户的互动旅游信息服务平台。平台汇聚了从化旅游的最新的动态、最热的景点和线路，搜罗了从化旅游的吃、住、行、游、购、娱等综合信息，并整合了"商务领导"的互动中心，通过互联网、固定电话、小灵通等通信工具，以语音人工查询和网络自助查询两种服务手段，为广大消费者到从化旅游提供方便快捷的信息查询。平台包括的模块有：主题旅游、景区（点）、酒店、美食、交通路线、购物、娱乐、特色旅游等。提供的服务有：留言、网上查询、网上订制小灵通短信、视频展示、短信群发等。

目前，我国加入国际分时度假交换网络体系的度假村或饭店为数不多，据统计，到 2005 年，中国加入国际分时度假交换网络体系的度假村或饭店已有十多家，其中加盟 RCI 的 16 家，加盟 II 的 3 家。但是，自 20 世纪 90 年代分时度假传入我国之后，很多大型的旅游和饭店集团都作了新领域的尝试。北京"天伦"、四川"宝世"、海南"华夏之旅"和深圳"乐全球"等几家分时度假经营公司正在向规模型经营发展，有的公司已达到一定规模，拥有几百家合作酒店和近千名会员，每月都安排百余户家庭出游。这些新的分时度假交换网络和模式的建立，标志着中国本土化的分时度假模式已经开始成型。

目前，国内进入运作阶段的本土化度假网络经营公司数量不多，形成一定规模的不超过 10 家。国际分时度假网络交换公司成功的主要经营，就是他们都建立起了较强的技术网络支持体系。要在中国发展国内度假网络产品，计算机网络支持系统必不可少。技术支持是为消费者提供优质服务的重要保障。许多分时度假企业都在网上建立了自己的网站，并为他们带来了较好的宣传效果。IBM公司为华夏之旅分时度假往来公司设计了实现电子商务的完整解决方案，华夏之旅公司正在为分时度假的网络交换、客户服务、会员管理、数据库营销等建设一个优良的平台。新旅网公司的网站也已开通，他们希望通过现代网络技术，以第三方的身份介入到酒店、度假村与消费者之间，将若干个酒店、度假村和广大消费者连接成网络，通过现代信息技术和一种全新的运作模式，实现酒店、度假村闲置资源的重新培植。

目前，我国比较完善的乡村旅游信息平台主要有北京乡村旅游网以及婺源乡村网，北京乡村旅游网主要内容涉及一些农家美食、乡土特产、节庆活动、休闲农庄以及休闲健身、博物展览、旅游景点、旅游百科、民俗荟萃介绍以及宾馆饭店的预订，仅仅提供信息的发布以及宾馆的预订等功能。而婺源乡村网（www.xcwy.net）主要介绍了婺源乡村文化、徽州文化、名人史记、婺源特产、婺源景点介绍、经典路线、婺源自助游以及自驾游等信息，同时也提供了一些游记赏析以及婺源摄影等其他信息。"成都农家乐·休闲网"初步实现网上预订，集中以旅游线路、客房产品预订为主，其他网站主要作为乡村旅游目的地政府或研究机构对外信息宣传的平台与窗口，集中展示乡村旅游产品信息，提供少量信息搜索服务。但是现有的这些乡村旅游服务平台，无论是从乡村旅游定制的实践看，还是从乡村旅游市场的研究来说，都还不能算真正意义上的乡村旅游服务平台。现有的这些平台服务制定仅仅限于景区内容介绍，涉及的旅游资源和服务数目有限，服务间的关系简单，可以定制的方案少，不可能形成社会化的、广域范围内的乡村旅游服务市场。

国内乡村旅游信息平台通信服务水平落后。网络电子技术、信息技术与电子商务平台缺乏有效整合，网络信息服务应用不强，信息交流以展示功能为主；国内乡村旅游电子商务网络担负企业、政府、旅游者信息发布与交流的平台，旅游者与旅游企业间电子交易未能充分发展，电子商务发展处于初级阶段；客户关系管理、游客与网站交互发展滞后；在线调查、网上投诉、游客询价等客户服务功能建设缓慢，甚至忽视，游客通过网站与乡村旅游企业交流不畅，客户关系管理系统建设有待加强，缺乏个性化服务功能；部分国内乡村旅游网站开始实行会员管理，但缺乏电子邮件与移动通信等及时信息交流，会员作为旅游者信息反馈的窗口作用没能充分显现；电子地图查询系统建设很不完善，缺乏 GIS 系统平台支撑，旅游目的地地图信息以静态平面展示为主，缺乏交互功能，没有立体空间多层次虚拟展示功能；几乎没有调查样本语言选择功能，网站面向对象仅限于国内乡村旅游者。

总之，国内乡村旅游电子商务网站建设滞后，规模偏小，表现为政府推动型，缺乏真正意义上的旅游电子交易，乡村旅游信息服务平台建设已经滞后于其他方面的发展，一个由政府、个人、企业、科研机构、社会组织等多方主体推动，融合网上预订交易，涉及酒店、交通票据、景点票据、旅游产品线路等产品服务预订，功能完善的集中于在线调查、投诉与反馈、旅游科研、信息搜索、语言选择、电子地图查询、信息交流与展示、会员管理、电子邮件、景点投票调查等成熟的乡村旅游信息服务平台成为当前乡村旅游发展的必然需求。

4.2.2 分时度假产业特点的创新意义

纵观分时度假业的发展，生命力在于创新。作为一种业态创新，其主要特点表现在产权模式、经营模式和消费者权益模式 3 个方面[①]。

1. 产权特点

分时度假交换系统在产权模式上与一般旅游饭店业的产权模式有很大区别，具体表现如下。

（1）产权高度分散。这是指分时度假产品的房产所有权高度分散。目前大多数饭店不论其是单独经营，还是集团经营，都是一种传统的产权模式，即从产权上看，是一家或几家大的投资商（股东）共同投资兴建饭店，并拥有饭店的所有权，产权高度集中。而分时度假交换系统中的房产产权，分属加入该系统的千千万万位具有一定度假房产所有权的个人，这里有三种情况，第一种是消费者个人已拥有某度假地房产权，加入到该系统中来；第二种是房产开发商将开发的度假房产整体加入到该系统中，由系统分别销售给消费者个人；第三种是分时度假系统看好某处（度假地）的旅游消费前景，投入大资金整体购买

---

① 陈月亮. 分时度假浮出水面. 经济论坛，2001(16): 23.

后,再将房产分时段销售给消费者个人。以上几种情况均形成分时度假产品产权的高度分数,且房产所有者拥有的只是度假产品某一时段的所有权。这种产品所有权高度分散的特点,是分时度假交换系统产权结构、产权模式的创新。

(2) 产权所有者和经营者关系不同。通常饭店业除业主自营外,大多所有者都采取委托经营、加盟经营或联营等形式。产权所有者和经营者之间存在一种利益上的契约关系,经营者必须将产权所有者的经济回报放在第一位,并按期完成产权所有者下达的经济指标。而分时度假交换系统的度假产品所有权与经营权之间是一种参与关系,经营者关注的是产权所有权拥有的房产加入到交换系统后是否能满足其他产品所有者的需求,即产品的可交换性,经营者把为产权所有者提供快捷的交换服务放在第一位。

(3) 所有权之间的灵活互换。一般饭店业产权的流动性比较弱,尤其饭店业是一种资金密集型行业,产权流动受到很多因素制约,除非是大的收购、兼并活动所为。而在分时度假交换系统中,交换系统的生存正是取决于产权的交换性。任何一位取得度假产品所有权的人,都是为了使产品具有互换性,即产权所有者通过对产品使用权的让渡,换取对另一产权的使用权。如果这种互换性差或互换范围、互换区域受到限制,那么分时度假交换系统将面临生存危机。正是这种产权模式的创新决定了该系统经营模式的创新。

2. 经营特点

(1) 营销创新在于交换条件的设计。从经营上看,通常饭店经营者是根据自己掌握的客房资源情况,最大限度地提高房客出租率,以取得经营利润,但经营主动权掌握在是否要租赁客房的客人手里,尽管饭店集团或饭店预订系统采取多种营销方式、手段来提高客房出租率,但经营主体对经营客体的不可预见性总是困扰饭店经营的难题。但从分时度假交换系统来看,经营者经营的不是客房或度假地房产,而是房产产品拥有者之间的交换条件,这种交换条件的设计取决于营销人员对消费者需求的把握以及交换系统的技术支持。比如 20世纪 60 年代的交换条件只能是固定单元、固定时间的交换,即点对点的交换。20 世纪 70 年代发展到同等产权条件下,不同点之间的交换,到 20 世纪 90 年代已经发展为不拘泥于具体的度假产品产权,而是将其产权虚拟化为分数或点

第4章 浙江现象·旅游创新
浙江省乡村旅游创新发展的突破口——分时度假

数,在分数与分数之间直接互换。从这里我们可以看到,在分时度假交换系统中,经营主体对消费者不是一种被动性的适应,而是一种创造性的适应,经营目标不是单一提高客房出租率,而是提高交换效率,创造更便捷的交换条件。如迪斯尼分时度假俱乐部设计了顾客购买"分数"的消费体系。俱乐部把不同时段、不同地区的度假产品划分为不同的分值,顾客购买产品时只需购买一定的"分数",就可在系统的范围内选择"分数"所能交换的度假组合,如一个基本单位的"分数"可以选择淡季在一个小间住 22 天,在普通单间居住 11 天,在双人度假公寓住 7 天或在一个别墅房间中住 5 天。希尔顿分时度假俱乐部也采用了按季节和住宿面积提供不同组合的"分数"体系,使顾客可以间断地使用自己的权利,如某顾客拥有某类度假设施 5 天的使用权,他可以选择在某地一次性住 5 天,也可以选择在某地住 3 天,在其他时间、另外一地的同等设施中再住 2 天的组合方式,这些创新设计都极大地方便了消费者。

(2)增加产品的流动性以适应顾客需求。一般饭店业由于地理位置的固定性,饭店产品的流动性差,它既不能像实物产品那样,通过物体的流动不断开发城市市场、农村市场和海外市场,也很难像纯服务商品那样,通过提供服务的人员流动去开拓其他市场。在美国营销学家菲利浦·科特勒的有形和无形商品连续谱中,酒店产品处于中部,它既包含了有形因素也包含了无形因素,作为服务载体的客房产品的固定性成为饭店经营中的重要制约因素,因为它是用固定的产品去吸引流动的顾客。然而分时度假交换系统使这一制约难题迎刃而解。由于加入该系统的成员分属不同国家、不同地区、拥有不同地点的不同度假地房产,房产间的互换使度假产品具有流动性质,加入该系统的顾客可以在系统中根据自己购买的分数自由选择适应自己需要的不同度假产品。凡是加入分时度假系统的顾客都是首先购买一定的度假产品(或相等价的分数),然后再用其度假产品进行交换,这就使经营者处于一个主动地位,更易于用"流动"的产品去吸引"固定"的顾客。

(3)在经营要素中更注重技术的开发和应用。通常饭店在营销中非常注重经营要素中产品的开发。根据市场的变化不断调整产品品种和产品结构,如根据商务客户的需要,增加商务套房、行政楼层、别墅等;根据散客需要增加单人房等。而分时度假交换系统以提供交换服务为主,注重的是经营要素中技术的开发和应用,对度假产品则注重的是筛选,以满足系统中交换的需要。例如美国著名饭店集团马里奥特购买了一家拥有122套别墅、经营分时度假业务的公司后，为树立自己在这一市场的形象，满足顾客多地区、多样化旅游度假的需要，分别在佛罗里达、科拉多、加利福尼亚等地选择的网络中，形成了19个度假村、2 000多套度假别墅组成的度假住宿网络系统。这样庞大的网络交换系统，只有强大的技术支持和保障，系统才得以运作，产品才得以流通，这是经营手段上的一种根本性变革，也是现代经济中技术在经营要素中地位的提升。

（4）期货性消费更注重品牌。与一般实物商品即时购买即时消费不同，也与现代饭店预订消费不同，分时度假产品是先购买"分数"，然后在未来某一时期才进行消费，是一种类似期货贸易的交易行为，因而具有期货消费的性质，同时，由于分时度假产品购买与消费所购物不同，比如或者是购买"分数"，而消费的是度假房产，或者是购买A度假房产，而消费的是B度假产品，这就使得分时度假产品在经营上更注重用品牌作保障，否则，消费的风险会影响消费的信任和可进入性。

（5）经营上重点开发和提高产品的附加价值。对于消费者来说，购买分时度假产品的目的不是仅在一地进行度假产品消费，而是能以同等权利方便地选择不同度假地进行休闲度假，同时希望分时度假产品交换系统能够提供适于家庭度假的特殊服务。因此增加附属项目、提高附加价值是分时度假系统的经营开发重点之一。如马里奥特分时度假公司在不同的分时度假地分别为顾客提供了包括高尔夫球、网球、滑雪、主题公园等方面的特色服务，通过提高度假产品的附加价值增加其吸引力。

3. 消费者权益特点

作为一种权益形态创新，分时度假交换系统在经营中给消费者带来的权益也具有新的特点，主要表现如下。

（1）权益形式具有多样性。一般来说，消费者在常规饭店购买了饭店产品（即租赁了客房），他得到的是一定期限的客房使用权和与之相适应的服务。由于产品的固定性，使消费者的权益单一和固定。在分时度假系统中，消费者购买的分时度假产品——使用权或以分数体现的使用权，只是一种等价物，他可以在系统提供的范围内任意地选择组合；从消费者权益上讲，他不仅要求交换中的可变性、易变性，还要求易选择性和产品提供的多样性。这种权益形成的多样性特点大大拓展了消费者权益的外延。

（2）权益时间具有期权性。正如前面所述，分时度假产品的购买是一种类似于期货贸易的交易行为，因此购买者的权益在时间上也可以表现为具有期权性，即随着购买行为的发生，消费者在一定时间内拥有对该产品或与之相适应的产品的消费权利。比如，某消费者在分时度假交换系统购买了住宿7天的度假产品，那么该消费者在一年内在该系统提供的任一度假地可进行7天的度假产品消费。这种期权性的特点使消费者权益在时间上得以保留和推迟，也会给消费者带来权益风险。

（3）消费者权益实现的滞后性可为经营者带来资金运营利润。根据经济学理论，在市场上一旦完成商品—货币的交换行为，商品即退出流通领域，进入消费领域，对消费者来说，是通过购买，用货币换取了商品所有权和消费权。但在分时度假系统中，消费者购买了度假产品的所有权，却不一定即时享用消费权，而是在一定时间内（如一年）实现其消费权，形成了事实上的购买与使用的长时间分离。这种权益实现的滞后性，既给消费者一种利益上的选择空间，也给经营者带来相当大的资本运营空间，因为先付款后消费的权益的滞后性，使经营者先期即可获一笔可观的销售收入，对这笔资金的合理使用可以形成经营者的资本运营利润。

4.2.3 分时度假与乡村旅游相结合

通过对乡村旅游信息网络服务平台技术的开发和应用，可为乡村旅游消费者和旅游服务企业之间以及企业和企业之间搭建互动交流平台，通过信息和资源共享，达到产品供求平衡，提升乡村旅游（农家乐、渔家乐）服务与管理水平，形成乡村旅游服务和管理的创新模式，促进乡村旅游产业升级，实现跨越式发展和可持续发展。通过平台整合产业链上的相关资源，提供专业化的服务。通过有形市场（农家乐、渔家乐）与信息资源及其应用技术的整合，形成以乡村旅游（农家乐、渔家乐）信息中心、乡村旅游（农家乐、渔家乐）交易中心、乡村旅游（农家乐、渔家乐）产业链协作中心为特征的新型乡村旅游管理与服务模式。

（1）通过整合乡村旅游产品资源和信息，将产品和服务用呼叫中心、在线等动态的、交互式的方式提供，实现经营模式、管理模式、服务模式、营销模式的创新。

（2）通过乡村旅游信息发布、预订及时更新维护客源消费信息，将可避免目前农家乐淡旺季节明显的状况以及避免供求信息不对称现状。

（3）对乡村旅游的客源市场进行分类管理研究，针对客源需求以及不同的细分市场（如亲子、家庭、银发、自驾车、婚庆、会议、商务休闲度假市场）提供乡村旅游（农家乐、渔家乐）个性化服务，从而达到供求的相对平衡。

（4）建立客户关系管理模块，进行客户档案管理，培育忠诚客户，通过互动形式处理网上投诉受理，提高服务质量和顾客满意度。

在此基础上，充分借鉴"分时交换"理念，组建乡村旅游交换平台，扩大交换网络规模效应。国际上分时度假经营模式具有两重含义：一个是分时使用权，一个是度假时段的交换。随着旅游分时度假产品的成熟和完善，部分国际化的集团公司在分时度假系统的基础上进一步拓展了分时度假交换系统。拥有度假房产使用权的消费者，可以将自己的度假房产使用权通过全球网络交换系统，换取同等级但位于不同地区的度假房屋使用权。由于可以通过交换系统进行交换，大大提高了选择的灵活性。

对于乡村旅游来说，完全可以引入分时度假的交换理念，以适应消费者求新、求变的需要，推出分时乡村旅游产品。我国地域面积广阔，可供开展乡村旅游的资源亦十分丰富，开发商应充分利用国内现有的乡村旅游资源，采用吸收各类乡村度假设施及乡村旅游景点加盟的方式，构建起配套成形的乡村旅游休闲度假交换网络体系。通过乡村旅游交换平台加强经营商之间的联合，扩大交换网络规模效应，提升产品的价值，充分体现其可交换性的魅力，从而满足消费者多样化的度假需求。

4.3 乡村分时度假旅游概念的提出及其现实意义

4.3.1 乡村分时度假旅游概念的提出

我国旅游产业起步较晚，但经过二十几年的发展已具有一定的规模，形成了包括吃、住、行、游、购、娱几大门类在内的产业形态,并具备一定的产业发展基础和环境。但是,我国旅游产业发展尚处于初级阶段,同发达国家成熟的旅游业相比仍存在较大的差距。

单一的观光旅游结构以及单一的观光产品和客源结构,是我国传统旅游业的基本特征。现代社会中,观光旅游的比重过大是旅游业不发达的表现。随着我国旅游产业的发展和旅游市场的不断成熟,旅游消费需求越来越明显地呈现出多样化、个性化的趋势。原有的单一旅游产品结构体系已不能够适应这种发展趋势,因此旅游产品亟待进行提升改造,旅游产业也面临着进一步升级的迫切需要。旅游产品的升级改造不仅包括单一形态的旅游产品结构向多层次产品结构(包括传统观光产品、度假产品、特色旅游产品以及生态旅游产品)的转换;还包括单一产品自身的升级改造,主要是指提升原有单一旅游产品的档次,丰富产品内涵,不断开发文化内涵丰富、富有浓郁地方特色与民族风情的参与性强的旅游项目,以满足日益个性化与成熟化的旅游消费者的消费需求。

现代旅游业以人性因素为主导,突出旅游结构的多样化和丰富性,强调人的参与性,人与环境、文化与旅游和谐相处,强调旅游者与旅游吸引物的内在沟通,并注重观光旅游与非观光旅游的协调发展。现代旅游业的发展与城市化进程的结合,引起商务会展旅游、度假休闲旅游、节庆文化旅游等非观光旅游的异军突起。非观光旅游的快速发展引起旅游经济的创新与革命,改变了旅游产业结构和生活交往环境,推进了传统旅游业的转型和旅游产业的全面升级,从而促进了旅游经济多样化结构的形成。

唐留雄(2001)强调旅游产业结构调整必须符合旅游产业发展由数量发展型模式向数量、质量、效益相结合型发展模式方向转变,并分别针对旅游产业的部门(行业)结构、产品结构、区域结构以及组织结构提出了结构优化的对策措施。其中,旅游产业的部门(行业)结构优化措施包括:树立"大旅游"观念;树立在旅游结构的调整中求速度、求效益的观念;在实施旅游产业结构调整时要注意做好产业存量结构的调整;各旅游要素横向上要综合平衡,纵向上则要"升级换代"。而旅游产品结构的优化则包括以下几个方面:首先应加强宏观调控,科学规划旅游资源开发;其次应重视知识经济对旅游产品结构优化的影响;还应加强文化旅游产品体系的建设,以及实现旅游产品的升级换代。

由此可见，无论是旅游产品结构还是行业结构，都存在着"升级换代"的问题。

黄细嘉（2000）认为中国的旅游产品正经历一个产品结构的调整、升级、换代过程，纯观光旅游将逐渐被度假休闲旅游所取代。

张言庆（2004）认为我国旅游的发展应走度假与观光相结合的发展道路。度假旅游和观光旅游的结合不仅使度假地更具吸引力，同时也带活了其周围本来不太有名的风景区（点），两者相得益彰。

尹霞、陈昆才（2004）指出，随着我国居民收入水平的提高和节假日的增多，人们对度假旅游产品和多元化旅游产品的需求日益明显，现有的旅游产品的供给无论从种类还是品质上都不能满足人们不断增长和更新的旅游需求，因此，对旅游产品进行转型和创新是促进我国旅游业快速健康发展的当务之急。

笔者认为有条件的地区和企业可通过分时度假的方式，将闲置的乡村旅游资源进行整合，将传统的观光旅游产品供给改造成休闲度假产品，特此提出分时乡村旅游概念。

乡村分时度假旅游是指，乡村旅游的管理与服务的发展可运用分时度假先进的运作模式，采用俱乐部会员制度，实行积分制和点数制，待条件成熟时加入国内外分时度假交换网络系统，实现消费者省内、国内及国际乡村旅游度假交换。

笔者认为根据不同的地区、不同的乡村旅游地、不同的消费水平等差异，乡村旅游可以设定不同的点数，来进行累积积分，这是未来的发展趋势。从长远发展来看，对各乡村旅游点、休闲设施、农家乐活动均可以进行点数的设定，因为消费者进行乡村旅游度假休闲，不会仅仅满足于住宿餐饮设施的提供。而如果乡村旅游度假交换网络能够把这些项目也加盟进来，不仅可以丰富会员的度假内容，而且也便利了消费者，使之产生对整个乡村旅游度假地的良好印象。

乡村分时度假旅游并非只是一种理念，也不仅仅是一个电子商务网站，而是基于互联网技术集旅游信息服务、电子商务、行业管理、自主策划、虚拟展示、在线调查、投诉与反馈、旅游科研、信息搜索、语言选择、电子地图查询、会员管理、电子邮件、景点投票于一体的复杂综合应用系统平台。

乡村分时度假旅游是乡村旅游管理和服务新模式，通过对乡村旅游信息网络服务平台开发和应用，为乡村旅游消费者和旅游服务企业之间以及企业和企业之间搭建互动交流平台，通过建立乡村旅游信息资源库来资源共享，达到产品供求平衡；通过研究乡村旅游发布展示技术以及面向 Internet 的实时真实感漫游技术与交互技术，提升乡村旅游的宣传力度和手段，将立体的、生动丰富的乡村画面及时展现在游客面前；通过个性化分时乡村旅游策划系统的研发，增加游客的选择自由度，充分利用游客时间以及乡村资源。

4.3.2 发展乡村分时度假旅游的现实意义

分时度假作为旅游业的一种制度创新模式和旅游产业结构升级的主要途径之一，成为时尚消费，风靡国外并在我国兴起。前副总理钱其琛曾经指出："中心城市可积极探讨分时度假等新的旅游方式，发展假日休闲旅游，拉动内需，盘活闲置的房地产，带动一系列的相关产业。"在我国发展分时度假将产生巨大的经济效益和社会效益，对于我国旅游产品的提升改造，甚至整个旅游产业的升级与结构优化，都具有十分重要的意义。

（1）对扩大内需有积极的促进作用。

（2）可以促进旅游业的产业升级。

（3）为我国积压的大量旅游房地产创造一种变现的有效形式。

（4）将为旅游电子商务的发展创造新的发展空间。

（5）将是解决我国旅游饭店业及旅游度假房地产供求失衡的良好对策。

（6）是旅游业应对入世的积极出路。

将乡村旅游与分时度假相结合，开展乡村分时度假旅游，是分时度假本土化的具体表现。大力开展分时乡村旅游，可以提升乡村旅游（农家乐、渔家乐）的服务与管理水平，形成乡村旅游服务和管理的创新模式，促进乡村旅游产业升级，实现跨越式发展和可持续发展，推动我国社会主义新农村建设，解决"三农"问题，做好"扶贫"文章，拉动内需，满足当前人们乡村休闲旅游时尚化、特色化、个性化及信息化需求。

引入分时度假模式对于我国乡村旅游发展具有重要意义。

（1）优化配置乡村旅游资源。分时乡村旅游是一种有效的经营方式，利用现代网络技术，以第三方的身份介入乡村旅游点与消费者之间，将若干个乡村旅游点和广大消费者联结成网络，通过现代信息技术和一种全新的运作模式，实现乡村旅游闲置资源的重新配置。

（2）提升乡村旅游消费质量、降低费用。分时乡村旅游产品将接受行业管理部门的例行监督和检查，因此，消费者的消费质量有较高的保障。同时，分时乡村旅游还是一份度假性投资，可以运用会员卡的方式，购买星期卡、月卡、季卡、年卡，还可以出借、转让和赠送，并且是以今天的价格购买了未来的消费。参加分时度假的最大好处在于：客人可以凭所购买的度假地的度假时间去换取该度假地在交换网络范围内的加盟度假地的使用权。假如你购买了某处的分时乡村旅游会员卡，可以通过分时乡村交换网络进行交换。

（3）利用网络效应，增强服务主体的竞争力。旅游目的地最宝贵的财富是客源，预售乡村旅游地的使用权，相对来说就是稳定了客源。用旺盛的人气带动其综合效益的提高。运用电子商务网络和多种大众媒体，以及每月向客户提供的客户专利，非常有效地把广告做到市场的每个角落。迅速提升入网度假村及乡村旅游地的知名度，提高品牌价值，这是单体度假村或乡村旅游经营者难以做到的。利用网络优势，轻而易举地把乡村旅游的客源市场扩张至全国，运用强大的网络销售体系、更充分的服务范畴使入网的乡村旅游经营商更具竞争优势。

总之，通过建立分时乡村旅游信息服务平台，能为资源信息交流与特色品牌推出服务，融合多种网络通信、多媒体与虚拟现实等技术，通过建立区域协作的乡村旅游信息资源交换共享平台，达到淡旺季供求平衡，开辟农民新的就业门路，增加农民家庭收入，打造龙头引领的连锁乡村旅游的技术与运营创新模式，创出新型乡村旅游品牌和特色，为建设社会主义和谐社会以及社会主义新农村做出贡献。

4.4 基于网络信息平台的浙江省乡村旅游特色化关键技术研究

4.4.1 支持乡村旅游特色化的信息综合服务关键技术

（1）乡村旅游辅助规划设计技术。路径规划是指，在具有障碍物的环境中，按照一定的评价标准，寻找一条从起始状态到目标状态的无碰撞路径。本算法中路径规划采用了基于知识的遗传算法,它包含了自然选择和进化的思想,具有很强的鲁棒性。

(2) 环境监测传感器网络技术。无线传感器网络(Wireless Sensor Network, WSN)是由部署在监测区域内大量的廉价微型传感器节点组成,通过无线通信方式形成的一个多跳的自组织的网络系统,其目的是协作地感知、采集和处理网络覆盖区域中被感知对象的信息,并发送给观察者。传感器网络有着巨大的应用前景,被认为是将对 21 世纪产生巨大影响力的技术之一。已有和潜在的传感器应用领域包括:军事侦察、环境监测、医疗、建筑物监测等。随着传感器技术、无线通信技术、计算技术的不断发展和完善,各种传感器网络将遍布我们生活环境,从而真正实现"无处不在的计算"。虽然无线传感器网络的大规模商业应用,由于技术等方面的制约还有待时日,但是最近几年,随着计算成本的下降以及微处理器体积越来越小,已经有为数不少的无线传感器网络开始投入使用。

无线传感器网络可以看成是由数据获取网络、数据分布网络和控制管理中心三部分组成的。其主要组成部分是集成有传感器、数据处理单元和通信模块的节点,各节点通过协议自组成一个分布式网络,再将采集来的数据通过优化后经无线电波传输给信息处理中心。因为节点的数量巨大,而且还处在随时变化的环境中,这就使它有着不同于普通传感器网络的独特"个性"。第一是无中心和自组网特性。在无线传感器网络中,所有节点的地位都是平等的,没有预先指定的中心,各节点通过分布式算法来相互协调,在无人值守的情况下,节点就能自动组织起一个测量网络。而正因为没有中心,网络便不会因为单个节点的脱离而受到损害。第二是网络拓扑的动态变化性。网络中的节点是处于不断变化的环境中,它的状态也在相应地发生变化,加之无线通信信道的不稳定性,网络拓扑因此也在不断地调整变化,而这种变化方式是无人能准确预测出来的。第三是传输能力的有限性。无线传感器网络通过无线电波进行数据传输,虽然省去了布线的烦恼,但是相对于有线网络,低带宽则成为它的天生缺陷。同时,信号之间还存在相互干扰,信号自身也在不断地衰减,诸如此类。不过因为单个节点传输的数据量并不算大,这个缺点还是能忍受的。第四是能量的限制。为了测量真实世界的具体值,各个节点会密集地分布于待测区域内,人工补充能量的方法已经不再适用。每个节点都要储备可供长期使用的能量,或者自己从外汲取能量（太阳能）。第五是安全性的问题。无线信道、有限的能量，分布式控制都使得无线传感器网络更容易受到攻击。被动窃听、主动入侵、拒绝服务则是这些攻击的常见方式。因此，安全性在网络的设计中至关重要。

随着人们对于环境问题的关注程度越来越高，需要采集的环境数据也越来越多，无线传感器网络的出现为随机性的研究数据获取提供了便利，并且还可以避免传统数据收集方式给环境带来的侵入式破坏。比如，英特尔研究实验室研究人员曾经将32个小型传感器连进互联网，以读出缅因州"大鸭岛"上的气候，用来评价一种海燕巢的条件。无线传感器网络还可以跟踪候鸟和昆虫的迁移，研究环境变化对农作物的影响，监测海洋、大气和土壤的成分等。此外，它也可以应用在精细农业中，来监测农作物中的害虫、土壤的酸碱度和施肥状况等。而在乡村旅游的应用中，无线传感器可以用来检测旅游环境的水质、空气、土壤等污染状况，给有关政府部门提供监测数据，同时也给游客提供旅游环境的生态状况。

（3）乡村旅游信息资源建模与共享发布技术。目前很多的旅游资源都已实现了信息化。旅游资源信息化是利用电子技术、信息技术、数据库技术和网络技术手段，充分发挥各类旅游信息资源的效用，使之成为推动旅游产业发展和管理的重要手段。具体地说，旅游信息化就是把景点、景区、饭店、旅行社、交通、气候等与地理位置和空间分布有关的旅游信息，通过技术手段采集、编辑、处理，转换成用文字、数字、图形、图像、声音、动画等来表示它们的内容或特征，并加以储存与利用的过程。

在拥有了这些旅游信息资源后，我们该如何有效地利用这些资源将成为一个重要的问题，所以我们在此提出一个旅游信息资源的建模与共享发布方案。利用目前成熟的数据库技术，将所有的旅游信息资源按照一定的分类进行整理，最后录入数据库中，以达到有效的管理。另外将提供一定的访问接口，让用户可以简单快速地查询访问到所需的旅游信息。

（4）基于全景图的虚拟漫游技术。虚拟漫游技术的特点是能让使用者获得沉浸感，即要让人产生身处远方或虚拟环境里的感觉。借助沉浸感的产生，可以方便自然地获得对周围环境的全面印象，从而可以确定自身在环境中的全局位置，以在环境中进行导航。

传统的漫游主要使用非常成熟的几何建模技术，通过手工方法建立场景的三维模型。这种方法需要花费大量时间建模，而且对显示硬件的要求很高，其漫游场景是由计算机根据一定的光照模型绘制的，色彩层次没有实际的自然景观丰富，带有明显的人工痕迹。采用分支电影技术进行虚拟景观漫游可以部分地解决这些问题，相比之下，具有一定可浏览性的环视全景图不仅可以很容易地获得，而且对于几何模型无法表示的自然景物也可以得到很好的效果。因此在虚拟漫游和临场感应用中，利用全景图像是一种产生沉浸感效果比较好的途径。

在相机成像方式为纯旋转时，由于相机光心的位置不动，只是镜头方向改变，因此图像之间是没有视差的。如果把相机沿各个方向拍摄的图像拼接起来，就可以得到环视全景图。这样的图像相当于人站在原地环顾四周时看到的情形，如果人处在这种图像的环绕中则能够产生强烈的沉浸感。得到了某视点的环视全景图之后，可以用重投影的方法生成从该点向任意方向的一定视角的无失真图像。在用相机获取环境信息时，只要满足一定的条件，得到的图像就可以看作是纯旋转情形的。因此对于虚拟现实技术中只需要环顾浏览的大范围场景的建模，全景图方法是适用而且可行的。

由于基于全景图的虚拟漫游系统的诸多优点，近年来它已经在虚拟商店、广告创意、景点介绍等方面有了一些商业上的应用。苹果公司的 QuickTime VR 就是一个基于图像的虚拟环境漫游系统，这个系统允许用户在虚拟环境中的点作水平 360°的环视以及一定范围内的俯视和仰视，同时允许在环视的过程中动态地改变焦距。

基于全景图的虚拟漫游系统将以浏览器插件（JAVA APPLET）的形式提供交互，可以做到平台无关性，用户只要用浏览器打开就可以直接观看，左右拖曳鼠标就可以身临其境，看到 360°的环视场景。同时场景中还会提供不同的连接到其他全景的热点（Hot Spot），通过点击这些热点，即可像超链接一样转到另一个地点观看不同场景，就像在游玩一个景点的途中走过一段距离后再次驻足观看一般。

（5）乡村旅游从业人员远程教育培训技术。旅游业是劳动密集型服务行业，服务业的性质决定了从业人员必须具备良好的素质。同时，通过专业培训，增强劳动者适应新岗位的要求，提高其就业能力，以适应新的市场需求。因此，搞好旅游教育和培训工作是促进旅游就业的前提，必须重视，切实抓好。一是加强旅游行政管理人才、旅游职业经理、紧缺专业技术人才、旅游师资队伍等旅游重点人才的教育培训工作。二是整合各类旅游教育资源，充分发挥高等院校旅游专业、旅游职业院校和各类旅游培训机构和旅游企业的作用。大力发展远程教育，加快旅游教育培训制度创新。构筑学历教育、岗位资质教育和终身教育相结合的旅游教育培训体系。三是扩大旅游执业资格认证覆盖范围，完善旅游从业人员职业准入制度。

4.4.2 基于 Web 的乡村旅游系统服务平台总体设计及框架实现

整个服务平台将包括以下部分。

（1）实时信息发布系统，实时发布最新的旅游相关信息。

（2）乡村旅游辅助规划设计系统，基于乡村旅游原生态资源的模型，提供原生态乡村旅游产品设计，一体化乡村旅游产品设计。

（3）针对乡村生态环境保护的实际需求，进行生态环境监控指标及其测定方案的制订，研究基于传感器网络的乡村旅游生态环境监控硬件系统，结合公共接口，提供能够对乡村旅游生态环境进行检测和监控的系统。

（4）基于多源信息转换共享技术、GIS 信息采集及管理技术、三维场景采集及管理技术研发乡村旅游资源采集管理与共享发布系统。

（5）基于个性化分时乡村旅游策划模型的个性化分时乡村旅游服务系统。

（6）基于乡村旅游信息资源库，集成 Internet 虚拟展示技术的乡村旅游特色化虚拟漫游系统。

（7）针对乡村旅游从业者知识和业务水平低、地域分布广、时间闲散分布不均等特点，利用远程教育模式，提供乡村旅游从业人员远程教育培训系统。

第 5 章　浙江省乡村旅游创新发展的保障

5.1　旅游行政主管部门的角色定位与调整

旅游行政主管部门更多的是一种经济的管理，关键在于激活各种旅游生产要素，整合和优化配置各类乡村旅游资源，充分发挥市场配置资源的基础性作用。保障乡村旅游创新发展，进一步推进乡村旅游资源向旅游资本转变。

旅游业投资一般周期较长，需要投资主体的多元化、融资方式的多元化、运作方式市场化。作为旅游行政主管部门，要强化对乡村旅游的规划工作，强化政策扶持，引导投资者按照合理的布局系统开发资源。以乡村旅游项目为主体，以各经营实体为平台，以资本为纽带，把所有权、管理权、经营权明确并落实到位，为乡村资源的保护、开发利用和发展良性互动奠定基础。此外旅游行政主管部门应建立相关的法规和标准，加强规范执行的力度，使乡村旅游的创新发展具有约束力并以此引导参与者形成内在的驱动力。

5.1.1　旅游行政主管部门在乡村旅游创新发展中面临的问题

在乡村旅游发展尤其是乡村旅游的创新发展中，旅游行政主管部门已初步形成统一的管理规范，但仍存在这样或那样的问题。主要表现在以下几个方面[①]。

（1）乡村旅游管理的要素不齐全。部分开展乡村旅游的地区，旅游管理只停留在食和住方面，规定了菜品价格、寝具规格等，而对其他要素，如特色（农家风味）、环境（绿色环境）、服务（服务水平）、销售（网络预订）重视不够。缺乏全方位管理，部分关键点管理不到位。

（2）乡村旅游管理规范缺失。在一些乡村旅游区的调查发现，虽然该地开展乡村旅游多年，但是政府却没有制定成文的乡村旅游管理规范。当地乡政府

---

① 蒙睿，周鸿. 乡村生态旅游[M]. 北京：中国环境科学出版社，2007：146.

采用口头传递和短期培训的方式将发展旅游的注意事项加以说明。

（3）没有成立相应部门或抽调人力分管乡村旅游工作。很多乡村旅游地将乡村旅游作为重要产业，甚至支柱产业。但是管理的力度却很不到位，最明显的一点就是管理上的人力资源投入不足。旅游管理成为村长、村委会主任的附带工作，而他们往往事务繁多，用在旅游管理方面的时间很难得到保障。

5.1.2 旅游行政主管部门的角色定位与调整

多数国家把乡村旅游作为政治任务或公益事业来发展，把社会效益放在经济效益之上，给本国或本地区乡村经济发展注入新的活力，在政府规划指导下，采取各种措施，给予乡村旅游开发积极的引导和支持[①]。我们在结合国外经验和本地乡村旅游创新发展的特点后，对旅游行政主管部门在乡村旅游创新发展中的功能与角色进行了定位与调整。

（1）完善法律制度，规范经营行为。在乡村旅游创新发展上，为了规范乡村分时度假旅游市场，提高旅游网络信息服务水平，旅游行业管理机关和立法有必要尽快制定乡村分时度假旅游产品的管理法规和旅游网络信息服务政策，规范经营者行为，从根本上消除其间存在的一切不确定因素。在这个方面，可以借鉴国外比较成熟的制度法规。如西班牙瓦伦西亚大区早在1994年就制定了《乡村住宿法》，规定了乡村住宿的基本条件和从事住宿经营接待者的政府登记要求；此外，政府对非法经营也有严格的管理与处罚规定。

（2）对经营乡村分时度假旅游产品的企业建立严格的审查制度。通过外部审计、反馈控制、顾客调查等手段对这些企业定期和不定期的考察，并将信息对外公布，建立行业统一规范的信息披露制度，并且将违规运营的不合格企业予以资格吊销的处罚[②]。

（3）给予资助，帮助乡村旅游提高质量。资助主要用于两个方面：一是投向产业经营者进行基础设施的建设与完善，二是用于扶持乡村旅游协会的成长和网络开发建设，搭建平台交流信息。国内外的实践显示，非政府组织在发展

---

① 王云才. 中国乡村旅游发展的新形态和新模式[J]. 旅游学刊，2006，4(21)：8-10.
② 由亚男，刘红阳. 农业旅游区引入分时度假的意义及策略分析[J]. 商业现代化，2006，7：186-188.

乡村旅游中有重大作用。1992年美国建立了非营利组织——国家乡村旅游基金（NRTF），从事项目规划、募集和发放资助、提供宣传。任务是鼓励可持续的乡村旅游发展，提供网络信息服务，执行州旅游合作计划，推广国际旅游项目，提高联邦旅游和休闲场所的知名度，实行游客分流，开发全美森林服务项目等。

（4）推动国际间合作，扩大游客来源。我国悠久的历史、璀璨的文化以及飞速的现代化发展都对国际旅游者形成极其强大的吸引力。据世界旅游组织预测，到2020年，我国将成为世界最大的旅游目的地。可见，目前国内的需求还有广阔的拓展空间。所以，积极委托国外分时度假交换公司销售产品，不仅可以开拓新的客源，而且可以通过它们的示范作用带动国内市场的兴旺。在这个过程中，旅游行政主管部门要以有所为的态度积极地加以引导。

（5）加强教育，培育乡村旅游专业人才。旅游企业运营和旅游行业管理是一个需要专门的管理科学和管理艺术的综合性领域，需要专业化管理人才。随着更多的投资主体的进入，以及企业管理和行业管理水平的提升，我国旅游产业对经营管理人员的需求将在质量和数量方面提出更高的要求。从我国旅游行业人力资源结构，尤其是乡村旅游从业人员结构上来看，总体上呈现出低学历、低专业教育、低职业化的特征。

所以，在今后除了加强对在校学生的学历教育以外，各级旅游行政主管部门应该大力加强对管辖范围内人力资源需求数量、类型的预测，制定中长期的旅游人力资源规划，并强化对包括管理人员岗位资格培训、工作技术登记培训、适应性培训、国外培训和承认学历教育等各个方面的指导性工作，为产业的发展提供合格的人力资源。

5.2 乡村旅游行业协会组织的角色定位与调整

行业协会是以国家、政府为一方，旅游企业为另一方的两者之间的中介组织，它不同于流通过程中的中介组织，不介入交易双方的买卖行为，可以起到公平、公正、公开地协调买卖双方利益的作用。

随着我国旅游行业管理体制由政府主导型向市场主导型的渐进演变，行业

协会作为政府与企业之间的中介组织,其作用也将日益显现出来,并逐渐取代目前政府所承担的部分职能。

据统计,目前全国省级以上旅游协会的会员单位近2万个,会员涵盖了国内大型旅游企业集团、国际旅行社、高星级饭店、世界自然文化遗产和著名旅游景区,他们的资产规模和份额的总和在我国旅游业的发展中占有举足轻重的地位[①]。但是,由于存在先天性的不足,旅游行业协会发展中出现了一些问题,旅游行业协会的角色必须进行明确的定位,一些违反市场经济体制要求的做法应该进行调整。

5.2.1 旅游行业协会在乡村旅游创新发展中面临的问题

旅游行业协会在乡村旅游创新发展中面临的问题既有一般旅游行业协会遇到的典型问题,又有乡村旅游创新发展中遇到的特殊问题。

(1) 行业覆盖面过窄,综合协调功能发挥受阻。我国大部分旅游行业协会从体制内脱胎而生,作为一种治理机制缺乏有效需求。目前我国旅游企事业单位的总数为30万个左右,但是加入省一级旅游行业协会的会员企业数量仅为2万个不到,覆盖率不超过全行业企业总数的70%。由于覆盖面过窄,缺乏行业代表性,也意味着协会所能掌握的企业和行业的信息不充分,难以发挥综合性的协调功能。

(2) 旅游协会的职能表达不畅,功能过于单一。旅游协会虽然有多元的职能,能够满足不同主体的不同利益需求,因而可以有效团结和集合旅游业大多数企业会员。但是,在我国当前旅游协会的运作过程中,职能单一化的弊端极为明显。很多旅游协会一味地强调管理职能但却忽视了服务职能的重要性。尤其是乡村旅游的创新发展中,分时度假和乡村旅游网络信息服务这两大创新点的加入,更加突显了旅游行业协会在乡村旅游中的服务性功能。旅游协会要想管理好企业会员,实现管理职能,首先要得到会员的支持。这就取决于它是否可以有效地成为企业的代言人、企业利益的维护者和服务者。

(3) 组织缺陷,资金紧缺。目前,在各级旅游行业协会中,协会领导均由

---

① 唐洪广,张越,张浩. 中国旅游行业协会发展的思考 [N]. 中国旅游报,2003-01-03.

政府主管部门任命或仍由旅游主管部门领导兼任，行政色彩浓厚。协会中人员结构不尽合理，人员年龄老化，缺乏旅游业专业知识，不熟悉市场情况，不能代表行业利益。此种情况在乡村旅游中尤为突显，乡村旅游中的协会组织有一大部分为村民自发组织，缺乏旅游与管理方面的人才。

另外，协会的管理资源紧缺，很难提供充分的信息服务和开展集体性的协调活动。经费不足已成为影响行业协会为会员服务和寻求自身发展的瓶颈之一。

5.2.2 旅游行业协会组织的角色定位与调整

目前，我国旅游协会面临较好的发展机遇。一是经济管理体制改革走上了从部门管理向行业管理转变的道路，国家将不再运用行政手段对行业和企业实施全面管理，这为旅游协会提供了一个广阔的发展空间。二是随着全球一体化的发展，中国的旅游协会与经济发达国家旅游协会之间的交流与合作越来越频繁，国外旅游协会行业管理的方式将进一步影响到中国的旅游协会行业管理。三是随着民营经济的崛起，企业的市场意识和行业意识将进一步加强，从而形成了旅游协会发展的助推力。

另外，在乡村旅游的创新发展中，乡村性、分时度假、网络信息服务等特点使得旅游行业协会在功能与角色上又有别于一般的旅游行业协会。

在这样的时代背景下和创新发展中，旅游行业协会必须抓住机遇，定位好自己在旅游发展中的角色地位与功能。

（1）为企业提供服务是旅游行业协会组织最重要的功能。由于资金、人力资源较为分散，乡村旅游经营实体通常无力聘请相关专家、学者对项目进行策划和设计，导致经营业务和范围没有得到拓展，尤其是在乡村旅游的创新发展过程中，新观念新服务的引进，旅游行业协会必须对当地的企业单位、农户等提供相关的服务。如：

① 帮助工作人员和企业进行调整和转型。

② 通过开办各种培训班、建立培训中心等形式，培训各类专业人才，提高当地工作人员为适应创新发展所需的专业技能。

③ 通过设置不同内容的信息库，推进乡村旅游服务信息化，定期发布当地旅游动态和餐饮住宿信息，为会员提供信息服务。加拿大分别于 1977 年、1990

年成立了乡村度假农庄协会（CVA）和土著旅游协会（CNATA）。我国台湾省的休闲农业协会也在发展网站，倡导分工合作，强调同一地区的联合，以及鼓励奇观、氛围、风景和主题等"情境消费"产品的开发，保证产业有序发展等方面发挥着重要作用。北京市已经于2004年经民政部门批准成立了全国第一个观光休闲农业行业协会，开发建设了"北京乡村旅游网"，几年来协会尽管开展了许多有意义的活动，社会影响力和知名度也正逐渐扩大与提高，但其作用和地位尚有待明确和巩固。

④ 定期开展各项旅游活动，提高当地旅游在更大范围内的影响力，如由浙江省旅游协会举办的2007年浙江美丽乡村旅游展示评选活动在全省乃至全国都颇具影响力。

⑤ 召开国际研讨会，接待国外代表团，加强与国外的交流与合作，推动本地乡村旅游走向国际市场等。

目前，我国旅游行业协会为会员提供的服务种类还比较少，服务内容也比较单一。行业协会应该尽快通过组织创新和功能创新，增加为会员企业服务的类别，提高服务质量。

（2）协助政府主管部门加强行业管理。由于旅游行业协会与旅游行政主管部门的天然联系，使得协助主管部门加强管理成为行业协会必须承担的一个功能。在市场经济体制下，政府不再可能像以前那样对行业进行无所不包的管理，其分离出去的某些不宜管和没有能力管的职能就只能由行业协会接手。但是，各级旅游主管部门对协会的管理往往沿用传统的行政办法，对一些并非重大的具体事物管得过细，对中介机构授权不足，使行业协会难以摆脱政府附属机构的地位，非常不利于拓展我国旅游行业协会的业务活动空间。所以，对旅游行政主管部门而言，具体的行业制度的实施、行业标准的考核等应下放给相关的旅游行业协会去办理，拓展其生存与发展空间。

（3）监督、协调和维护企业合法权益，创造和谐的行业氛围。我国的旅游行业协会主要是通过颁布一些行业性的自律公约来对会员企业进行约束。客观地说，在目前大多数旅游行业协会覆盖面窄，且不能为会员提供质量服务，难以赢得会员单位信任的条件下，想要通过协会来实施协调、监督等功能非常困难。在维护企业合法利益方面，虽然许多行业协会在力所能及的条件下做了不少工作，但是由于实力较弱，游说政府时讨价还价的能力有限，再加上各级协会组织同政府旅游主管部门割舍不断的联系，这方面协会组织的功能还是没有得到很好的发挥，可供拓展的空间还是很大。

可见，在我国市场机制发育尚不完善的情况下，现阶段旅游行业协会在保护国内市场、加强行业自律、规范企业竞争行为、配合政府建立良性的市场秩序方面，应发挥一定的作用，以期在乡村旅游创新发展的道路上保障各利益相关者的权益，发挥更大的作用。

5.3 法制道德建设

以分时度假为突破口的乡村旅游创新发展除受到旅游行政主管部门和旅游行业协会的保障外，法制道德的建设对乡村旅游创新发展的顺利进行也至关重要。法制的建设一方面能有效规范分时度假经营者与销售者的行为，加强乡村旅游中分时度假的信誉度，保障消费者的合法权利；另一方面对乡村旅游者健康正确的旅游行为也起到了强有力的监督规范作用。而道德的建设在共创和谐社会、和谐乡村中更具有举足轻重的地位，对保持乡村原貌、保护乡风民俗、提高村民素质、实现乡村可持续发展具有积极有效的促进作用。

5.3.1 乡村旅游创新发展的法制道德问题

我们以分时度假作为乡村旅游创新发展的突破口，所以这里所指的乡村旅游创新发展的法制道德问题主要是指分时度假引入乡村旅游所面临的法律道德方面问题以及乡村旅游创新发展后对乡村原风原貌的影响问题。

1. 信用制度不完善

虽然说分时度假采用了分享原则从而降低了购买的价格，但是无论国外还是国内，分时度假都还属于高端旅游产品。这类产品的特点之一是销售成本高，常常占到营业收入的40%，有些甚至达到60%。销售人员在高额奖金的刺激下，为加速销售，常常不择手段，这些都容易诱导强迫性和诱骗性销售的发生。同时，分时度假产品又带有明显的"期权"色彩，分时度假产品的有效期往往长达 30 年，甚至更长，消费者在一次性付款后，得到的是在未来较长时间内享受的权益，这又为不法分子利用分时度假行欺诈性经营提供了可能。再加上部分分时度假产品销售代理公司的销售手段不规范和消费者对分时度假的了解不足，在分时度假进入中国这几年的实践中，出现了销售环节的虚假宣传、合同诈骗等许多问题，在经过媒体的宣传放大以后，就为分时度假产品进入农业度假区制造了信用制度方面的障碍[1]。

2. 法律法规空白

从一定程度上讲，分时度假是在市场供需的推动下所形成的一种新的旅游消费观念，涉及许多法律和政策问题，特别是如何保护消费者度假权益的问题。2004 年 3 月 5 日中国分时度假行业 2004 年研讨会和新闻发布会上《分时度假行业自律公约》、《分时度假行业保护公约》虽已正式出台，但我国尚无关于分时度假的专门法律法规，所以相关问题只能依据《民法通则》、《合同法》、《度假权益保护法》以及房地产、金融信托、外汇管理、信息网络和酒店、旅行社等领域的法律法规来进行处理，尚无专门的法律依据。乡村旅游引入分时度假，如果没有相应的法律法规作为支撑，消费者和乡村旅游的经营者的合法权益和合法收入都得不到保障。比如投机者利用法律的漏洞以分时度假名义非法集资、消费者权益受到侵害时无法可依、经营者经营过程中受到其他政府行为的影响等，必将导致政府、经营者、消费者之间的矛盾加剧，信任程度降低，最终形成一个恶性循环。

3. 消费者的道德问题对乡村旅游目的地的影响

虽然旅游者在旅游过程中的种种道德弱化行为不具有普遍意义，但不可避免地会给旅游目的地的自然、社会、道德环境等各方面带来负面影响，对旅游目的地经济的可持续发展和社会和谐进步带来危害。

（1）对自然环境的影响。良好的自然环境是旅游目的地赖以生存和实现可

---

[1] 由亚男，刘红阳. 农业旅游区引入分时度假的意义及策略分析 [J]. 商业现代化，2006，7：186-188.

持续发展的基础,当地环境恶化之日,也就是该地旅游业衰败之时[1]。如过度采摘农副产品、污染水源、乱扔白色塑料袋、乱吃乱玩珍稀动植物等,这些旅游道德弱化行为,降低了旅游地环境的质量,人为地加剧了旅游资源的破坏,同时对于旅游者本身而言也是一种损失。

(2)对社会文化的影响。伴随着旅游者的到来,无疑会给当地的社会文化带来冲击,旅游地为了提高旅游效益而迎合旅游者"游兴"的需要,甚至一些低级趣味旅游者的需要,盲目地将很多具有乡村和民族特色的传统节日及风俗习惯经过改头换面后推介给旅游者,使其当地传统文化习俗商业化、庸俗化,从而使旅游者道德低下行为与当地传统文化的扭曲和破坏之间形成了恶性循环[2]。

(3)对道德环境的影响。国内学者保继刚和楚义芳关于旅游和道德的关系方面的研究就讲到了色情、赌博、犯罪这三方面,他们认为在一定程度上旅游为色情、赌博创造了条件[3]。因旅游而兴盛的色情、赌博业在一定程度上进一步激化了社会矛盾,诱发和扩大了犯罪事件发生的频率和强度。节俭、勤劳、诚实的古朴民风逐渐消失,优秀传统道德观念日渐淡泊。

5.3.2 以分时度假为突破口的乡村旅游创新发展的法制建设

王婉飞(2005)指出我国目前要从4个方面着手对分时度假进行法律规制建设[4]。

1. 政府

在行业发展之初,经营分时度假的企业素质参差不齐,行业整体规模小,但已经出现非法经营者侵害消费者的行为。所以需要由旅游行政管理部门通过对市场的调查研究,总结出当前条件下对市场进行有效规制的办法,出台分时度假管理办法,规范经营者的行为,保护消费者的利益。这时的管理手段带有

---

[1] 田勇. 旅游非道德行为与旅游道德塑造 [J]. 桂林旅游高等专科学校学报,1999,10(2): 15-16.
[2] 胡映,刘轶. 旅游者道德弱化及其对旅游目的地的影响. [J]. 西化大学学报,2007,5(26): 111-112.
[3] 保继刚,楚继芳. 旅游地理学 [M]. 北京:高等教育出版社,1999:216-224.
[4] 王婉飞. 分时度假研究 [M]. 北京:经济科学出版社,2005:294-303.

明显的强制性和行政性。

（1）分时度假产品属性的界定。对分时度假产品的判定应当有以下几个核心要素：一是对经营产品设计多个消费主体对同一住宿设施的分割使用，包括确定的主体和不确定的主体。如果某一住宿设施由一个主体购买，拥有其产权，并且完全独立使用房产，那么应该属于房地产规范的范畴。而多主体对同一住宿设施的分割使用是导致可能出现纠纷的主要原因。二是提前收取未来若干年的消费费用。分时度假产品的"期权"性质，也是它容易出现问题的环节。如果消费者当期交纳的使用费用，一般不会引发大的侵权行为发生。所以，分时度假产品的界定中有提前收取未来若干年费用的特征。国际上通行的做法规定底限是3年，初期可以借鉴这一做法。

（2）经营资格的审定。一是对开发经营商的要求。国外对于开发商的要求包括其性质、注册资本数额等。在我国分时度假处于发展的起步阶段，对以上要求应适中采用，并通过加大对设施和经营机制的要求来加以规范。二是对交换商的要求。鉴于目前通行的做法都有国际交换网络的介入，而且RCI和II这两家公司在中国的存在已经成为事实，可以考虑允许中国的公司加盟国际交换网络，通过交换网络扩大中国产品的影响，但应将国际交换网络的经营置于监督之下。三是对销售代理商的要求。销售商的不法经营，是给分时度假产品带来负面影响的主要因素。销售商本身投入小、不易控制，所以更应加强规范。如可以考虑采用销售商不得自行收取销售款制度、开发商负责制度、销售商质量保证金制度等加以规范。

（3）建立"冷静期"制度。建立"冷静期"制度是简单而有效的保护分时度假者权益的措施。消费者在冷静期内享有无条件退货的权利且不受任何惩罚，同时也不允许销售商在"冷静期"内提前收取销售款。通过允许消费者获得无条件退款的规定，不给强迫性销售以蔓延的市场，从而规范销售，使分时度假行业健康发展。

（4）服务质量保证金制度。不同档次和类型饭店交纳的保证金数量应该有差别。相反，如果分时度假企业违约，应该将行政手段和经济手段相结合。

（5）分时度假产品开发和经营管理的审批制度。如广告经营审批；加强对企业销售活动中信息监管职能，保证企业经营内容的正确性和真实性；争取尽快立法，应多开听证会、研讨会，制定相关规章条例，进而为立法做准备；建议以增值税代替所得税。

（6）保证行业足够的生存空间。应在加强管制的基础上，给行业的发展留出一定的发展空间。否则，对产品的过分管制将使其在重压下趋于消亡。

（7）进一步开放出境旅游市场。随着入世开放程度的不断提高，对等开放的要求将更加迫切，同时国家有关管理部门应进一步放开出境旅游市场，提高国民旅游素质。

2. 行业

在没有建立起法律规范的情况下，市场上形成了许多种形式的行业自律行为。甚至在一些具有分时度假法规的地方，行规对企业的约束也发挥着重要作用。

（1）行业协会。此部已以在第二节详细讲述，此处不再赘述。

（2）分时度假交换公司。交换公司通过建立对房产的分等级制度和由消费者调查形成的退出机制，保障了消费者能够享受到有质量保证的住宿权。

（3）信托公司。我国的信托机构受条件制约，无法承担相应指责。要从根本上解决这一问题，须在金融领域放开，国外信托公司进入后才可有相应业务。目前发展中，由银行对销售款进行监管似为较理想的选择。

3. 企业

（1）信息明示。信息明示主要是防止在销售中，开发商有意识地误导消费者，使消费者违背自己的真实意愿购买产品。一般规定要在销售说明书中，明确讲述产品的设计机制、价格、交换权益、管理维护、使用、权益保障等多项内容，并且在广告宣传和销售人员促销过程中不允许有任何夸大的宣传。

（2）合同规范化管理。由于多数消费者对分时度假产品尚不了解，为避免作为弱势的消费者在购买过程中受欺诈，在发展初期可以要求分时度假产品的经营商使用统一规范的合同文体，对于双方应当明确的有关权利和义务的项目一一列出，减少违规操作事件的发生。标准合同中应明确规定消费者到底买的是所有权还是房屋的使用权，使用权是多少年，收多少费用，消费者每年入户使用时还要交什么费，标准是什么。

（3）销售过程管理。首先，分时度假产品经营者要加大对分时度假概念的宣传力度，向大众灌输休闲度假的观念，并积极利用现有资源，开发出需求广阔的度假旅游产品，形成度假旅游消费的核心群体。其次，在销售过程中，针对性地设立专门的销售确认员，其职责包括与购买者共同审阅所有的法律文书，确认消费者已经完全了解所购买的产品并知晓其将承担的义务，也包括确认顾客在购买过程中受到外力的胁迫。最后，在售后服务中，经营商应遵从顾客在"冷静期"内的任何退款决定，并认真解答消费者提出的各种疑问，以确立消费者对分时度假产品的信任。

（4）电子商务过程管理。在电子商务销售过程中，应严格遵守《电子商务法》等法规，防止欺骗性销售的发生。

（5）保障顾客权益。目前，我国居民的休假时间集中，居民出游时间也相对集中，在产品设计中一定要找出保障消费者权益的体系和制度，以避免旺季消费者住宿权益不能保证，形成对产品的负面影响。同时针对我国国情，企业应开发针对性产品，如可将有效期高达 30 年的产品压缩至 10 年，甚至是 5 年的周期，并进行相应的法律约束，以保障消费者的权益。

4. 消费者

（1）分时度假合同对消费者保护不够，部分条款为经营者提供了过多的"免责"内容。在多数消费者对于分时度假产品尚不了解的情况下，为避免作为弱势的消费者在购买过程中受欺诈，可以要求分时度假产品的经营者使用统一规范的合同文本，以减少违规操作事件的发生。

（2）消费者可以要求分时度假经营者将产品信息明示，防止在销售当中，开发销售商有意误导消费者，使消费者违背自己真实意愿购买产品。同时，消费者有权力向经营者提出"冷静期"要求，以防止售后退款不成等事件的发生。

（3）消费者在购买分时度假产品时，要关注该产品的再销售状况，最好能够选择有开发再销售业务的经营者购买分时度假产品。

（4）分时度假采取会员制的方式，最长时间为 40 年，最短也是 5 年。因此，不要盲目地参加分时度假活动，以免给自己带来经济上的损失和精神上的痛苦。同时，如何在这样的情况下仍然保证消费者的住宿权利，是分时度假法规所要解决的一个重要问题。

5.3.3 乡村旅游创新发展的道德建设

乡村旅游创新发展除了要加强法制建设外，还应该对旅游道德问题引起足够的重视，要加强旅游者的道德教育、增强旅游者的旅游道德自律意识，强化社会道德互律，实现法治与德治的双重保障，使乡村旅游创新发展顺利持续地进行。

人们必须彻底更新传统的以自然为敌的价值观念，转变人类中心主义的思维方式，提高旅游开发者、管理者与旅游者的旅游环境保护意识。在乡村旅游创新发展的道路上需要有既懂旅游又懂环境保护的规划设计者和开发商，需要既懂经济运行规律又真正热爱环境的经营商，需要有既热爱环境又懂得保护环境的有责任感的游客，同时也还需要懂得生态知识的旅游管理者，通过道德的构建，可以成为乡村旅游规划设计者、开发者、经营者、游客以及旅游管理者的共同支撑，可以使他们在受到规章、制度约束的同时，受到更加重要、更加持久的潜移默化的道德约束力，自觉地考虑自身行为对环境的影响，依靠扎根于内在的信念和社会舆论的作用，运用道德的规范和原则来自发地调节自身的行为，以发自于内心的自觉行为来保证在享受环境、认识环境的同时达到保护环境的目的，从而推动可持续乡村旅游深入而持久的发展。

黄震方、朱晓华（2001）[1]认为应在发展可持续旅游的过程中，对旅游开发者、经营者、游客等人群积极倡导以下生态道德理念。

（1）在旅游开发与旅游活动中，应当运用自身独特而优越的理性和道德，自觉地承担起维护生态平衡，保护旅游资源与旅游环境的必要责任，进一步要求保持住青山碧水，不使新建的各类建筑与山争雄、与水争色，地方居民不滥砍滥伐，切实控制住森林覆盖率的减小，严格控制水土流失，爱护环境的整洁与卫生。

---

[1] 黄震方，朱晓华. 生态道德是发展生态旅游的道德保障[J]. 生态经济，2001，7：80-82.

（2）必须赋予旅游资源与旅游环境以同等的道德地位，在充分尊重和积极保护它们的前提下，适度地开发利用旅游资源，对旅游资源的开发利用不可超过旅游环境容量，不超过旅游资源的再生能力。

（3）应重新树立正确的旅游资源环境文化观和价值观，要认识到旅游资源与环境的非经济价值，特别是它们在审美、认知、科学研究、文化、教育、心理和精神陶冶、人格塑造等方面的精神价值，以及在维护生态系统平衡方面的能被人所觉察感知或不能被人所觉察感知的固有价值，而不应是仅简单地将其作为一种物质资源而予以掠夺性地开发利用。

（4）在开发利用旅游资源与环境的过程中，必须树立起可持续发展的观念，兼顾代内公平与代际公平的原则，对当代人和后代人负起同样的道德义务，为他们也能享受旅游的乐趣留下充分的余地。

（5）人类的旅游利益与旅游资源与环境是一个密不可分的整体，人们在进行某项旅游资源开发利用时，应充分考证它对其他资源、其他要素及其整个旅游环境的影响，应坚持生态环境整体的原则，在切实保护旅游资源与旅游环境的前提下，实现人类的旅游利益与旅游资源、生态环境的整体协调发展。

（6）生态道德保障旅游可持续发展的道德核心是公平与和谐。要实现公平与和谐，必须坚持旅游废弃物的无害化与最小量化原则、旅游资源节约原则和旅游资源环境保护与恢复原则等，力争做到旅游活动的生态化，经济效益和生态效益的最佳化。

5.4 扩大开发、加快区域合作

浙江省乡村旅游资源丰富，拥有长三角地区庞大的消费群体，市场前景广阔，且发展势头非常迅猛，经过了近10年的快速成长，应该说进入了一个新的发展时期。乡村旅游经济的总体规模、乡村旅游资源开发的强度，以及游客的消费水平都跟发展初期大不相同了。以往简单的开发模式越来越难以满足游客的消费需求，越来越难以在激烈的旅游市场竞争中生存。不少地方已经开始考虑乡村旅游生产力的再挖掘问题。旅游资源的整合、区域合作以及国际合作是乡村旅游发展到一定阶段后产生的新课题。

5.4.1 加快浙江省乡村旅游资源整合

当前,我国的旅游业正在从"规模经济"向"系统经济"转轨变型,并且逐渐步入资源整合时代,旅游的发展不再是自身规模的简单扩大、孤军深入,而是从区域经济的实际出发,充分整合各种有利条件来考虑旅游业的发展。

(1)浙江省乡村旅游资源整合的必要性。旅游资源的普遍共生性和空间层次性决定了进行区域旅游资源开发时整合资源的必要性。王欣等(2005)认为,通过旅游资源的整合能够强化旅游主题,使旅游地形象更加鲜明;能够增强整体实力,提高产品竞争力;能够约束恶性竞争,优化发展环境;能够切实保护资源与环境,维护旅游资源的共生基础。①

浙江的地理条件,决定了它在乡村旅游的发展上,有着多元化、全方位的特色。但由于旅游产品的错位和深度开发不足,个性彰显不力,其各乡村旅游区(点)给旅游者的印象大有"千村一面"之感,而远没有达到"一村一品"的效果。此外,浙江省乡村旅游产品以初级的农家餐饮和农家旅馆为主,开发档次不高,产品挖掘的深度不够。

同时,受到资金条件的限制,以及各级政府对乡村旅游认识水平的差异,浙江省东部沿江、沿海地区的乡村旅游发展状况明显好于中西部地区,无论是乡村旅游景区(点)的数量还是资金的投入量,中西部地区远远落后于东部地区。而从某种意义上来说,经济水平相对落后的中西部地区,依靠发展乡村旅游来帮助当地农民实现增收致富的迫切性更为强烈。

因此,浙江省的乡村旅游资源需要通过整合开发,以达到创新发展,提升整体品质的效果。加强浙江省乡村旅游资源空间整合,对构建该地区乡村旅游开发的空间合理布局模式,确立各城市旅游功能定位和产品开发定位,为政府加强对旅游业的宏观管理,实现市场经济条件下区域旅游空间竞争与合作并存、优势互补、联动开发的目标,以实现对生态旅游资源的有序、持续开发和利用保护都具有重要的意义。

---

① 王欣,吴殿廷等. 旅游资源整合新论 [J]. 桂林旅游高等专科学校学报,2005,16(4):29~33.

(2) 浙江省乡村旅游整合开发思路。以浙江省旅游发展整体空间布局"三带十区"为基本架构,在现有乡村旅游区(点)的空间布局的基础上,结合各地乡村旅游资源的特色与区域旅游产业的发展定位、主题形象与目标任务,综合考虑自然条件与人文历史环境、城镇体系建设、交通区位等因素,通过资源整合、空间对接、形象共立等战略,积极实施"三个充分发挥",即充分发挥城镇依托优势、打造环城游憩带,充分发挥景区依托优势、打造特色乡村旅游区,充分发挥乡村特色资源优势、打造特色乡村旅游示范点,逐步在全省范围内形成"三圈、三带、十区、多点"的乡村旅游发展格局。[①]

(3) 通过整合资源,强化浙江省各乡村旅游区域功能定位。

① 环杭州湾运河·水乡·古镇乡村旅游带。紧扣杭州市建设国际花园城市与东方休闲之都的战略方针,依托沪杭甬高速拓宽工程、杭浦高速(沪杭高速复线)、杭宁高速、杭徽高速、杭新景高速、杭金衢高速以及杭州绕城高速等交通辐射优势,充分利用该区的水乡平原、运河古镇、江南文化、生态休闲资源,注重乡村文化的彰显,挖掘乡村休闲的真谛,有重点、有层次、有步骤地推动乡村旅游发展。

② 浙东沿海海岛·沙滩·渔情乡村旅游带。紧扣宁波市与舟山市、温州市联合打造国际性港口旅游名市的战略方针,依托舟山连岛工程、杭州湾跨海大桥、杭甬高速拓宽工程、甬金高速、甬台温高速、沿海大通道、甬台温高速铁路等工程带来的交通地位提升的优势,挖掘山林、古城、沙滩、海岛资源的文化元素、休闲元素、娱乐元素与商贸元素,加速山海资源的对接与整合,稳步推进浙东沿海黄金海岸、快乐渔业、海岛休闲与宗教体验式的乡村旅游发展。

③ 西南山区秀山·民俗·丽水乡村旅游带。充分依托该地作为浙江省乃至长三角地区的"生态高地、秀山丽水"的环境基础,努力搜寻山村纯朴、原始的民族风情与民俗文化,着力挖掘山林、碧水、空气与人文的旅游价值,积极融合浙中发达的商贸文化与活力,以浙江省建设"生态大省"为战略指导机遇,以金丽温高速、丽龙(浦)高速以及龙丽高速的相继建设为区位机遇,积极打

---

① 叶建国. 浙江省乡村旅游发展研究.

造独具浙西南山区风情、商贸体验特色的乡村旅游带。

5.4.2 积极推动长三角旅游区域合作

区域旅游合作的实质是实现区域旅游资源的合理配置。而资源配置的区域范围越大,其实现最优配置的可能性就越强。在全球经济一体化发展态势下,我国区域旅游合作也呈现迅猛发展态势,标志着我国旅游业已从由景点竞争、线路竞争、城市竞争进入区域竞争阶段。[①]

区域旅游合作是长三角经济合作体系中的重要组成部分。为把长三角地区打造成世界级旅游目的地,苏浙沪各省市应进一步消除合作障碍,完善旅游合作机制,建立无障碍旅游区,达到有效的资源互补,构建长三角旅游联合体和国际旅游圈。

合作关系形成的前提是优势互补,推动合作关系发展的动力是合作主体能在合作中实现共赢。区域旅游合作是一种特殊的合作关系,它是以区域优势互补为基础、解决旅游资源的不可移动性和旅游者选择性之间矛盾的一种区域旅游发展格局。为确保合作机制的有效运转,需要采取以下对策。

(1) 确立"共赢互融"的合作理念。长三角旅游经济发达,客源市场充足,旅游资源丰富,有得天独厚的合作基础和潜力,这为长江三角洲地区区域旅游合作奠定了良好基础。在共循科学的游戏规则下,有序竞争、主动合作应是一种积极的选择,以达到良性竞争、共赢的目的。因此,要建立动态的既有良性竞争又有高效合作的新机制,只有在这一"共赢"理念的指导下,才能"破壁互融",抛弃狭隘的地方保护及恶性竞争,达到"双赢"与"多赢"的目的。

(2) 建立多层次、多形式的旅游协调机构。目前,长江三角洲区域合作的机制是两省一市最高行政首长联席会议制度、各区域政府秘书长协调制度及政府部门协调制度3个层次的区域协调机制。在这个机制框架内,可由长江三角洲两省一市旅游行政主管部门磋商,对应地建立两省一市旅游局长联席会议制度、局长办公室主任协调制度、旅游行业各部门衔接落实制度3个层次的旅游协调机构;充分发挥长江三角洲区域内各旅游企业及各类非政府组织的协调作用。旅游行业

[①] 陈爱宣. 长三角区域旅游合作的障碍与对策. 经济纵横 [J]. 2007, (5).

协调组织是旅游系统内各部门根据自愿平等、互利互助的原则组成的合作与协调组织，是实施旅游行业自我规范、自我约束、内部协调、内部监督的有效组织形式。它与政府旅游协调机构形成相互促进、相互补充的关系，是区域旅游协调机制的重要组成部分和主要形式。可考虑有选择性地成立长江三角洲区域旅游行业协会，包括旅游饭店协会、旅游景区协会、旅行社协会、旅游交通运输协会、旅游人才与教育协会、旅游者协会、长江三角洲旅游合作基金会等。

（3）建立长三角区域旅游利益分享机制。由于合作各方存在追求利益最大化的现实，旅游区域合作必须基于各地的共同利益之上。因此，在区域旅游合作进程中，需要建立区域旅游利益分享机制来协调各方利益的分配。区域旅游利益分享机制是指各合作成员通过整合区域旅游业发展政策，通过规范的制度建设来实现地方与地方之间的利益转移，从而实现区域旅游利益在合作成员之间的合理分配。该机制应强调各合作成员在平等、互利、协作的基础上既竞争又合作，并在此基础上实现各合作成员共同分享区域旅游利益。各合作成员在共同发展区域旅游业的前提下，通过协商制定利益分享机制，以实现区域旅游利益在各合作成员之间的合理分配，为区域旅游业的健康发展提供保证。[①]

（4）完善长三角区域旅游合作的规则、制度和标准。区域内旅游经济布局原则和区域旅游产业发展准则；相互开放旅游市场，保证市场竞争的公平性；建立协调的基础设施网络，统一开发利用旅游资源，统一整治和保护环境；建立政府间的协调与管理制度，共同构建统一的制度架构和实施细则；在人才流动、技术开发、信息共享等方面，营造无特别差异的政策环境等。同时，旅游合作组织、协调机构和行业协会应根据行业发展需要及自身特点，在国家法律和法规体系以及长江三角洲区域旅游合作协议范围内，按照平等、开放、互惠的原则，制订并完善长江三角洲区域旅游合作的规则、制度及标准等，建立行业公约执行情况的检查和披露制度，及时公布检查、处理结果，坚决制止违法违规经营和违反行业自律规定的行为；加强沟通与协调，为旅游发展营造良好的外部环境；加强国际交流与合作，积极与国际旅游组织建立广泛联系。

（5）建立共同的市场信息、预警平台。各方应积极促进旅游企业间的合作，

---

① 郭寻，吴忠军. 区域旅游发展中政府合作的制度障碍及对策思考 [J]. 人文地理，2006，(1).

大力打造长江三角洲区域旅游精品线路；整顿旅游市场，优化旅游环境，推进无障碍旅游区试点工作；促进区域内旅行社、饭店和景区管理培训方面的交流与合作，实现区域内各旅游网站的相互链接和信息互动，共享旅游信息资源；建立旅游质量管理、旅游投诉和应急事件处理热线电话，预警预报及重大事件通报制度等，使各旅游城市互为旅游客源地、互为旅游接待地，通过高效的市场平台，实现旅游要素的合理分配。[①]

5.5 构建乡村旅游可持续发展的生态环境检测系统

5.5.1 加强环境保护，维持生态平衡

（1）统筹规划促进乡村旅游健康发展。为贯彻落实科学发展观，促进我国广大农村地区特色景观资源的开发、利用和保护，提高农村地区的旅游质量，促进农民增收，一定要从当地实际出发，做好村镇（乡）规划，合理利用资源，保护生态环境和历史文化遗产，促进乡村旅游健康发展。具体规划应努力做到以下各点。

① 三大产业相互促进。很多乡村具有一、二、三产业并存的结构形态，发展村镇旅游业，要将一、二、三产业全面纳入示范观光的内容，在优势特长处选择生长点，在产业结合处寻找发展的突破点；

② 生活游览环境并进。乡村规划要密切与生产结合，镇区和村庄内可以引入生产绿地，观光农业用地等，安排度假休闲、农业科研、科学普及的设施，形成环境优美景观丰富的花园村镇，又能服务于附近城市居民游览。

③ 承继文脉突出特色。众多乡村镇不同的历史遗迹和自然风貌、生产生活的发展差异、不同民族的风情习俗，都会给突出特色发展旅游提供素材。

④ 设施现代、城乡一体。乡村镇规划要统筹安排各项公共设施的建设，特别是基础设施要按现代化标准，针对村镇的特点，做到设施齐备，管理有序，

---

① 徐露农，张文建. 以旅游消费驱动区域旅游竞合——以长江三角洲构建无障碍旅游区为例 [J]. 桂林旅游高等专科学校学报，2005，(2).

又体现乡村风貌特色。

(2) 加强农村环境保护的综合对策,加强农村环境保护基础体系建设。当前,由于经济快速发展、农村城镇化进程的加快等因素影响,我国农村环境质量持续下降,许多农村地区饮水安全得不到保障,村庄生活污水、垃圾污染严重,畜禽养殖污染呈现加剧趋势,农用化学品不合理使用等,导致污染问题突出,已经对农民群众的生产、生活产生了严重影响,制约了农村经济进一步发展。近几年来,党中央、国务院以科学发展观统领经济社会发展全局,按照统筹城乡发展的要求,采取了一系列支农惠农的重大政策,农村面貌发生了巨大变化。今后要进一步加强农村环保工作,使之成为社会主义新农村建设的一项重要内容。

同时,建立健全有关政策、法规、标准体系,制定、颁布《农村环境保护条例》、《土壤污染防治法》、《畜禽养殖污染防治条例》、《农业清洁生产条例》等相应的法规条例,依法加强对农村环境的监督管理;加大政府投入,建立稳定的资金来源渠道。明确解决农村环境问题的资金渠道和部门责任,使农村的环境管理体系建设和聚居点的污染治理基础设施建设有明确的资金来源;构建行之有效的协调和监督机制,形成农村环保工作合力;推动农村生活污染治理,改善农村人居环境质量;推行清洁生产,推进农村循环经济发展模式;加大宣传教育力度,提高农民环保意识。

(3) "标准化"引领乡村旅游业发展。标准化是一把整合资源的钥匙。旅游产业涉及面广、关联性强,标准代表了旅游市场对各相关环节的要求,遵循标准,旅游业提升产业的能力就会大大扩展。制定实施"乡村旅游标准"是旅游市场对于乡村旅游现阶段发展的必然需求,是中国旅游标准化的重要体现。有关部门要高度重视乡村旅游标准化体系建立,将制定实施"乡村旅游标准"作为旅游标准化体系的一项重要内容,使乡村旅游在统一标准指导下规范及有健康发展。乡村旅游标准化的实施和运行,也将进一步促进乡村旅游资源的整合,完善提升以"农家乐"为代表的旅游产品,促进乡村旅游产品的发展,扩大其市场占有率;切实解决农村剩余劳动力再就业,为农民致富起到直接扶植、引导作用;对于农村社会和谐、文化交流、循环经济、生态环保等都将起到积极的作用。

5.5.2 构建社区参与机制,实现和谐发展

乡村旅游的社区参与是指在乡村旅游发展中,社区居民通过各种方式和行为,积极、主动地参与或消极、被动地参与乡村旅游发展的相关环节或相关层面,并且在其发展中获取相应的利益。

1. 乡村旅游社区参与的意义

要实现乡村旅游的健康发展,必然离不开乡村社区的参与。乡村旅游社区参与的意义主要体现在如下3个方面。

(1) 由于乡村的社区居民既是乡村旅游资源的缔造者和保持者,也是乡村旅游资源的载体,离开了他们,资源也就无以存在。因此,社区居民是乡村旅游发展必不可少的资源要素之一。

(2) 对于发展乡村旅游,社区居民具有共同的利益关系和认知水平,具有相对固定的人际网络,虽然人微言轻,但人多势重,所以,他们对发展乡村旅游的态度直接成为乡村旅游发展的制约性因素之一。

(3) 乡村旅游只有通过社区居民的参与才能得到长足发展,而社区居民参与乡村旅游也可以获取许多利益。其具体包括:

① 经济利益的双赢。社区参与乡村旅游可以获取经济利益,提高居民的生活水平;同时,乡村旅游有了居民的参与支持,更具有活力。[1]

② 社会文化的延续与传承。在社区参与乡村旅游中,居民的素质及社会意识都得到提高,使他们自觉不自觉地发扬并继承了乡村的社会文化。

③ 生态环境的保护与改善。乡村居民的直接参与、环境保护意识的提高,会改进乡村景观和乡村生态环境,改善乡村居民的生活环境,并为乡村环境的保护提供更多的资金。

2. 乡村旅游的社区参与的内容与方式

国内各地的乡村旅游发展水平、社区参与模式迥异,乡村旅游在当地经济中所占的比重也各有轻重,从而内容和方式也各有不同。

---

[1] 邱云美. 社区参与是实现旅游扶贫目标的有效途径[J]. 农村经济,2004,(12).

（1）以表演者的身份参与——行为投入。乡村旅游之所以具有特别的吸引力，除了静态的乡村自然资源外，更重要的是对乡村文化的统帅作用。而乡村文化又离不开乡村居民，他们既是乡村文化的创造者和维持者，也是乡村文化外现的重要载体。他们的生活与行为形成了特有的乡村民俗、乡村风情、乡土文化等，这些无形的精神资源才是乡村旅游发展最重要和最有活力的部分。

社区居民作为乡村文化的表演者，其表演行为包括有组织的专门表演，也包括居民的日常行为，即自发的表演。专门表演主要体现在为旅游目的而举行的由社区居民参与的演出与活动之中，体现最多的就是一些民俗节庆活动；还有就是为了表现特定文化为景区配置的工作人员，他们的工作也就是一种表演。自发的表演大多是一种群体行为，表演的素材就是居民的日常生活，把他们最真实的生活展现给游客。这种表演是没有经过组织的自发行为。对于这种表演行为，要进行开发，其实非常简单，只需要进行相关的组织与协调即可，但是又不能将其演变成为专门演绎。对于这种表演行为，主要分配机制是根据工作态度、旅游者的反馈情况和受欢迎程度年底发放奖金。

（2）以决策参与者的身份参与——信息投入。社区居民作为乡村旅游发展中重要的利益相关者，必须对于乡村旅游的发展与管理拥有决策权，让社区居民与政府和企业一道为乡村旅游的发展出谋划策，并提出问题与意见。具体决策内容包括：参与乡村旅游规划编制或对规划提出修改意见、参与决定乡村旅游发展的方向与管理模式、参与决定乡村旅游的经营方针及策略、参与决定乡村旅游发展利益分配机制等。[①]

具体参与决策的方法采用"居民—居民代表—决策层"模式。针对居民有权决策的每一事项召开相关居民大会，由居民分别发表意见，然后由他们民主选举居民代表，由居民代表收集整理居民所有的信息与意见，然后由他们作为代表参与到决策层的决策中，并适时地与居民进行沟通，成为他们的代言人与传话筒。这种双向沟通式的决策方式一方面反映了相关居民的意见，另一方面能灵活地适应决策过程中的变化因素。

（3）以投资者的身份参与——生产资料与劳动投入。社区居民要从根本上

---

① 王春雷，周霄. 从人类学视角探析区域旅游规划的社区参与[J]. 规划师，2003，(19).

实现从乡村旅游中最大限度地获利，必须是以投资者的身份参与，而不是作为表演者与决策参与者就可以实现的。

目前的乡村旅游发展中，乡村居民作为投资者的发展模式大多限于集体投资式，一般采用集体统一经营乡村居民的土地，是集体经济的体现，并非真正的个人投资者。如何实现居民投资，以何种方式投资，是必须解决的问题。笔者认为，乡村居民对于乡村旅游的发展投资形式有多种，可以是资金投资，也可以是土地投资，还可以是劳动投资。虽然从公司法的角度来讲，劳动作为投资只能应用于合伙企业，但考虑到乡村居民资金的有限以及解决就业是乡村旅游发展中社区参与的重要课题，所以可试着将劳动也作为投资要素之一。当然，劳动的衡量困难性也将带来投资核算的困难；而且，为了保证经营流动资金，还必须控制一定的劳动投入量。这里的劳动投入主要是进行服务性的工作，即表演、管理、服务等。

针对这些投资要素如何进行组织，可以建立一个股份合作有限公司，将整个乡村旅游的投资额划分成等额股份，社区居民按投资大小享有股份。对于土地与劳动的估价，在遵循市价的基础上，由全体投资人集体决定。投资构成可以是"公司＋社区＋社区居民"，也可以是"公司＋社区居民"或者"政府＋社区居民"、"协会＋社区居民"等形式，[①]至于社区居民总的投资比例需要根据总投资额来定。因为居民的资金投资有限，必须首先在满足资金的前提下，才能将劳动与土地折股。

股份合作有限公司具体运营模式可以是投资企业管理，也可以外聘管理公司管理。这两种运营体制都可以让管理与运营直面市场，而不会为政府经营体制弊端及社区居民管理水平相对落后所制约。投资人作为股东享有监督权与利益分配权。对于以劳动作为投资的居民，他们无权进行其他活动，只能为公司服务，完成公司指定的任务；而对于以土地或资金投资入股或者不是投资人的居民，可以经营公司允许的其他经营内容。股份合作制公司发展到一定阶段后，可以向股份有限公司转化。

（4）以资源环境保护者的身份参与——意识培育。社区作为乡村旅游资源

---

① 郑群明，钟林生．参与式乡村旅游开发模式探讨［J］．旅游学刊，2004，(04)．

与环境的孕育者,在乡村旅游发展中需要担当重要的环境保护任务,积极参与到环境培育保护中来。这项任务既包括参与自然资源、生活环境的保护,也包括参与文化的继承和创新,参与生态环境的保护。

要实现社区居民环境保护的参与,主要任务有两个:一是要提高社区居民自身参与环境保护的意识,使他们在参与乡村旅游发展中注重对旅游资源和环境的保护;另一方面是要积极引导旅游者保护当地的资源与环境,尊重当地的文化并欣赏理解当地的文化,这也是一种保护。

(5) 以利益获得者的身份参与——利益分配。利益分配是社区参与的最终目标,利益分配的实现效果直接影响社区参与的实现质量。目前,乡村旅游发展中由于社区参与的狭窄性,利益分配也存在很大的不公平性。社区居民参与所获利益包括经济利益、环境利益和社会文化利益,其中最让居民关心的始终是经济收益的分配,主要表现在直接经济收入、生活水平的提高等。社区居民的利益来源主要是作为投资者的利益回报,还有部分是来自于表演者的劳动报酬和由于乡村旅游的发展为居民创造的就业与创业收入。作为决策者,是居民意志的直接反映,间接影响他们的利益获得,所以并不直接从决策者的角色扮演中获利。对于乡村旅游的发展为居民创造的就业与创业机会,政府或企业应当积极鼓励居民的参与,并为他们提供相关的服务与管理,帮助他们更好地实现其经济利益。作为投资者,根据前文提出的运营模式,其回报主要是从乡村旅游发展中利益分红。作为投资,必然会有风险存在,所以,为了保障居民的投资利益回报,企业和政府必须努力使乡村旅游朝着良好的势态发展。只有这样,才能激发居民的积极性,使他们的投资收益最大化。[①]

5.5.3 建立乡村旅游危机管理体系

1. 构建乡村旅游危机管理体系的必要性

在经济全球化和一体化进程加快的背景下,信息、知识、人员等交流的频率在加快、范围在扩大,局部的、区域性的危机可能迅速扩散和蔓延成为全球

---

① 蒋艳. 关于欠发达地区社区参与旅游收益分配的探讨 [J]. 重庆交通学院学报(社科版), 2004, (09).

性危机。近年来境外频频发生的旅游危机对中国旅游业产生了不同程度的负面影响。从总体看，中国旅游业的危机意识不强，而乡村旅游业上采取的危机反应措施基本上都是在危机发生后被动作出的，影响了最大可能地将危机造成的后果降低到最低程度。为了保障浙江乡村旅游业的快速稳定发展，有必要强化危机意识，借鉴国外旅游危机管理的经验，结合中国旅游业实际，建立乡村旅游业的危机管理体系。[①]

2. 构建中国旅游危机管理体系

（1）树立旅游危机意识。旅游业是依赖性很强的产业，其发展受诸多因素影响。旅游业又是关联性极强的产业，需要多个部门的协作。任何环节出现差错，都可能给旅游业带来意想不到的损失。因此旅游业应导入"凡事预则立，不预则废"的危机意识，营造"危机"氛围，要有处理突发事件、应对危机的心理准备和相关机制。以免危机发生时措手不及。

（2）建立完善的旅游危机预警系统。危机预警系统是指组织为了在危机来临时能尽早地察觉到，建立一套能感应危机来临的信号，并判断这些信号与危机之间关系的系统，通过对危机风险源、危机征兆进行不断的监测，从而在各种信号显示危机来临时及时发出警报，提醒组织或个人对危机采取行动。建立旅游危机预警系统的目的是要把许多分散、零星的信息组织到一起，全面监测、跟踪各种动态，作出科学的预测和判断，为旅游危机管理部门的决策提供信息，提高危机发生时的快速反应能力，减少危机造成的损失。

旅游危机预警系统包括信息收集、信息加工、决策及警报子系统，其工作过程是：信息收集→信息分析或转化为指标体系→将加工整理后的信息和指标与危机预警的临界点进行比较，从而对是否发出警报进行决策→发出警报。通过建立完善的旅游危机预警系统，对危机潜伏期的信息及时处理，分析危机发生的概率，估计危机可能造成的负面影响，在必要时发出警报。对可能引发旅游危机的因素，采取应对措施，制定危机预案，以有效地避免危机发生或尽量使危机造成的损失最小化。

---

① 王良举. 旅游危机管理：国外的实践及中国的选择. 技术经济. 2006年8月第25卷第8期.

（3）建立良好的旅游危机沟通机制。旅游危机沟通就是通过向公众和媒体传递准确、真实的信息，让公众及时了解危机发展情况以及目的地为应对危机所采取的有关措施，减少公众的不安全感，使目的地保持原有的良好声誉，赢得公众对组织的关注和支持，将危机的不利影响最小化。世界旅游组织（WTO）指出，基于诚实和透明之上的良好的沟通是成功的危机管理的关键。政府和旅游管理部门作为权威的、最集中的信息源，应满足公众对危机知情权的需要，适度增加危机事件的透明度。以免公众在信息严重不对称情况下，难以积极主动地配合危机管理部门的工作，阻碍危机得到有效控制。另外，危机发生时，要特别注意避免媒体可能会发布某些对组织极为不利的情绪化报道。

（4）设置日常旅游危机管理机构。组建临时性危机管理机构不能适应现代危机管理的要求。这种临时性危机管理机构的缺点表现为：

① 缺乏延续性，危机处理的经验不能有效保留。

② 危机处理需要多个机构的合作，临时机构每次都需要大量的时间与相关机构进行协调，效率较低。

③ 缺乏前瞻性。临时机构与专门的危机管理机构相比，事前没有一个有效的危机处理计划和较成熟的危机处理操作方案。而设置日常的危机管理机构有利于旅游管理部门迅速做出正确反应。

危机管理的专业性强，信息和经验的持续累积对应对未来危机非常重要，固定的专业危机管理机构才能使危机在发生时，及时得到控制。如果没有日常危机管理机构，将使旅游管理部门在危机应对和政策调整上始终处于被动。

（5）建立旅游危机协作机制。在经济全球化的背景下，危机的应对需要世界各国的配合与协调。同时，旅游管理部门与其他部门的配合与协调，能够提高资源与信息的利用水平和决策的科学性、及时性，提高危机管理的能力和水平。因此，国家旅游危机管理部门要与国内外相关部门建立广泛的危机应对协作机制，加强跨地域、跨部门、跨行业的交流与合作。[1]

---

[1] 周娟. 旅游危机管理系统机制分析与战略对策研究——以长江三峡旅游发展为例. 桂林旅游高等专科学校学报 [J]. 2005年2月第16卷第1期.

附录1 浙江省乡村旅游市场需求调查问卷

| 调查时间： | 调查地点： | 调查员： | 问卷编号： |

尊敬的朋友：

　　您好！我们是浙江大学旅游学院《乡村旅游（农家乐、渔家乐）特色化关键技术的研究与应用》课题调研小组，正在进行浙江省乡村旅游供需状况的调查研究。希望您能协助我们回答问卷的问题，以便于我们研究。您所提供的信息将有助于浙江省未来的乡村旅游规划。答卷采用不记名的方式，结果也仅仅用于本次调查研究。回答问卷大约需要5分钟，我们对于您的合作和协助表示由衷的感谢！

第一部分

1. 您此来旅游的主要目的：（可多选）
   □ 缓解压力　　□ 疗养身体　　□ 追寻回忆　　□ 寻求差异
   □ 家庭度假　　□ 朋友聚会　　□ 土特产购物　□ 户外运动
   □ 商务会议　　□ 特殊培训或交流　□ 休闲度假　□ 其他
   请问您是否有休闲度假的需求？　□ 有　　□ 无

2. 请问您是通过下面哪些途径获得乡村旅游产品信息的？（可多选）
   □ 邮寄或电话　□ 媒体广告　　□ 网络平台　　□ 展销会
   □ 亲朋好友　　□ 亲身体验　　□ 其他

3. 乡村旅游（农家乐、渔家乐）最吸引您的是：
   □ 乡村旅游可以体验与都市不一样的生活
   □ 乡村旅游是一种生态旅游，风景好，可以获得充足的阳光和新鲜的空气
   □ 乡村旅游是一种与朋友聚会交流的休闲方式
   □ 乡村旅游的休闲项目多，趣味多，参与性强

4. 您最喜欢的农家乐（渔家乐）类型是：
   □ 以风景为主，可观赏秀丽风景、田园风光
   □ 娱乐项目比较多，如棋牌、麻将、水上游艇棋牌等
   □ 乡村体验性活动比较多，如可垂钓、采摘、烹制等
   □ 风俗习惯较多，如可体验农村乡俗，渔家风情等

5. 在您的心目中，当地是一个乡村旅游度假胜地吗？
   □ 非常符合　　□ 基本符合　　□ 一般　　□ 不太相符　　□ 完全不相符

第二部分

本部分为当地乡村旅游评价，请您对以下项目进行评价（5 分为非常满意，3 分为一般，1 分为非常不满意）

（一）基础性服务　　　　　　　　　　　非常满意————非常不满意

[1] 住宿环境　　　　　　　　　　　　5　　4　　3　　2　　1
[2] 客房功能　　　　　　　　　　　　5　　4　　3　　2　　1
[3] 交通条件　　　　　　　　　　　　5　　4　　3　　2　　1
[4] 娱乐活动　　　　　　　　　　　　5　　4　　3　　2　　1
[5] 购物条件　　　　　　　　　　　　5　　4　　3　　2　　1
[6] 餐饮特色　　　　　　　　　　　　5　　4　　3　　2　　1
[7] 卫生条件　　　　　　　　　　　　5　　4　　3　　2　　1
[8] 社会治安　　　　　　　　　　　　5　　4　　3　　2　　1
[9] 服务质量　　　　　　　　　　　　5　　4　　3　　2　　1
[10] 乡村整体情况　　　　　　　　　　5　　4　　3　　2　　1

（二）乡村旅游资源

[11] 山水风光　　　　　　　　　　　　5　　4　　3　　2　　1
[12] 资源保护　　　　　　　　　　　　5　　4　　3　　2　　1
[13] 传统民俗　　　　　　　　　　　　5　　4　　3　　2　　1
[14] 乡土建筑　　　　　　　　　　　　5　　4　　3　　2　　1
[15] 土特产品　　　　　　　　　　　　5　　4　　3　　2　　1
[16] 宗教文化　　　　　　　　　　　　5　　4　　3　　2　　1
[17] 生态环境　　　　　　　　　　　　5　　4　　3　　2　　1
[18] 乡村特色　　　　　　　　　　　　5　　4　　3　　2　　1
[19] 休闲氛围　　　　　　　　　　　　5　　4　　3　　2　　1
[20] 乡村生活方式　　　　　　　　　　5　　4　　3　　2　　1

第三部分

1. 请问您出游前是否会选择上网查询旅游目的地相关信息？　□是　□否

　　如果是，您一般选择的网站是：＿＿＿＿＿＿

2. 请问现有的旅游网站能否满足您的需求？　□是　□否

附录1............... 浙江现象·旅游创新
浙江省乡村旅游市场需求调查问卷

3. 请问您希望通过网络得到哪些乡村旅游相关的服务？（可多选）
   □ 浏览当地信息　□ 预定包间或客房　□ 个性化线路设计　□ 购物　□ 投诉或建议

4. 请问您是否愿意接受针对乡村旅游的个性化、定制化服务？　□ 是　□ 否
   注：【如在网上为您量身设计旅游线路等】

5. 请问您是否了解分时度假这种新型的旅游度假方式？　□ 是　□ 否
   注：【此类产品通常以预先固定的一周或几周为销售单位，也就是说您每购买一个或几个单元的分时度假产品，就购买了在某住宿单元中的每年住宿一周或几周的权利】

6. 请问您是否愿意以会员制的形式，购买当地某客房在约定的期限和时间内的住宿使用权？
   □ 是　□ 否
   注：【也就是说：一次性交易后，您可在约定的期限和时间内在这一客房内住宿】

第四部分

1. 您的常住地　_____省_____市

2. 您的性别　□ 男　□ 女

3. 您的年龄　□ 18岁以下　□ 18～25岁　□ 26～35岁　□ 36～45岁　□ 45岁以上

4. 您的学历　□ 初中及以下　□ 高中/中专　□ 大专/大学本科　□ 硕士及以上

5. 您的职业　□ 学生　　□ 个体户/私营业主　□ 企业管理人员　□ 专业技术人员
   　　　　　□ 离退休及待岗人员　　　　□ 公务员/事业单位人员
   　　　　　□ 其他（请注明）_____

6. 您的家庭构成：□ 未婚　□ 已婚但无子女　□ 已婚且有子女　□ 离异或丧偶

7. 近一年您到乡村旅游的次数：□ 1次　□ 2～3次　□ 4～5次　□ 5次以上

8. 您每次乡村旅游的天数：□ 1天　□ 2～3天　□ 4～5天　□ 5天以上

9. 您到一般选择的出游方式：□ 自助游　□ 家庭游　□ 单位组织　□ 旅游团　□ 其他

10. 您一般选择的交通方式：□ 公交车　□ 旅游专线　□ 自驾车　□ 火车　□ 自行车及其他

11. 您每年是否有固定的出游时间：□ 有　□ 否
    若有，一般在几月份：_____月

12. 您的家庭月均可自由支配收入：_____元
    （扣除税收、社会保险费用、预防意外开支的储蓄和生活必须消费等部分后的剩余部分）

13. 多数情况下，您倾向于将上述可自由支配收入主要用于（单项）：
    □ 日常娱乐　□ 旅游　□ 自我提升　□ 子女教育　□ 孝敬父母　□ 个人养老　□ 其他

谢谢您的支持与合作，祝您旅行愉快！

附录 2 浙江省乡村旅游市场供给调查问卷

| 调查时间: | 调查地点: | 调查员: | 问卷编号: |

尊敬的朋友:

　　您好!我们是浙江大学旅游学院《乡村旅游(农家乐、渔家乐)特色化关键技术的研究与应用》课题调研小组,正在进行浙江省乡村旅游供需状况的调查研究。希望您能协助我们回答问卷的问题,以便于我们研究。您所提供的信息将有助于浙江省未来的乡村旅游规划。答卷采用不记名的方式,结果也仅仅用于本次调查研究。回答问卷大约需要 5 分钟,我们对于您的合作和协助表示由衷的感谢!

第一部分

1. 您认为游客来乡村旅游的主要目的:(可多选)
   □ 缓解压力　　□ 疗养身体　　□ 追寻回忆　　□ 寻求刺激
   □ 家庭度假　　□ 朋友聚会　　□ 土特产购物　□ 户外运动
   □ 商务会议　　□ 特殊培训或交流　□ 休闲度假　□ 其他

2. 您认为乡村旅游最大的吸引之处在于:
   □ 乡村旅游可以体验与都市不一样的生活
   □ 乡村旅游是一种生态旅游,风景好,可以获得充足的阳光和新鲜的空气
   □ 乡村旅游是一种与朋友聚会交流的休闲方式
   □ 乡村旅游的休闲项目多,趣味多,参与性强

3. 您认为游客最喜欢的农家乐(渔家乐)类型是:
   □ 以风景为主,可观赏秀丽风景、田园风光
   □ 娱乐项目比较多,如棋牌、麻将、水上游艇等
   □ 乡村体验性活动比较多,如可垂钓、采摘、烹制等
   □ 风俗习惯较多,如可体验农村乡俗,渔家风情等

4. 在您的心目中,当地是一个乡村旅游度假胜地吗?
   □ 非常符合　　□ 基本符合　　□ 一般　　□ 不太相符　　□ 完全不相符

附录2 浙江省乡村旅游市场供给调查问卷

第二部分

本部分为浙江省乡村旅游评价，请您对以下项目进行评价（5分为非常满意，3分为一般，1分为非常不满意）

（一）基础性服务　　　　　　　　　　　　非常满意————非常不满意

[1] 住宿环境	5	4	3	2	1
[2] 客房功能	5	4	3	2	1
[3] 交通条件	5	4	3	2	1
[4] 娱乐活动	5	4	3	2	1
[5] 购物条件	5	4	3	2	1
[6] 餐饮特色	5	4	3	2	1
[7] 卫生条件	5	4	3	2	1
[8] 社会治安	5	4	3	2	1
[9] 服务质量	5	4	3	2	1
[10] 乡村整体情况	5	4	3	2	1

（二）乡村旅游资源

[11] 山水风光	5	4	3	2	1
[12] 资源保护	5	4	3	2	1
[13] 传统民俗	5	4	3	2	1
[14] 乡土建筑	5	4	3	2	1
[15] 土特产品	5	4	3	2	1
[16] 宗教文化	5	4	3	2	1
[17] 生态环境	5	4	3	2	1
[18] 乡村特色	5	4	3	2	1
[19] 休闲氛围	5	4	3	2	1
[20] 乡村生活方式	5	4	3	2	1

第三部分

1. 目前您面临的经营困境有哪些？（可多选）

　　□ 同类产品（竞争者）过多

　　□ 没有专业的经营管理人员和服务人员

- □ 宣传手段单一，效果不理想
- □ 淡旺季明显，经营成本高
- □ 当地政府不支持，辅助设施不齐全

2. 请问您是否愿意通过网络展览或销售您的乡村旅游产品或服务？　□ 是　□ 否

　　如果选择是，请问您是否愿意支付一定的费用？　□ 是　□ 否

3. 请问您希望通过网络得到哪些相关的服务？（可多选）

□ 本地信息展览　　□ 包间或客房预定　　　□ 土特产品交易
□ 网上人员招聘　　□ 不良现象的上报与反馈　□ 旅客意见反馈

4. 请问您是否提供住宿服务？　　□ 是　□ 否

【若选"是"，请继续回答以下问题；若选"否"，请跳过第5、6题，直接回答第四部分】

5. 请问您是否了解分时度假这种新型的旅游度假方式？□ 是　□ 否

注：【此类产品通常以预先固定的一周或几周为销售单位，也就是说顾客每购买一个或几个单元的分时度假产品，就购买了在某住宿单元中的每年住宿一周或几周的权利】

6. 请问您是否愿意以分时度假的方式一次性出售某一期限的客房使用权？　□ 是　□ 否

注：【也就是说：一次性交易后，顾客在约定的期限和时间内在这一客房内可以居住】

第四部分

1. 您的经营类别　□ 农家乐类　□ 渔家乐类　□ 景区类　□ 其他
2. 您的性别　　　□ 男　　□ 女
3. 您的年龄　　　□ 18～25岁　□ 26～35岁　□ 36～45岁　□ 46～55岁　□ 55岁以上
4. 您的教育程度　□ 初中及以下　□ 高中/中专　□ 大专　□ 大学本科及以上
5. 您的年收入　　□ 3万以下　□ 3万～6万　□ 6万～9万　□ 9万～12万　□ 12万以上
6. 您的家庭构成：□ 未婚　□ 已婚 但无子女　□ 已婚且有子女　□ 离异或丧偶
7. 您拥有的农家乐（渔家乐）数量：□ 1家　□ 2家　□ 3家　□ 4家及以上

以上就是全部问题，再次感谢您的参与！

参考文献

一、外文

[1] Ahn B, Bongkoo, Shafer C S. Operationalizing sustainability in regional tourism planning: an application of the limits of acceptable change framework [J]. Tourism Management, 2002, 23 (1): 1-15.

[2] Ajzen I & Driver B L. Prediction of participation from behavior, normative and control beliefs: an application of the theory of planned behavior [J]. Leisure Science, 1991, 13: 185.

[3] Alan D. AMA Handbook for Customer Satisfaction: A Complete Guide to Research [J]. Planning & Implementation, 1997: 20.

[4] Albrecht K. Customer value [J]. Executive Excellence, 1994, (11): 14.

[5] Aliza Fleischer, Abraham Pizam. Rural tourism in Israel [J]. Tourism Management, 1997, 18 (6): 367-372.

[6] Aliza Fleischer. Support for Rural Tourism: Does it Makes a Difference? [J]. Annals of Tourism Research, 2000, 27 (4): 1007-1024.

[7] Anderson J. C. & Narus J. A. Capturing the value of supplementary service [J]. Harvard Business Review, 1995, (73): 75.

[8] Antreas D & Athanassopoulos. Another look into the agenda of customer satisfaction: focusing on service providers' own and perceived viewpoints [J]. International Journal of Bank Marketing, 1997 (15): 264-278.

[9] Arie Reiehel, Oded Lowengart, Ady Milrnaru. Rural tourism in Israel: service quality and orientation [J]. Tourism Management, 2000, 21: 451-459.

[10] Arjan Burgers, Ko de Ruyter, Cherie Keen et al. Customer expectation dimensions of voice-to-voice service encounters: a scale-development study [J]. International Journal of Service Industry Management, 2000 (11): 142-161.

[11] Bachleitner R, Zins A H. Cultural Tourism in Rural Communities: The Residents' Perspective [J]. Journal of Business Research, 1999, 44: 199-209.

[12] Banwari Mittal, Walfried M. & Lassar. Why do customers swith? The dynamics of satisfaction versus loyalty [J]. The Journal of Servives Marketing, 1998 (12): 177-194.

[13] Barsky J. D. & Labagh R. A strategy for customer satisfaction [J]. The Cornell Hotel and Restaurant Administration Quarterly, 1992 (33): 32-37.

[14] Bernd Stauss& Patricia Neuhaus. The qualitative satisfaction model [J]. International Journal of Service Industry Management, 1997 (8): 236-249.

[15] Bill Bramwell, Bernard. Rural Tourism and Sustainable Rural Development [M]. UK: Channel View Publications, 1994.

[16] Bojanic D. D. & Rosen L. D. Measuring service quality in restaurants: An application of the SERVQUAL instrument [J]. Hospotality Research Journal, 1994, 18 (1) 3-14.

[17] Boo E. Planning for Ecotourism [J]. Parks, 1991, 2 (3): 4-8.

[18] Bramwell B, Lane B. Rural Tourism and Sustainable Rural Development [M]. UK: Channel View Publications, 1994.

[19] Buckley R. A Framework of Ecotourism [J]. Annals of Tourism Research, 1994, 21 (3): 661-669.

[20] Busby G, Rendle S. The Transition f rom Tourism on Farms to Farm Tourism [J]. Tourism Management, 2000, 21 (6): 635-642.

[21] Butler R. Alternative Tourism: Pious Hope or Trojan horse? [J]. World Leisure and Recreation, 1989, 31 (4): 9-17.

[22] Butz H E Jr& Goodstein L D. Measuring customer value: Gaining the strategic advantage [J]. Organizational Dynamics, New York, 1996, 24 (3): 63.

[23] Callan R. Development of a framework for the determination of attributes used for hotel selection indications from focus group and in-depth interviews [J]. The Hospitality Research Journal, 1994, 18 (2): 53-74.

[24] Campbell L M. Ecotourism in rural developing communities [J]. Annals of Tourism Research, 1999, 26 (3): 534-553.

[25] Cardozo, Richard N. A Experimental Study of Cosumer Effort [J]. Journal of Markteting Research, 1965 (8): 42-43.

[26] Cathy Parker& Brian P. Mathews Customer Satisfaction: contrasting academic and

consumers' interpretations [J]. Marketing Intelligence & Planning, 2001 (19): 38-44.

[27] Ceballos-Lascurain H. The Future of Ecotourism [J]. Mexico Journal January, 1987: 13-14.

[28] Chandon P, Wansink B & Laurent G. A benefit congruency framework of sales promotion effection [J]. Journal of Marketing, 2000, 64 (4): 65.

[29] Chen P, Kerstetter D L. International students' image of rural Pennsylvania as a travel destination [J]. Journal of Travel Research, 1999, 37 (4): 256-266.

[30] Chikara, Toshinori, Takahashi et al. Research of Measuring the Customer Satisfaction for Information Systems [J]. Computers and Industrial Engineering, 1997, 12 (33): 639-642.

[31] Christian N Madu & Assumpta A Madu. Dimensions of e-quality [J]. International Journal of Quality & Reliability Management, 2002 (19): 246-258.

[32] Claes Fornell, Michael D Johnson, Eugene W Anderson et al. The American Customer Satisfaction Index: Nature, Purposes, and Findings [J]. Journal of Markteting, 1996 (6): 7-18.

[33] Clarke J, Denman R, Hickman G, Slovak J. Rural tourism in Roznava Okres: a Slovak case study [J]. Tourism Management, 2001, 22 (2): 193-202.

[34] Cronin J J, Brady M K, Hult G T M. Assessing the effect of quality, value, and customer satisfaction on consumer behavior intention in service environment [J]. Journal of Retailing, 2000, 76 (2): 193.

[35] David J A. Douglas. There structuring of local government in rural regions: A rural devlopment perspective [J]. Journal of Rural Srudies, 2005, (21): 231-246.

[36] Dube L, Renaghan L M & Miller J M. Measuring customer satisfaction for strategic management [J]. Cornell Hotel and Restaurant Administration Quarterly, 1994 (35): 39-47.

[37] Eugene W Anderson & Claes Fornell. Foundations of the American Customer Satisfaction Index [J]. Total Quality Management, 2000, 11 (7): 869-882.

[38] Evans NJ, Ilbery B W. Farm based accommodation and the restructuring of agriculture: Evidence from three English Countries [J]. Journal of Rural Studies, 1992, 8 (1): 85-96.

[39] Fennell D, P. F. J. Eagles. Ecotourism in Costa Rica: A Conceptual Framework, [J]. Journal of Parks and Recreation Administration, 1989, 8 (1): 23-34.

[40] Flagestad A, Hope C A. Strategic success in winter sports destinations: a sustainable value creation perspective [J]. Tourism Management, 2001, 22 (5): 445-461.

[41] Fleischer A, Felsenstein D. Support for rural tourism [J]. Annals of Tourism Research, 2000, (4): 1007-1024.

[42] Fleischer A, Felsenstein. Support for rural tourism: Does it make a difference [J]. Annals of Tourism Research, 2000, 27 (4): 1007-1024.

[43] Fleischer A, Pizam A. Rural tourism in Israel [J]. Tourism Management, 1997, 18 (6): 367-372.

[44] Fleischer D, Felsenstein. Support for Rural Tourism——Does it Make a Difference? [J]. Annals of Tourism Reasearch, 2000, 27 (4): 1007-1024.

[45] Ford J B, Mathew J & Beatriz J. Importance-performance analysis as a strategic tool for service marketers: the case of service quality perceptions of business students in New Zealand and the USA [J]. The Journal of Services Marketing, 1999, 13 (2): 171.

[46] Forehlich G S & Welch H. Meeting walk-in patients' expectations for testing effects on satisfaction [J]. 3 Gen Intern Med, 1996 (11): 470.

[47] Fornell C. A national customer satisfaction barometer: The Swedish experience [J]. Journal of Marketing, 1992 (56): 6.

[48] Fornell C, Johnson M D, Anderson E W et al. The American Customer Satisfaction Index: nature, purpose, and findings [J]. Journal of Marketing, 1997, 16 (2): 129-145.

[49] Forza C & Filippini, P. TQM impact on quality conformance and customer satisfaction: A causal mode [J]. International Journal of Production Economics, 1998, 01 (55): 11-20.

[50] Gardial S F, Clemons D S, Woodruff R B et al. Comparing consumers' recall of prepurchase and postpurchase [J]. Journal of Consumer Research, 1994, 20 (4): 548.

[51] Garvin D A. What does "Product Quality" really mean? [A]. Sloan Management Review, 1984, 26 (1): 25.

[52] Gasson R, Winter D M. Gender relations and farm household pluriactivity[J]. Journal

of Rural Studies, 1992, (8): 387-397.

[53] Geoffrey Wal1. Peripheral Area Tourism [J]. Research Notes and Reports, 1997.

[54] Gilbert D and Tung L. Public organization and rural marketing planning in England and Wales [J]. Tourism Management, 1990, (20): 423-429.

[55] Graham Gould. Why it is customer loyalty that counts (and how to measure it) [J]. Managing Service Quality, 1995 (5): 15-19.

[56] Grigoroudis E & Siskos Y. A survey of customer satisfaction barometers: Some results from the transportation-communications sector [J]. European Journal of Operational Research, 2004, 01 (152): 334-353.

[57] Haksik Lee, Yongki Lee& Dongkeun Yoo. The determinants of perceived service quality and its relationship with satisfaction [J]. Journal of Services Marketing, 2000 (14): 217-231.

[58] Hawkins, Del I, Best, Roger J & Coney, Kenneth A. Consumer Behavior: Building Marketing Strategy [M]. The McGraw-Hill Education (Asia) Co. & China Machine Press, 2002.

[59] Heskett J L, Jones T, Loveman G W et al. Putting the service profit chain to work [J]. Harvard Business Review, 1994 (3-4): 105-111.

[60] Hjalager A M. Agricultural Diversification into tourism [J]. Tourism Management, 1996, 17 (2): 105-110.

[61] Holbrook M B. Consumer value: a framework for analysis and reseach[A]. London: New Yok: Routledge, 1999.

[62] Huang C T, Beaman J & Shelby L B. Using action-grid in tourism management [J]. Tourism Management, 2002 (23): 255-264.

[63] Hudson S, Hudson P & Miller G A. The Measurement of Service Quality in the Tour Operating Secto: A Methodological Comparison [J]. Journal of Travel Research, 2004, 42 (3): 305.

[64] Inskeep E. Tourism Planning ——An Integrated and Sustainable Development Approach [M]. US: Van Nostrand Reinhold, 1991.

[65] Jackie Clarke, Richard Denmah, Gordon Hickman, Julius Slovak. Rural Tourism

In Roznava Okres: A Slovak Case Study [J]. Tourism Management, 2001, (22): 193-202.

[66] Jay Kandampully& Dwi Suhartanto. Customer loyalty in the hotel industry: the role of customer satisfaction and image [J]. International Journal of Contemporary Hospotality Management, 2000 (12): 346-351.

[67] Jenny Bridenhann. Tourism routs as a tool for the economic development of rural areas-vibrant hope or impossible dream? [J]. Tourism Management, 2003, (25): 71-79.

[68] John T Bowen& Shiang-Lih Chen. The relationship between customer loyalty and customer satisfaction [J]. International Journal of Contemporary Hospotality Management, 2001 (13): 213-217.

[69] Johnson M D, Gustafsson A, Andreassen T W et al. The evolution and future of national customer satisfaction index models [J]. Journal of Economic Psychology, 2001, 22 (2): 217-245.

[70] Johnson M D, Nader G & Fornell C. Expectations, perceived performance, and customer satisfaction for a complex service: The case of bank loans [J]. Journal of Economic Psychology, 1996, 17 (2): 163-182.

[71] Joseph S Chen& Dogan Gursoy. An investigation of tourists' destination loyalty and preferences [J]. International Journal of Contemporary Hospotality Management, 2001 (13): 79-85.

[72] Juhl H J, Kristensen K & Ostergaard P. Customer satisfaction in European food retailing [J]. Journal of Retailing and Consumer Services, 2002, 9 (6): 327-334.

[73] Kastenholz E, Davis D., Paul G.. Segmenting tourism in rural areas: The case of north and central Portugal [J]. Journal of Travel Research, 1999, 37 (4): 353-363.

[74] Kinney W C. Simple and Valuable Approach for Measuring Customer Satisfaction [J]. Otolaryngology-Head & Neck Surgery, 2005, 133 (2): 169-172.

[75] Klaus Weiermair. Tourists' perceptions towards and satisfaction with service quality in the cross-cultural service encounter: implications for hospotality and tourism management [J]. Managing Service Quality, 2000 (10): 397-409.

[76] Kneafsey M. Rural cultural economy tourism and social relations [J]. Annals of Tourism Research, 2001, (3): 762-783.

[77] Lehtinen U & Lehtinen J R. Two approachs to service quality dimensions[J]. Service Indu- stries Journal, 1991, 11 (3): 287.

[78] Lewis R & Pizam. A The measurement of guest satisfaction [J]. The Practice of Hospotality Management, 1982: 189-201.

[79] Marc Lubetkin. Bed and Brakfasts Advertising and Promotion[J]. Cornell Hotel and Restaurant Administration Quarterly, 1999, (8): 84-90.

[80] Martilla J A & James J C. Importance-Performance Analysis[J]. Journal of Marketing (Pre-1986) 1997, 01 (41): 77-79.

[81] Mengak K K, Dottavio F D & O' Leary J T. Use of importance-performance analysis to evaluate a visitor center [A]. South Carolina: Southeastern recreation research conference, 1985: 111-121.

[82] Michael D Smith, Richard S Krannich. Tourism Dependence And Resident Attitudes [J]. Annals of Tourism Research, 1998, 25 (4): 783-802.

[83] Nilsson P A. Staying On Farms——An Ideological Background [J]. Annals of Tourism Research, 2002, 29 (1): 7-24.

[84] O' Leary S & Deegan J. Ireland' s Image as a Tourism Destination in France: Attribute Importance and Performance [J]. Journal of Travel Research, 2005, 02 (43): 247.

[85] Oliver Richard L. Dissatisfaction and complaining behavior[J]. Journal of Consumer Satisfaction, 1980 (2): 1-6.

[86] Oliver R & Desarbo W S. Response determinants in satisfaction judgments [J]. Journal of Consumer Research, 1988 (14): 495.

[87] Oliver R L. Satisfaction: a behavior perspective on the consumer [A]. New York: Mc- Graw-Hill, 1997.

[88] Olshavsky R W & Miller J A. Consumer expectations, product performance, and perceived product quality [J]. Journal of Marketing Research, 1986 (9): 19.

[89] Oppermann M. Rural tourism in southern Germany[J]. Annals of Tourism Research, 1996, 23 (1): 86-102.

[90] Oude Ophuis, P. A. M. & Van Trijp, H. C. M., Perceived quality- a market driven and consumer oriented approach [J]. Food Quality and Preference, 1995 (6): 177.

[91] Pamela Lunier, David Caples and Helen Cook. How Big Is Small? [J]. Cornell Hotel and Restaurant Administration Quarterly, 2000, (10): 90-95.

[92] Parasuraman A. Reflecting on gaining competitive advantage through customer value [J]. Academy of Marketing Science, 1997, 25 (2): 154.

[93] Parasuraman A & Grewal D. The impact of technology on the quality-value- loyalty chain: A research agenda [J]. Academy of Marketing Science, 2000, 28 (1): 168.

[94] Parasuraman A, Berry L L & Zeithaml V A. Understanding customer experience of service [J]. Sloan Management Review, 1991 (3): 39.

[95] Parasuraman A, Zeithaml V A & Berry L L. A conceptual model of service quality and its implications for future research [J]. Journal of Marketing, 1985 (49): 41.

[96] Parasuraman A, Zeithaml V A & Berry L L. Servqual: A multiple-item scale for measuring consumer perceptions of service quality [J]. Journal of Retailing, Greenwich, 1988, 64 (1): 12.

[97] Rachel Hill, Graham Busby. An Inspector Calls: Farm Accmmodation Providers' Attitudes to Quality Assurance Schemes in the Country of Devon [J]. International Journal of Tourism Research, 2002, (4).

[98] Ravald A & Gronroos C. The value concept and relationship marketing [J]. European Journal of Marketing, 1996, 30 (2): 19.

[99] Reichel A, Lowengart O, Milman A. Rural tourism in Israel: service quality and orientation [J]. Tourism Management, 2000, 21 (5).

[100] Roger J B. Market-based management: strategies for growing customer value and profitability [A]. Prentice-Hall International, Inc, 1997.

[101] Ryan C. Equity, management, power sharing and sustainability issues of the "new tourism" [J]. Tourism Management, 2002, 23 (1).

[102] Schneider B & Bowen D E. Winning the Service Game [D]. MA, HBS Press, Boston, 1995.

[103] Sharpley R. Rural tourism and the challenge of tourism diversification: the case of Cyprus [J]. Tourism Management, 2002, 23 (3): 233-244.

[104] Sharply. Rural tourism and the challenge of tourism diversification: The case of

Cyprus [J]. Tourism Management, 2002, 23 (3): 233-244.

[105] Sinha I & DeSarbo W S. An integrated approach toward the spatial modeling of perceived customer value [J]. Journal of Marketing Research, 1998, 35 (2): 236.

[106] Smith M D, Krannich R. S. Tourism dependence and resident attitude [J]. Annals of Tourism Research, 1998, 25 (4): 783-802.

[107] Susanne Becken, Chris Frampton, David Simmons. Energy consumption patterns in the accommodation sector—the New Zealand Case [J]. Ecological Economics, 2004: 39.

[108] Suzanne Wilson. Factors for Success in Rural Tourism Development [J]. Journal of Travel research, 2000, 28: 132-138.

[109] Sweeney J C & Soutar G N. Consumer perceived value: The development of a multiple item scale [J]. Journal of Retailing, 2001 (77): 203.

[110] Terri R. Lituchy, Anny Rail. Bed and Breakfasts, Small Inns, and the Internet: The Impact of Technology on the Globalization of Small Businesses [J]. Journal of International Marketing, 2000, 8 (2): 96.

[111] Tosun C. Limits to community participation in the tourism development process in developing countries [J]. Tourism Management, 2000, 21 (6).

[112] Tosun C. Roots of unsustainable tourism development at the local level: the case of Urgup in Turkey [J]. Tourism Management, 1998, 19 (6).

[113] Turnock D. Sustainable Rural Tourism in the Romanian Carpathians [J]. Geographical Journal, 1999, 18 (3): 205-211.

[114] Vail D, hultkrantz L. Property rights and sustainable nature tourism: adaptation and maladaptation in Dalarna (Sweden) and Maine (USA) [J]. Ecological Economics, 2000, 35 (2): 223-242.

[115] Valentine P S. Ecotourism and Nature Conversation: A Definition with Some Recent Development inMicronesia [J]. Tourism Management, 1993, 14 (2): 107-115.

[116] Vavra T G. Improving Your Measurement of Customer Satisfaction [M]. ASQ Quality Press, Milwaukee, Wisconsin, 1997: 4.

[117] Walford N. Patterns of development in tourist accommodation enterprises on farms in England and Wales [J]. Applied Geography, 2001, 21 (4).

[118] Williams B, Coyle J & Healy D. The meaning of patient satisfaction: an explanation of high reported levels [J]. See Sci Med, 1998（47）: 1351.

[119] Ziolkowski H. Ecotourism: Loving Nature on Its Own Terms [J]. Calypso Log, 1990, 17（3）: 16-19.

二、中文

[1] 安琪. 建立本土化交换系统的实践与思考 [J]. 中外饭店与餐饮, 2002, （9）: 20-22.

[2] 白琳. 我国散客旅游市场的营销策略浅析 [J]. 商业研究, 2000, （1）.

[3] 保继刚. 旅游规划案例 [M]. 广州: 广东旅游出版社, 2002.

[4] 保继刚. 旅游开发研究——原理·方法·实践 [M]. 北京: 科学出版社, 2003.

[5] 曹林奎. 都市农业概论 [M]. 北京: 中国农业出版社, 2001.

[6] 陈超, 郭鲁芳. 中国分时度假的发展困境及其消除 [J]. 旅游学刊, 2003, （1）: 40-43.

[7] 陈国权, 殷明发, 沈超. 上海农业旅游调研报告.

[8] 陈辉. 休闲旅游"农家乐"走向探析 [J]. 西南民族学院学报: 哲学社会科学版, 1998, （19）: 106-109.

[9] 陈剑峰. 长三角地区乡村旅游发展有利条件探析 [J]. 特区经济, 2006, （12）.

[10] 陈军, 意大利的"绿色假期"——农业旅游 [J]. 世界农业, 1998, （6）.

[11] 陈蕾. 浅析农家乐的兴亡与发展 [J]. 四川经济管理学院学报, 2004, （3）: 10-20.

[12] 陈露. 茶艺馆的文化营销 [J]. 中国食品, 2005, （20）.

[13] 陈庆, 王平. "农家乐"发展的调查与思考 [J]. 中国统计, 2005, （9）: 38-39.

[14] 陈思行. 美国休闲渔业现状 [J]. 北京水产, 2005, （1）.

[15] 陈文君. 我国现代乡村旅游深层次开发探讨 [J]. 广州大学学报: 社会科学版, 2003, 2（2）: 86-92.

[16] 陈星. 客房产权交易的三种新形式 [J]. 中外饭店与餐饮, 2002, （4）: 18-19.

[17] 陈月亮. 分时度假浮出水面 [J]. 经济论坛, 2001, （16）: 23-23.

[18] 陈跃中. 分时度假项目的土地规划和景观设计 [J]. 北京规划建设, 2002, （1）: 55-59.

[19] 程显荣，张建民．浅谈休闲渔业[J]．河南水产，2004，(3)．

[20] 单志明．让"农家乐"常乐[J]．中国食品，2005，(10)．

[21] 杜江，向萍．关于乡村旅游可持续发展的思考[J]．旅游学刊，1999，(1)．

[22] 段致辉，等．关于乡村旅游开发的研究[J]．资源开发与市场，2000，(5)：314-315．

[23] 方宇惟．现阶段我国乡村旅游开发与发展[J]．甘肃农业，2006，(2)．

[24] 冯昌智．对农家乐菜肴的看法及建议[J]．四川烹饪，2003，(7)：23-24．

[25] 付志军．乡村旅游研究——以宝鸡市渭滨区燃灯寺村为例[J]．宝鸡文理学院学报社科版，2002，(2)：83-86．

[26] 甘巧林，等．从乡村非农化看乡村旅游的兴起[J]．华南师范大学学报：自然科学版，2000，(4)：84-89．

[27] 辜晓川．旅游房产：消化空置商品房的新尝试[J]．中国房地产金融，2001，(8)：21-23．

[28] 郭焕成，刘军萍，王云才．观光农业发展研究[J]．经济地理，2000，(2)．

[29] 郭焕成，郑健雄．海峡两岸观光休闲农业与乡村旅游发展[M]．徐州：中国矿业大学出版社，2004．

[30] 郭鲁芳．中国分时度假产业SWOT分析[J]．管理现代化，2004，(1)：41-44．

[31] 郭一新．休闲农业旅游开发探析[J]．地域研究与开发，1999，(6)．

[32] 何红．从休闲旅游到生态旅游——分析国内乡村旅游的发展趋势[J]．当代电大增刊，2003：49-52．

[33] 何景明，李立华．关于"乡村旅游"概念的探讨[J]．西南师范大学学报：人文社会科学版，2002，28（5）：125-128．

[34] 何景明．国内乡村旅游研究：蓬勃发展而有待深入[J]．旅游学刊，2004，19（1）：92-96．

[35] 何景明．国外乡村旅游研究述评[J]．旅游学刊，2003，18（1）：76-80．

[36] 何景明．中外乡村旅游研究：对比、反思与展望[J]．农村经济，2005，(1)：126-127．

[37] 何婉．法美两国乡村旅游的发展及对我国的启示[J]．中共杭州市委党校学报，2006，(2)．

[38] 何薇．把握乡村旅游文化特性，深挖民俗文化内涵——以成都三圣乡为例[J]．乐

山师范学院学报,2004,20(2):86-89.

[39] 贺小荣.我国乡村旅游的起源、现状及其发展趋势探讨[J].北京第二外国语学院学报,2001,(1):90-94.

[40] 胡守忠.消费者满意度分析及评价[J].价值工程,2002,(1).

[41] 胡卫华,王庆."农家乐"旅游的现状与开发方向[J].桂林旅游高等专科学校学报,2002,(3).

[42] 胡卫华,王庆."农家乐"旅游开发探析[J].城乡建设,2002,(8):62-63.

[43] 黄成林.黄山市乡村旅游初步研究[J].人文地理,2003,(1):24-28.

[44] 黄进.乡村旅游的市场需求初探[J].桂林旅游高等专科学校学报,2002,13(3):84-87.

[45] 黄志平.休闲渔业发展初探[J].渔业致富指南,2005,(1).

[46] 江流水.从茶馆到茶艺馆[J].体育文史,2001,(2):1.

[47] 江明方.当前休闲渔业发展中存在的困难问题及改革对策[J].中国渔业经济,2005,(1).

[48] 杰克·尼内梅尔著,张俐俐等译.餐饮经营管理[M].北京:中国旅游出版社,2002.

[49] 李曹曹.旅游地形象策划:理论与务实[M].广州:广东旅游出版社,1999.

[50] 李海瑞.旅游度假区内的农民问题[J].旅游学刊,1996,(5).

[51] 李伟.乡村旅游规划开发研究[J].地域研究与开发,2003,22(6):72-74.

[52] 李学东,郭焕成.西南地区观光农业发展与经营特点初探——以成都市龙泉释区"农家乐"为例[J].经济地理,2001,(3).

[53] 李员.分时度假产品开发的诀窍[J].中外饭店与餐饮,2002,(4):17-18.

[54] 李肇荣.关于阳朔发展乡村旅游的思考[J].社会科学家,2003,(1):36-39.

[55] 李志芳.布加勒斯特的乡村博物馆[J].当代世界,1998,5:48.

[56] 李左人.发展四川乡村旅游的新思路[J].改革与发展,2001,(1):32-34.

[57] 李左人.试论丰富乡村旅游的文化内涵[J].天府新论,2000,(6).

[58] 梁明珠.观光农园旅游开发问题探析[J].盛南学报:哲学社会科学,1999,(6).

[59] 林刚,梁向锋.我国乡村旅游类型与发展方向[A].郭焕成,郑健雄.海峡两岸观光休闲农业与乡村旅游发展[C].徐州:中国矿业大学出版社,2004:315.

[60] 林利民,洪惠馨.促进我国休闲渔业产业化的构思[J].中国水产,2005,(1).

[61] 刘爱服.试论京郊乡村旅游发展中的问题与对策[J].旅游学刊,2005,20(1):58-60.

[62] 刘德谦.关于乡村旅游、农业旅游与民俗旅游的几点辨析[J].旅游学刊,2006,(3).

[63] 刘菲.旅游饭店新业态:分时度假交换系统[J].北京商学院学报,2000,15(4):56-59.

[64] 刘红艳.关于乡村旅游内涵之思考[J].西华师范大学学报:哲学社会科学版,2005,2:15-18.

[65] 刘家强,等.走新型的特色城市化道路[N].中国信息报,2004-03-01.

[66] 刘兰,王开晓.青岛市崂山区海洋休闲渔业发展研究[J].海洋开发与管理,2004,(6).

[67] 刘莉.试论"乡村旅游"[J].安徽师范大学学报:自然科学版,2004,27(4):461-463.

[68] 刘蓬春.旅游产品的市场定位——兼析"农家乐"[J].西南民族学院学报,1999.

[69] 刘清荣.乡村茶文化旅游发展简论[J].农业考古,2005,(5):173-179.

[70] 刘伟,丁贤忠,成升魁.以色列乡村旅游发展迅速[J].世界农业,1998,7:12-13.

[71] 刘宇.顾客满意度测评[M].北京:社会科学文献出版社,2003.

[72] 刘赵平.分时度假产品在我国的变革和出路[J].中外饭店与餐饮,2002,(4):7-8.

[73] 楼嘉军.休闲产业初探[J].旅游科学,2003,(2).

[74] 鲁怀坤.论观光农业及其发展[J].学习论坛,2002,(7):31-33.

[75] 吕军,张立明.中外乡村旅游研究的比较[J].国土与自然资源研究,2005,(2):67-69.

[76] 吕连琴,等.我国乡村旅游高级化的产品设计导向[J].地域研究与开发,2002,(3):69-72.

[77] 吕铮.休闲度假新理念——"分时度假"[J].国际商业技术,2001,(1):30-31.

[78] 吕中. 90处乡村旅游点扮靓江苏"十一"黄金周 [J]. 华东旅游报, 2007-9-25.

[79] 罗守贵, 等. 分时度假在中国的市场发展分析 [J]. 商业经济与管理, 2002, (1): 62-65.

[80] 罗正清, 方志刚. 常用客户满意度研究模型及其优缺点分析 [J]. 贵州财经学院学报, 2002, (6): 14-17.

[81] 马彦琳. 环境旅游与文化旅游紧密结合——贵州省乡村旅游发展的前景和方向 [J]. 旅游学刊, 2005, 20 (1): 63-65.

[82] 马艳霞. 以村野文化内涵塑"农家乐"旅游核心: 浅析重庆市农家乐旅游开发现状及发展趋势 [J]. 西南民族学院学报, 2003, (4): 228-232.

[83] 马忠玉. 论旅游开发与消除贫困 [J]. 中国软科学, 2001, (1): 4-8.

[84] 麦其等. 拷问 Timeshare: 分时度假为何物 [J]. 中外饭店与餐饮, 2002, (4): 4-6.

[85] 蒙睿等. 乡村旅游发展与西部城镇化的互动关系初探 [J]. 人文地理, 2002, (4): 47-50.

[86] 孟晓苏. "分时度假"——我国房地产产业的产品创新 [J]. 城市开发, 2002, (9): 40-42.

[87] 密德尔敦, 维克多著, 向萍译. 旅游营销学 [M]. 北京: 中国旅游出版社, 2001.

[88] 默林·斯通, 尼尔·伍德科克. 关系营销 [M]. 上海: 上海远东出版社, 1998.

[89] 倪娜. RCI: 一种新型饭店管理模式 [J]. 江苏企业管理, 2000, (8): 46-47.

[90] 潘秋玲. 现阶段我国乡村旅游产品的供需特征及开发 [J]. 地域研究与开发, 1999, (6): 60-62.

[91] 彭大江. 换一种眼光看"分时度假" [J]. 房地产世界, 2000, (10): 19.

[92] 戚能杰. 杭州市发展休闲度假旅游的对策研究 [J]. 北方经贸, 2004, 4: 64-65.

[93] 邱海蓉. 关于乡村旅游发展的思考 [J]. 武汉科技学院学报, 2005, 18 (5): 122-124.

[94] 阮华宁. 乡村旅游渐成时尚, 休闲赚钱"农家乐" [J]. 开放潮, 2003, (10): 40.

[95] 上海质量管理科学研究院. 顾客满意度测评 [M]. 上海: 上海科学技术出版社, 2001.

[96] 沈飞. 旅游房地产悄然起步 [J]. 中外饭店与餐饮, 2002, (4): 15-16.

[97] 石玲. 法国农会及其推行的旅游观光农场情况介绍 [J]. 旅游调研, 2003, (12): 51-57.

[98] 粟维斌, 陈尚玲. 龙胜县乡村旅游发展中存在的问题与对策 [J]. 桂林旅游高等专科学校学报, 2005, 16 (3): 36-38.

[99] 孙吉亭, R. J. Morrison, R. J. West. 从世界休闲渔业出现的问题看中国休闲渔业的发展 [J]. 中国渔业经济, 2005, (1).

[100] 孙俊秀. 体验型休闲——"农家乐"经营的新模式 [J]. 商业研究, 2005, (18): 67-69.

[101] 谭白英, 等. 旅游饭店业拓展新领域——分时度假及其交换系统 [J]. 商业研究, 2001, (5): 15-17.

[102] 谭白英, 等. 旅游饭店业拓展新领域——分时度假及其交换系统 [J]. 商业研究, 2002, (5): 150-152.

[103] 谭力. 川西平原上一个城市交融的新亮点——成都"农家乐" [J]. 小城镇建设, 2000, (2): 40-42.

[104] 谭林, 李光金. 论旅游目的地的评价体系 [J]. 西南民族学院学报: 哲学社会科学版, 2001, 22 (2): 150.

[105] 唐代剑, 池静. 论乡村旅游项目与游览组织 [J]. 桂林旅游高等专科学校学报, 2005, 16 (3): 31-33.

[106] 唐代剑, 池静. 中国乡村旅游开发与管理 [M]. 杭州: 浙江大学出版社, 2005.

[107] 唐代剑. 旅游规划原理 [M]. 杭州: 浙江大学出版社, 2005.

[108] 唐代剑. 中国乡村度假简论 [J]. 商业经济与管理, 2006, (7): 71-73.

[109] 唐杰. 杭州梅家坞茶园生态旅游开发与管理研究 [J]. 杭州研究, 2003, (2).

[110] 唐晓芬. 顾客满意度测评 [M]. 上海: 上海科学技术出版社, 2001.

[111] 唐妍. 旅游休闲新概念——分时度假 [J]. 国际市场, 2001, (6): 28-29.

[112] 田利民. 乐山市乡村旅游发展的对策和建议 [J]. 四川省情, 2004, 10: 34-35.

[113] 田喜洲. 论"农家乐"旅游经济 [J]. 农村经济, 2002, (11): 61-62.

[114] 田一珊. RCI度假新时尚 [J]. 中国质量技术监督, 2000, (2): 54-55.

[115] 田一珊. RCI能否"横行"中国饭店业 [J]. 中外饭店与餐饮, 2002, (4):

9-10.

[116] 瓦拉瑞尔·A·泽丝曼尔,玛丽·乔·比特纳著,张金成,白长虹译. 服务营销 [M]. 北京:机械工业出版社,2001.

[117] 王兵. 从中外乡村旅游的现状对比看我国乡村旅游的未来 [J]. 旅游学刊,1999,(2):38-43.

[118] 王超. 分时度假:在旅游胜地拥有一个"家" [J]. 沪港经济,2002,(8):26-28.

[119] 王晨亮,徐风增,孔丽花. 培养旅游企业集团核心竞争力的战略思考 [J]. 旅游管理,2004(1):39.

[120] 王晨亮. 行业顾客满意度测评理论研究 [D]. 硕士学位论文,首都经济贸易大学,2004.

[121] 王方华,高松,刘路辕,张佰华. 服务营销 [M]. 太原:山西经济出版社,1998.

[122] 王汝林. 网络营销战略 [M]. 北京:清华大学出版社,2002.

[123] 王瑞花,张兵,尹弘. 国外乡村旅游开发模式初探 [J]. 云南地理环境研究,2005,17(2):73-76.

[124] 王婉飞,王敏娴,周丹. 中国观光农业发展态势 [J]. 经济地理,2006,(26).

[125] 王婉飞,王敏娴. 浙江省现代旅游业科技发展对策 [J]. 科技与产业,2004,(11):39-43.

[126] 王婉飞. 餐饮消费心理与经营策略 [M]. 北京:中国发展出版社,2001.

[127] 王婉飞. 分时度假研究 [M]. 北京:经济科学出版社,2005.

[128] 王婉飞. 中国旅游业发展及创新研究——以分时度假为突破口 [M]. 北京:经济科学出版社,2006.

[129] 王莹. 对发展我国农业旅游的思考 [J]. 地域研究与开发,1997,16(4):84-87.

[130] 王云才,郭焕成,徐辉林. 乡村旅游规划原理与方法 [M]. 北京:科学出版社,2006.

[131] 王云才. 国际乡村旅游发展的政策经验与借鉴 [J]. 旅游学刊,2002,(4):45-50.

[132] 王云才. 现代乡村景观旅游规划设计 [M]. 青岛:青岛出版社,2003.

[133] 魏小安,等.旅游分时度假产品销售的法律规制[J].饭店世界,2000,(1):18.

[134] 文军,唐代剑.乡村旅游开发研究[J].农村经济,2003,10:30-33.

[135] 沃布普克,约翰著,张文译.景点开发与管理[M].北京:中国旅游出版社,2001.

[136] 乌恩,蔡运龙,金波.试论乡村旅游的目的、特色与产品[J].北京林业大学学报,2002,(5):78-82.

[137] 吴必虎.区域旅游规划原理[M].北京:中国旅游出版社,2001.

[138] 吴必虎,等.中国城市周边乡村旅游地空间结构[J].地理科学,2004,(6).

[139] 晓枫.变味的"分时度假"[J].企业导报,2002,(6):6-8.

[140] 肖佑兴,明庆忠,李松志.论乡村旅游的概念和类型[J].旅游科学,2001,(3):8-10.

[141] 肖佑兴,等.关于开展云南乡村旅游的思考[J].桂林旅游高等专科学校学报,2001,(1):33-35.

[142] 谢滨.分时度假——酒店经营新理念[J].中外房地产导报,2000,(6):18-19.

[143] 谢彦君.基础旅游学[M].北京:中国旅游出版社,2004:72-73,113-116.

[144] 谢彦君.以旅游城市作为客源市场的乡村旅游开发[J].财政问题研究,1999,(10):79-81.

[145] 熊凯.乡村意象与乡村旅游开发刍议[J].地域研究与开发,1999,(3).

[146] 徐栖玲等.中国旅游新亮点——本土化分时度假交换网络[J].商业经济文荟,2001,(3):50-52.

[147] 徐勤飞.青岛市乡村旅游开发研究[J].曲阜师范大学学报,2003,(2):103-105.

[148] 严艳.陕西安康地区乡村旅游开发初探[J].青年地理学家,1998,(4).

[149] 燕浩鹏等.对发展我国分时度假业的思考[J].山东电大学报,2002,(1):32-33.

[150] 杨国良.城市居民修闲行为特征研究—以成都市为例[J].旅游学刊,2002,(2):52-56.

[151] 杨华.加快乡村旅游景观建设破解"三农"问题[J].广东经济管理学院学报,2004,19(5):16-17.

[152] 杨建翠. 成都近郊乡村旅游深层次开发研究 [J]. 农村经济, 2004, 5: 33-34.

[153] 杨劲松. 开发都市型乡村旅游业: 青浦旅游产品发展方向选择 [J]. 上海投资, 1999, (4): 63-64.

[154] 杨林. 浅谈我国分时度假房产的开发 [J]. 现代城市研究, 2001, (4): 30.

[155] 杨雁. 中外乡村旅游发展现状的对比 [J]. 兰州学刊, 2003, (3): 120-127.

[156] 杨振之, 陈谨. 论我国旅游业产业结构的优化调整 [J]. 旅游管理, 2003, (1): 11-15.

[157] 姚昆遗. 上海与江苏浙江周边地区旅游发展联动研究 [J]. 扬州大学学报: 人文社会科学版, 2002, (3).

[158] 姚素英. 浅谈乡村旅游 [J]. 北京第二外国语学院学报, 1997, (3): 42-46.

[159] 叶国成. 侨光公司顾客满意度研究 [D]. 硕士学位论文, 西安交通大学, 2003.

[160] 殷平, 葛岳静. 我国观光农业的发展研究 [J]. 中国农业资源与区划, 2002, 23 (4): 31-33.

[161] 尹少华, 等. 乡村旅游及其发展对策的探讨 [J]. 林业经济问题, 2002, (5): 264-267.

[162] 尹振华. 开发我国乡村旅游的新思路 [J]. 旅游学刊, 2004, 19 (5): 41-43.

[163] 应瑞瑶, 褚保金. "旅游农业"及其相关概念辨析 [J]. 社会科学家, 2002, 17 (5): 31-33.

[164] 余骥. 乡村旅游市场特征论略 [J]. 贵州民族学院学报: 哲学社会科学版, 2004, 6: 56-57.

[165] 詹姆斯·A·菲茨西蒙斯, 莫娜·J·菲茨西蒙斯著, 张金成, 范秀成译. 服务管理: 运作、战略与信息技术 [M]. 北京: 机械工业出版社, 2003.

[166] 张成君, 等. 论拓展我国乡村旅游经济的空间 [J]. 经济师, 2001, (7): 60-61.

[167] 张殿发, 等. 长江三角洲旅游经济一体化浅析 [J]. 地理科学进展, 2006, (2).

[168] 张东亮. 旅游目的地竞争力指标体系及评价研究 [D]. 硕士学位论文, 浙江大学, 2006.

[169] 张帆. 分时度假——房地产开发的新热点 [J]. 北京规划建设, 2001, (2): 58-61.

[170] 张建国, 俞益武, 蔡碧凡, 夏盛民. 浙江"农家乐"旅游开发的动力机制与实

现途径[J].中国科技论文在线.

[171] 张建雄.关于乡村旅游若干问题的思考[J].大理学院学报,2003,2(4):7-8.

[172] 张丽娜.乡村旅游开发研究[D].中国优秀博硕士论文.

[173] 张利民.乡村旅游开发刍议[J].商业研究,2003,(12).

[174] 张凌云.试论我国度假区的市场定位和开发方向[J].旅游学刊,1996,4:56-58.

[175] 张念萍,豆均林.服务型企业导入CS战略的基本程序[J].经济与社会发展,2004,(4):55-57.

[176] 张文祥,陆军.阳朔乡村旅游国内外游客消费需求比较分析[J].桂林旅游高等专科学校学报,2005,16(1):41-42.

[177] 张文政,隋丽丽.烟台休闲渔业发展探讨[J].农村经济,2005,(5).

[178] 张新安,田澎.顾客满意度指数评述[J].系统工程理论方法应用,2004,(4):289-294.

[179] 张秀芹."长三角"旅游产品的竞争优势探析[J].江南论坛,2006,(2).

[180] 赵成文,王琳."农家乐"现象初探[J].三农论坛,2005,(4):16-18.

[181] 赵煜."农家乐"休闲热的社会学分析[J].昆明理工大学学报:社会科学版,2003,(4):28-31.

[182] 浙江旅游局.浙江省发展"农家乐"旅游对策调研.2007,11.

[183] 郭焕成,郑健雄.海峡两岸观光休闲农业与乡村旅游发展[C].徐州:中国矿业大学出版社,2004,22-32.

[184] 中国标准化研究院顾客满意度测评中心[EB/OL]. http://ccsi.org.cn/report.htm.

[185] 钟惠萍.福建休闲渔业发展亟待解决的几个问题[J].发展研究,2005,(1).

[186] 周玲强,黄祖辉.我国乡村旅游可持续发展问题与对策研究[J].经济地理,2004,24(4):532-535.

[187] 周荣华.成都"农家乐"发展现状调查研究[J].社会科学家,2004,(5):93-94.

[188] 周庭锐.顾客价值管理与顾客忠诚度的建立[R].电子化企业:经理人报告.2000:21-29.

[189] 周先标. 浅谈中外休闲渔业管理 [J]. 中国渔业经济，2004，(5).

[190] 周晓雷，高茂兴. 赣闽粤边客家乡村旅游的发展优势论 [J]. 宜春学院学报：社会科学，2004，26（5）：68-70.

[191] 诸蓓. 对家庭旅馆经营可行性的分析 [J]. 旅游学刊，2002，(5).

[192] 邹统钎，等. 乡村旅游可持续发展的动力机制与政府规制 [J]. 杭州师范学院学报：人文社会科学版，2006，(2).

[193] 邹颜伊. 分时度假呼唤中国市场本土化 [J]. 中外饭店与餐饮，2002，(4)：11-14.

[194] 邹益民，吴雪飞. 饭店企业 CSI 测评体系的理论与方法初探 [J]. 商业研究，2003，(18)：138-140.

[195] 左晓斯. 现代性、后现代性和乡村旅游[J]. 广东社会科学，2005，(1)：179-184.